Ramón J.

IMÁN

prólogo
Borja Rodríguez Gutiérrez

con notas de
Adolfo Campoy-Cubillo

☙ - STOCKCERO - ☙

© Herederos de Ramón J. Sender 1982
Foreword & bibliography © Borja Rodriguez Gutierrez
of this edition © Stockcero 2014
1st. Stockcero edition: 2014

ISBN: 978-1-934768-74-7
Library of Congress Control Number: 2014940333

Set in Linotype Granjon font family typeface
Printed in the United States of America on acid-free paper.

Published by Stockcero, Inc.
3785 N.W. 82nd Avenue
Doral, FL 33166
USA
stockcero@stockcero.com

www.stockcero.com

Ramón J. Sender

Imán

Indice

Introducción

Una guerra colonial

La guerra de Marruecos o guerra del Rif fue una guerra colonial librada en el Norte de África, en la que España, en la década de 1920, enterró definitivamente los últimos restos de un imperio que había ido debilitándose a lo largo del siglo XIX. No es esta edición el momento para adentrarnos en la historia de esta larga guerra en la que España también enterró a una buena parte de su juventud. Baste decir que a lo largo de su desarrollo se ahondó la tremenda diferencia de clases que existía en España en esos años.

Los intereses económicos de una clase dominante mantenían una guerra en la que se pretendía controlar los yacimientos mineros de Marruecos. Pero quien ponía la carne y la sangre eran jóvenes obreros y campesinos. En una sociedad ferozmente clasista, se podía pagar para evitar la obligación de combatir en la guerra. Las clases más favorecidas no tenían problemas para pagar su rescate, pero las más modestas no tenían ninguna posibilidad de reunir la elevada cantidad necesaria para librarse. De manera que jóvenes de toda España partían para Marruecos para luchar y morir en una guerra cuyas razones no comprendían y que no les iba a reportar ningún beneficio.

Mas el imperio español era poco más que un cadáver en decadencia. En un terreno semidesértico las tropas españolas luchaban sin ropa adecuada, sin calzado (muchos soldados iban con alpargatas), con armas en malas condiciones y sin preparación. La corrupción infestaba el ejército y los suministros desaparecían para ser vendidos en el mercado negro, mientras los soldados pasaban hambre y sed, sufrían el calor y sobrevivían a duras penas.

Los que sobrevivían. Porque la guerra, las enfermedades, la mala cobertura médica, la desnutrición se iban cobrando su tributo y la mor-

talidad era incesante. La guerra no acababa nunca y una sorda irritación invadía el país. Y así, en 1924, llegó un brutal episodio: una total
derrota del ejército español, que dejó miles de muertos y que ha pasado
a la historia de España con el nombre de «El Desastre de Annual»

EL DESASTRE DE ANNUAL

Todo empezó en 1920, cuando uno de los oficiales más inútiles e
incompetentes de la Historia de España, Manuel Fernández Silvestre,
se hizo cargo de la dirección de una parte del ejército. Su obsesión
era llegar a la bahía de Alhucemas, donde estaba el núcleo del
enemigo.

Al principio todo pareció ir a la perfección: entre mayo de 1920 y
junio de 1921 el ejército de Silvestre ocupó posiciones, avanzó el frente
y estableció alianzas con diferentes tribus. Silvestre, envanecido por
sus éxitos, olvidó la prudencia y extendió cada vez más sus líneas. En
mayo de 1921, los soldados españoles están desperdigados a lo largo
de 130 kilómetros, en pequeños fuertes, llamados «blocaos»[1]. Los
blocaos estaban situados en lo alto de las colinas de la zona, lo que les
facilitaba la vigilancia de terreno, pero les obligaba a estar sin agua,
lo que condenaba a los soldados a una sed perpetua (en *Imán*, Sender
insiste en la necesidad que tienen los soldados de beber su propia orina
para sobrevivir). Sin condiciones mínimas de habitabilidad, abrasa-
dores por el día, muy fríos por la noche, llenos de ratas y piojos, los
blocaos estaban en condiciones lamentables, y la tropa allí aprisionada
sufría esas condiciones. Y había hasta 144 blocaos dispersos a lo largo
del terreno, distantes entre 20 y 40 kilómetros del más cercano, inca-
paces de ayudar a otros si eran atacados y sin posibilidad de recibir
ninguna ayuda. No había capacidad técnica ni logística para abastecer
a tantos destacamentos dispersos por el desierto de Marruecos

Annual era la sede del campamento base, donde estaba acuar-
telado el resto del ejército español que no había sido posicionado en
los blocaos. Desde allí Silvestre dirigía las operaciones.

El combate de Abarrán, en junio de 1921, fue una señal de alarma
que Silvestre ignoró completamente. Una cabila (tribu marroquí), los

---

[1]   *Blocao* (del alemán blockhaus) pequeña fortificación de madera reforzada con sacos de
      tierra o arena.

Tensamán, convenció al incauto Silvestre de tomar el monte Abarrán. Desobedeciendo las órdenes de su jefe, el general Berenguer, Silvestre aceptó y un grupo de soldados españoles y de tropas marroquíes aliadas de los españoles partieron hacia Abarrán, lo tomaron y establecieron un puesto fortificado y con artillería. Pero a la noche los marroquíes atacaron, las tropas que acompañaban a los españoles cambiaron de bando y los soldados españoles fueron exterminados. La lección estaba clara: las alianzas de Silvestre con los marroquíes, compradas con dinero, no eran de fiar y era urgente reagrupar las tropas españolas. Pero Silvestre no tomó ninguna decisión y los españoles siguieron dispersos en los aislados blocaos

El 17 de julio Abd el-Krim, el líder de los marroquíes (antiguo funcionario de la Administración española) atacó todas las líneas españolas con el apoyo de todas las cabilas que habían firmado alianzas con Silvestre. Igueriben (que en *Imán* es llamada R.), con una guarnición de 350 hombre quedó sitiada y cinco días después fue tomada, muriendo la mayor parte de los soldados españolas. Todos los intentos por auxiliar a Igueriben fueron baldíos, por la dispersión de fuerzas que Silvestre había posicionado en los blocaos.

El día 22, fecha de la caída de Igueriben, Silvestre sólo contaba en Annual con 5000 hombres, 2000 de los cuales eran tropas indígenas de dudosa lealtad. Abd-el-Krim, que se dirigía hacia la posición, contaba con 18000 hombres. La imprevisión de Silvestre y la corrupción existente añadieron más piedras a la tumba de los españoles: en el campamento de Annual había víveres para cuatro días, municiones para uno, y no había reservas de agua. Aunque era urgente huir y abandonar la posición, hubo órdenes de Berenguer de esperar refuerzos que no llegaban. El 23 Silvestre decidió el abandono de Annual y dividió la salida en dos convoyes: uno con heridos y armamento pesado y otro en el que iban los mulos con los pertrechos que quedaban.

Los rifeños habían tomado ya las posiciones en los montes que rodeaban Annual. Al salir del fuerte los españoles recibieron disparos de todas partes, incluso de sus propias tropas, pues la mayoría de soldados marroquíes aliados dispararon contra sus jefes y contra los españoles. Los convoyes se mezclaron, muchos oficiales huyeron aban-

donando su responsabilidad y sus tropas y la desbandada resultante
significó la muerte de la mayoría de los soldados españoles. Se calcula
que en cuatro horas murieron cerca de 4000.

Sucesivamente fueron cayendo otras posiciones como Dar Drius
y Nador (2 de agosto). Monte Arruit donde se habían refugiado los
supervivientes del éxodo se rindió el 9 de agosto, pero los rifeños de-
gollaron a la mayoría de los soldados: sólo sobrevivieron 60 de 3000.

Es difícil saber con exactitud cuál fue el número de muertos: según
el expediente Picasso, hubo 13.363 muertos (10.973 españoles y 2.390
indígenas), por sólo 1.000 rifeños. Otras investigaciones han hablado
de 7875 muertos, 8688 u 8180.

La crisis política resultante llevó a la caída de gobierno. El nuevo
gobierno encargó una investigación de los hechos al General Picasso
(lo que se llamo el «Expediente Picasso»). La investigación, según
varios historiadores, fue tergiversada desde el principio porque había
órdenes de silenciar la parte que el rey Alfonso XIII había tomado
en las decisiones militares y fundamentalmente su apoyo a Silvestre.
Pero antes de que el expediente pudiera discutirse en las cortes, el 13
de septiembre de 1923, el general Miguel Primo de Rivera dio un
golpe de estado, e instauró una dictadura militar con el acuerdo y beneplácito del rey.

Pero la Dictadura sólo pudo contener la insatisfacción popular
unos pocos años. El rey apoyó a Primo de Rivera hasta principios de
1930. En ese año cambió de general y de dictador. Para mayor sar-
casmo el nuevo dictador fue el general Dámaso Berenguer, uno de los
responsables de la carnicería de Annual. El vacilante gobierno de Berenguer mereció el calificativo de «dictablanda» y no consiguió sus
propósitos de restaurar la legalidad constitucional y mantener la monarquía. El 12 de abril de 1931, en unas elecciones municipales la victoria republicana fue tan aplastante que el Rey abdicó. Nacía así la segunda República española.

IMÁN Y SU AUTOR, EN SU TIEMPO

En ese año de 1930, en el que el gobierno de Berenguer langui-

decía en su desesperado intento de apuntalar una monarquía des-
prestigiada, apareció la primera novela del que iba a ser uno de los
más importantes novelistas del siglo XX español: Ramón J. Sender.
Su título era *Imán* y en poco tiempo se convirtió en un resonante éxito
editorial con amplia repercusión internacional, del que dan muestra
las traducciones al alemán (1931), al holandés (1933), o al inglés (1934).

En pleno gobierno de Berenguer, la novela volvía a poner sobre
la mesa el recuerdo del desastre al que los generales habían llevado a
las tropas, desastre que se había saldado con la muerte de miles de
españoles. Y el autor no era un cualquiera: periodista conocido, crítico,
comprometido e intrépido era una figura que a nadie dejaba indiferente en su época: Ramón J. Sender.

El 3 de Febrero de 1901 nació Ramón J. Sender en Chalamera,
un pequeño pueblo aragonés, que tenía por entonces poco más de 400
habitantes. Su infancia y su juventud transcurren por diversos pueblos
y ciudades aragonesas, salvo una breve temporada, apenas cumplidos
los dieciocho años, en la que intentó, sin éxito, abrirse camino en
Madrid como escritor. Esta etapa aragonesa termina en 1923 cuando
se ve obligado a cumplir el servicio militar y toma parte en la Guerra
de Marruecos.

Aragón es un extensa región española que se sitúa al norte, lin-
dando con los Pirineos, las montañas que separan España de Francia.
A pesar de esas montañas, la mayor parte de su terreno es llano, y en
la época de la juventud de Sender, básicamente agrícola. Sin apenas
industria la gente que vivía en los pueblos aragoneses sacaban su sus-
tento de la tierra, muchas veces con la presión de pagar fuertes rentas
a los grandes propietarios del terreno. Ese es el ambiente en el que
Sender sitúa gran parte de sus novelas, y en el que nació y creció
Viance, el protagonista de *Imán*

La guerra de Marruecos es una experiencia crucial para Sender.
Le ocurre lo mismo que a Arturo Barea, otro escritor español,
también combatiente en Marruecos y también exiliado tras la guerra
civil española: la comprobación de la situación en el ejército español
en tierra marroquí, le inclinó cada vez más a posiciones políticas de
izquierda. En aquellos años, en los que la mayor parte de los comba-
tientes de Marruecos morían (e Imán, entre otras muchas cosas, es

un amplio y enervante registro de muertes), las clases adineradas se
libraban de acudir al combate a base de privilegios, prebendas y so-
bornos varios. Pero quienes tenían poca capacidad económica debían
acudir. Era incluso legal pagar un sustituto para que cumpliera el servicio militar de otro. Tanto Sender como Barea volvieron de Marruecos con la idea de que esa guerra era otra explotación más por
parte de los ricos hacia los pobres.

A la vuelta de Maruecos, en 1923, Sender se instala en Madrid y
trabaja como periodista. Es un periodista, agresivo, incisivo, que busca
especialmente criticar al poder establecido. Ya en 1927 pasa por la
cárcel por participar en protestas contra la dictadura el General Primo
de Rivera. Conocido, discutido, criticado, odiado por muchos, su
primera novela no hizo sino confirmar que el joven periodista no entendía de componendas ni de paños tibios. Imán fue, desde el principio, un ataque directo a las clases sociales que había llevado a tantos
jóvenes españoles, obreros y campesinos a la muerte, y contra la monarquía, responsable en última instancia de muchas de esas decisiones.

No fue el único caso de implicación personal en la producción no-
velesca, de mezcla de experiencias vitales con la obra literaria. La vida
de Sender y sus experiencias son la fuente de muchas de sus obras literarias de esa época. Además de Imán, podemos hablar de O.P.
(Orden público) (1931) que refleja su experiencia en la cárcel; o de
Siete Domingos Rojos (1932) acerca de las huelgas revolucionarias en
Madrid en las que él mismo participó.

En esos años, cuando era un periodista ya consagrado y un novelista de éxito, cubre un asunto especialmente tenebroso: la matanza
de Casas Viejas. Casas Viejas era un pequeño pueblo de Cádiz, al sur
de España, en el que un grupo de campesinos proclamaron el 11 de
Enero de 1933 su independencia del estado, e implantaron una
comuna libertaria. Las fuerzas de orden público entraron en el pueblo
y fueron asesinados en el acto seis de los promotores de la iniciativa.
Al día siguiente se hizo un registro del pueblo y doce personas más
fueron sacadas de sus casas y asesinadas. El gobierno republicano, que
presidía por entonces Manuel Azaña quiso ocultar el asunto. Se
procuró el silencio de todas formas, se censuraron las noticias y el
ejército y la guerra civil, acordonaron el pueblo. Pero Ramón J.

Sender y otro periodista consiguieron enterarse de los hechos, Con riesgo de su vida entraron en el pueblo y denunciaron lo ocurrido. Los artículos de Sender provocaron un escándalo nacional y una crisis de gobierno. Pero desde entonces su nombre quedo marcado y más cuando publicó un libro relato de sus experiencias en Casas Viejas: *Viaje a la aldea del crimen*.

En 1935, Sender gana el premio nacional de literatura con una de sus mejores novelas: *Mr Witt en el cantón*. En 1936 Sender es, por lo tanto, ya un escritor de prestigio, un escritor consagrado con apenas 35 años. Está casado, tiene dos hijos, es célebre y ha superado los problemas económicos de sus inicios. Ha conseguido la estabilidad familiar y profesional y ante él se abre un prometedor futuro.

El 18 de julio de 1936 estalla la guerra civil española. Iba a durar tres años, de 1936 a 1939 y a romper las ilusiones, las expectativas y la vida de muchos españoles. Entre ellos la de Sender. Cuando estalla la guerra, Sender sin dudarlo se incorpora al ejército que defiende al gobierno legal, contra las tropas golpistas al mando del General Franco, el futuro dictador que gobernaría España desde 1939 hasta 1975. Su mujer, Amparo Barayón, y sus hijos quedan en Zamora, una pequeña ciudad de Castilla, en el interior de España. Pero el nombre de Sender es conocido y muchos de los altos cargos del ejército de Franco tienen cuentas que saldar con él desde los artículos sobre Casas Viejas. Ante la imposibilidad de atraparlo los enemigos de Sender se vengan en su familia y el 10 de octubre su mujer es fusilada, sin juicio previo, en Zamora. Antes, el 13 de agosto, había sido fusilado en Huesca su hermano, Manuel.

Mientras tanto Sender estaba en el frente, combatiendo en la brigada que mandaba el general Enrique Líster, del partido comunista. Desde un principio las relaciones de Sender con Líster fueron malas y el distanciamiento fue aumentando, también por razones políticas. Sender, anarquista en sus orígenes siempre había desconfiado de los comunistas, y su relación con Líster le reafirmó en su idea. A lo largo de su vida iba a ser un anticomunista militante y su oposición al comunismo fue tan enconada y constante como la que mantuvo contra el régimen de Franco.

Desde 1937, apartado del frente se dedica a labores de propaganda.

Consigue recuperar a sus hijos, gracias a la mediación de la Cruz Roja y en 1939, cuando la República española cae derrotada, marcha con ellos a Nueva York. Intenta establecerse en México, pero finalmente regresa a Estados unidos en 1942. Consigue en 1946 la ciudadanía estadounidense. Desde 1947 hasta 1963 es profesor de Literatura Española en la Universidad de Alburquerque. A partir de 1965 trabaja en la Universidad de California hasta su jubilación en 1971. En 1972 se instala en San Diego.

Los años de estancia en Estados Unidos son de una producción literaria constante. *Epitalamio del prieto Trinidad* (1942), que constituye su acercamiento a la realidad latinoamericana, la extensa e importante serie de *Crónica del alba* (1942-1967), formada por nueve relatos, en la que recuerda su infancia aragonesa y su juventud de lucha, algunas de sus más importantes novelas históricas: *Carolus Rex* (1963), *La aventura equinoccial de Lope de Aguirre* (1964), el gran éxito de ventas que supuso *La tesis de Nancy* (1962) que conoció hasta cuatro continuaciones. Y desde luego, la que para muchos es su mejor obra: el libro que apareció por primera vez con el título de *Mosén Millán* (1953) y que desde 1960 aparece en las librerías como *Réquiem por un campesino español*.

En 1974 realiza su primer viaje a España desde que en 1939 tuvo que abandonarla. Al año siguiente, en 1975, vuelve tras la muerte de Francisco Franco. Pero nunca dejó Estados Unidos y su residencia en San Diego. Muere en esa misma ciudad, el 16 de enero de 1982, de un infarto de miocardio. Por expreso deseo del propio Sender, sus cenizas fueron aventadas en el Océano Pacífico.

IMÁN: INTERPRETACIONES

Imán es una novela sobre la guerra de Marruecos. Eso es evidente y claro. Era casi obligado que así fuera. Ramón J. Sender, en la década de 1920 había estado en esa guerra, tomado parte en la contienda como soldado, y había visto, oído y sabido muchas cosas de la misma. Y tras la guerra se convirtió en periodista profesional (antes lo era semiprofesional) y publicó multitud de artículos y se fue perfeccionando como escritor. No era extraño que su primera novela fuese un retrato de una guerra en la que se vio inmerso con apenas veintiún años y un ejército en el que permaneció dos años hasta cumplir los veintitrés (la misma edad, por cierto que tienen los dos únicos soldados de la novela de los que llegamos a saber sus años). Una experiencia brutal para un joven que dejaría huella en el novelista a lo largo de toda su vida. Por eso se recibió desde un principio como un retrato de esa guerra en ese momento, como un libro en el que había mucho del periodista, de voluntad de reflejar una realidad concreta.

Y sin duda es así. *Imán* refleja la guerra de Marruecos y el desastre de Annual desde el punto de vista de un soldado, desde la visión de alguien que ignora las grandes decisiones políticas, económicas, militares y estratégicas y cuya misión es pagar con su sangre, su dolor, su sufrimiento y su vida el precio de esas decisiones que ni conoce, ni nunca llegará a conocer, que no le explican y que nunca le justificarán y que jamás van a beneficiarle como persona en modo alguno.

Pero *Imán* también es una protesta social y política contra una España que sacrificaba a una juventud humilde, trabajadora y sufrida para mantener el tren de vida, proteger las propiedades y satisfacer las ambiciones de una clase dominante egoísta, cruel, hipócrita e insensible. Por ello el protagonista, soldado, campesino, herrero, se convierte en representación de toda una clase que estaba siendo explotada y sacrificada por unos intereses de grupos que vivían muy lejos de la sangre y del dolor que esa guerra generaba. La fecha en la que fue publicada la novela y el éxito que tuvo revelan la importancia que la obra de Sender tuvo para colaborar en el desarrollo de un estado de opinión que acabó llevándose por delante la monarquía de Alfonso XIII, implicada hasta el cuello en el mantenimiento de la matanza de los jóvenes españoles.

Mas hoy, que las circunstancias concretas en que se concibió, escribió y publicó la novela ya han desaparecido, en el momento en que el texto pasa de ser instrumento de denuncia a fuente histórica, cuando ya es necesario buscar en las enciclopedias, los libros de historia y las bases de datos los hechos concretos en los que la novela se centra y a los que alude, *Imán* mantiene su vigencia y su fuerza. Porque es una novela cuyos valores van más allá del hecho concreto en que se gestó.

Imán es una denuncia de la violencia. Una denuncia directa, que presenta a nuestros ojos, con brutal verdad, la más extrema violencia en sus más crudos detalles. *Imán* es un retrato de la barbarie de la guerra, de cualquier guerra, de todas las guerras, y el lector de finales del siglo XX o principios del siglo XXI no tarda en darse cuenta de que los hechos de esos campos de batalla del norte de África, son los mismos que pueden haberse vivido después en Camboya, Corea, Vietnam, Afganistán, Siria o cualquiera de los muchos territorios que han padecido guerras y violencias sin razón y sin límite. Leyendo el viaje de Viance el lector recuerda escenas de *Apocalypse Now*, de *Platoon*, de *The Killing Fields*.

También es una indagación en lo más profundo, oscuro y terrorífico de la naturaleza humana: un retrato de la locura, de la brutalidad, del salvajismo, del ansia de la muerte que acecha en el corazón del hombre. Más allá de la guerra de Marruecos, más allá de la España de las dictaduras monárquicas, más allá de la guerra, de cualquier guerra, *Imán* muestra el salvajismo que anida en lo más hondo del corazón del hombre. Novela más esencial que existencial, porque se escribió para presentar y representar al hombre como ser que mata. Cualidad que es la primera y básica de la galería de personajes que pasa y muere ante los ojos del estremecido lector: no son seres para la muerte sino seres para la matanza. Matanza que deriva en locura, una locura que está en muchos personajes, que entra dentro de la mente del protagonista y de la que el lector es espectador privilegiado y, tal es el arte de la novela, en muchos momentos partícipe.

Es también al tiempo una novela profundamente lírica. La locura transforma la guerra, la violencia, la muerte en una fantasmagórica danza de los horrores que sólo se pude describir mediante la metáfora, la sinécdoque, la comparación. La prosa de Sender se hace en muchos momentos poesía de la muerte, única forma de nombrar el horror. Y también es lírica en la presentación del paisaje, elemento de suprema importancia en la configuración narrativa. Años más tarde otro gran novelista español, Miguel Delibes, definiría la novela como la suma de un hombre, un paisaje y una pasión. En *Imán* el hombre es Viance y la pasión es la muerte y la supervivencia. El paisaje es el del norte de África. Paisaje que Sender conoció y que le impresionó profundamente. A todo lo largo de la novela el pasaje está presente, escenario y testigo de los hechos, enmarcándolos con una belleza que el novelista nunca deja de resaltar.

Imán es también una recreación, angustiosa e hiriente, de la literatura clásica. Homero nos dejó escritas dos obras que representan los modelos básicos de las historias que hablan de la guerra: las batallas (*Ilíada*) y el regreso del guerrero a su hogar (*Odisea*). Son historias que se han contado muchas veces, en muchas guerras, en muchas lenguas, en todas las épocas. Viance, el protagonista de la novela, vive su Ilíada y su Odisea, participa en las batallas y lucha por volver al hogar. Pero, pobre marioneta herida y castigada, su Odisea será inútil. No es ya tiempo de héroes: nadie va a recompensar sus sufrimientos.

A lo largo de ese viaje, de esa Odisea, Viance va a tener múltiples encuentros. Cada uno de ellos le va a enseñar algo, le va a mostrar una parte de la verdad. Es otro elemento que vamos a encontrar en *Imán*: el *Bildungsroman*, la novela educativa, el protagonista que va a sufrir una transformación a lo largo de la narración. Pero contrariamente a esas novelas del viaje educativo, que tiene el elemento positivo del crecimiento moral y vital del protagonista, Viance no consigue sacar provecho de esas enseñanzas. No entiende, no asimila las lecciones, no es capaz de reaccionar, de escapar a su condición, su incapacidad para desarrollar una personalidad propia una conciencia moral, su incapacidad de escapar de la sumisión que le ha llevado a ese escenario de locura, sufrimiento, horror y muerte es patente a lo largo de toda la novela. Es un fracaso para todos: para él mismo también.

Es pues *Imán* una amalgama de muchas cosas, un poliedro con múltiples caras, como lo es siempre una obra de arte, cuando verdaderamente es arte. Por ello, esta interpretación que ahora presento toma elementos de todas las características anteriores, las asimila y las integra y no niega otras posibles lecturas de esta novela.

La forma

La primera edición (1930) llevaba una nota previa que es necesario tomar en cuenta:

Tenía estas notas desde hace tres años. Observaciones desordenadas, a veces demasiado prolijas, a veces sin forma literaria, recogidas durante mi servicio militar en Marruecos, a raíz del desastre del 21. La editorial Cenit me las ha pedido ahora y las doy apenas ordenadas. La imaginación ha tenido bien poco –nada, en verdad– que hacer. Cualquiera de los doscientos mil soldados que desde 1920 a 1925 desfilaron por allá podía firmarlas. Y desde luego su protagonista se puede «comprobar» en la mayor parte de los obreros y campesinos que fueron allá sin ideas propias, obedeciendo un impulso ajeno y admirando a los héroes que salen retratados en los periódicos. El libro no tiene intenciones estéticas ni prejuicios literarios. Sencillo y veraz, trata de contar la tragedia de Marruecos como pudo verla un soldado cualquiera de los que conmigo compartieron la campaña. A ellos dedico estas notas, escritas entonces con la voz del paisaje africano en los oídos. (p.1)

En este breve prólogo el autor junta mentiras con verdades. Efectivamente hay poca imaginación en este relato, en cuanto a los hechos históricos que se recogen, pero hay mucha imaginación en la forma de estructurarlos y de reflejarlos en una forma literaria. Y es cierto que su protagonista, Viance, es el reflejo de la clase social que puso la sangre, el sufrimiento y la muerte en esa guerra, mientras otros recolectaban, méritos, fortuna y medallas. Pero hay en este relato una definida forma literaria, una cuidada construcción, una selección de materiales que nada tiene que ver con unas notas tomadas en el momento y apenas ordenadas. El libro tiene intenciones estéticas, es evidente en la cuidada prosa y en la visión lírica del paisaje africano, tal como testimonia la propia nota en su última línea. Sender presenta una novela que es un testimonio de un combatiente en un momento en que las tendencias literarias apuntaban a la superación del realismo, a la novedad formal, al juego lingüístico, a la experimentación. Bajo el magisterio del más reputado pensador del momento, José Ortega y Gasset, un grupo de jóvenes autores estaba intentando sacar adelante una literatura deshumanizada, un experimento literario que, aunque tuvo mucho menos recorrido que la obra de Sender, estaba en boga en 1930. Y el escritor aragonés presentó su obra, su novela, en actitud desafiante y rebelde ante esa corriente, como desafiante y rebelde fue a lo largo de su vida. Si la moda literaria dictaba unas tendencias, él iba a seguir las contrarias. Si los novelistas de Ortega venían de la Universidad, de las conferencias, de los cenáculos literarios y de los cafés

de artistas, él iba a venir del campo, de la siembra, de la forja y de la
guerra. Y si los contrarios presumían de su construcción lingüística y
de una prosa de cuidada construcción literaria, casi como el verso,
Sender iba a afirmar que él hacía lo contrario. Aunque, como es el
caso de esta novela, eso fuera falso. Aunque, como pasa en *Imán,* el
lirismo salte a la retina del lector continuamente.

Veamos si no el inicio de la novela:

> Cuatro carros de asalto entran a media tarde en el campamento.
> Ruido inseguro de chatarra en la solidez del silencio. Traen la se-
> quedad calcárea de los desiertos que rodean la posición y cierran las
> perspectivas sin un árbol, sin un pájaro.
>
> Poco antes llegaron dos batallones precedidos por los cuervos, que
> son la vanguardia espontánea de las columnas. Noventa kilómetros
> en tres jornadas. Esa marcha también la hicimos nosotros para venir
> aquí. El sol de agosto en la cara por la mañana, desde el amanecer,
> y después sobre la cabeza y en la espalda a medida que transcurre
> el día. Treinta kilos de equipo, los hombros desollados por el co-
> rreaje y el sudor, las plantas de los pies abiertas y la cal del camino
> en las grietas. Hacia mediodía se escupe ya un barro grisáceo. El
> agua, caliente y todo, sería una gran cosa si no se hubiera acabado
> en los diez primeros kilómetros. Ochocientos hombres, mudos,
> sordos, con paso resignado de autómatas. La mochila del de delante
> limita todos los horizontes. No se sabe a dónde se va, quizá no se
> vaya a ningún sitio o quizá al fin del mundo. Puede que la misión
> de uno cuando nació fuera andar eternamente. El polvo borra las
> cejas, pone una máscara gris en todos los rostros de tal modo que
> no nos conocemos. Los cincuenta cartuchos de la espalda se clavan
> en el espinazo. Y llevamos ciento cincuenta y cinco más en otras car-
> tucheras. La manta terciada, zurrón con el paquete de curación, el
> vaso, el plato, la funda del jergón individual liada a la espalda, la
> mochila con el equipo de invierno y las tres mudas, los fuertes za-
> patos, el capote-manta, pesado como un hábito de fraile, y luego el
> correaje con las cartucheras llenas, el machete de nuevo modelo, el
> fusil. (pp. 3-4)

No hay inicio, ni presentación, ni explicación. Se trata de un
«exordio ex abrupto» tal como lo define la retórica: una introducción
brusca, repentina y total en el tema.

En este inicio están ya varias de las características que definen la
construcción literaria de la novela. Desde un primer momento el

paisaje aparece como un marco caracterizado por su inmensidad, por su inclemencia: «*la sequedad calcárea de los desiertos que rodean la posición y cierran las perspectivas sin un árbol, sin un pájaro*». El calor, la sed y el polvo lo caracterizan: «*El sol de agosto en la cara por la mañana, desde el amanecer, y después sobre la cabeza y en la espalda a medida que transcurre el día*»; «*El agua, caliente y todo, sería una gran cosa si no se hubiera acabado*»; «*El polvo borra las cejas, pone una máscara gris en todos los rostros*». En ese paisaje el soldado, ese soldado que es el protagonista y sufre el dolor, aparece desde el primer momento: «*Treinta kilos de equipo, los hombros desollados por el correaje y el sudor, las plantas de los pies abiertas y la cal del camino en las grietas*»; «*Los cincuenta cartuchos de la espalda se clavan en el espinazo*». Y por encima de todo la pérdida de individualidad, la falta de razones para hacer lo que se hace, la resignación absoluta antes ese dolor omnipresente: «*Ochocientos hombres, mudos, sordos, con paso resignado de autómatas. La mochila del de delante limita todos los horizontes. No se sabe a dónde se va, quizá no se vaya a ningún sitio o quizá al fin del mundo. Puede que la misión de uno cuando nació fuera andar eternamente.*»

La frase nominal (*La manta terciada, zurrón con el paquete de curación, el vaso, el plato, la funda del jergón individual liada a la espalda, la mochila con el equipo de invierno y las tres mudas, los fuertes zapatos, el capote-manta, pesado como un hábito de fraile, y luego el correaje con las cartucheras llenas, el machete de nuevo modelo, el fusil*) es una constante a lo largo de toda la novela que subraya la inmediatez de la acción, la inmersión del lector en lo que acontece en la novela. La adjetivación profundiza en esta presentación del ambiente (*sequedad calcárea, barro grisáceo*) y en muchas ocasiones recurre a la sinestesia (*ruido inseguro; solidez del silencio*).

Las metáforas están presentes a lo largo de toda la novela como un elemento más de la construcción prosística que busca intensificar la sensación de calor y de sed que domina la narración: *los carros de combate traen la sequedad calcárea del desierto*. El símbolo también aparece continuamente como ocurre con esos cuervos que son la vanguardia espontánea de todas las columnas de soldados, anuncio, es evidente, de la muerte y el desastre que les espera.

Los soldados, los ochocientos que aparecen en esta primera

marcha que se narra en la novela, están convertidos en autómatas, avanzan con paso resignado, se han vuelto mudos, sordos. Convertidos en piezas de mecanismo, en elementos de un conjunto, no saben donde están, ni dónde van: quizá no se vaya a ningún sitio o quizá al fin del mundo. Todo su mundo está reducido a esa fila en la que andan, a esa hilera interminable, de manera que no hay nada que ver ni nada que saber fuera de ella: la mochila del de delante limita todos los horizontes. No «el horizonte» sino «todos los horizontes»: el horizonte visual, el vital, el moral... El ejército es un dispositivo que mata la individualidad, que aniquila la personalidad, que convierte a todos los seres humanos que caen bajo su rodillo en algo distinto, ajeno, extraño, aún para ellos mismos: *El polvo borra las cejas, pone una máscara gris en todos los rostros de tal modo que no nos conocemos.*

Y si ajenos y extraños son los soldados, extraña es también el mundo donde mueren; no donde viven: donde mueren:

> La llanura pertenece a un planeta que no es el nuestro. Un planeta muerto, aniquilado por las furias de un apocalipsis. Silencio y muerte infinitos, sin horizontes, prolongados en el tiempo y en el espacio hasta el origen y el fin más remotos. La tierra, blanca; los arbustos, escasos y secos; llanura cruzada por mil caminos invisibles de desolación. Moros muertos, españoles despedazados. La soledad grita al sol en mil destellos sin eco: «Tú irás por Occidente; yo por Oriente, y al final nos encontraremos en un lugar de desventura». Sin un rumor de brisa, sin un pájaro, en el silencio que ahonda la mañana hasta la lividez de la última mañana del universo. (pp. 104-105)

Vance, en su peregrinación avanza por este mundo extraño, por este planeta ajeno, muerto, donde ha sucedido este nuevo apocalipsis, donde seres extraños y fabulosos hablan entre ellos. La barbarie y la muerte han creado ese lugar fabuloso que Sender describe en un rapto lírico. No es posible creer en la falta de intenciones estéticas del autor: muy al contrario, Sender ha sabido poner la lírica de su prosa al servicio de la narración, ha llegado al descubrimiento de sólo se puede transmitir a través de la poesía, la sensación de destrucción total:

> El cielo, de un negro abismático, está poblado de inquietas luminarias que lo hacen mucho más hondo. Hay una paz sedante, con aliento de eternidad. (p.134)

LA HISTORIA

Imán narra la destrucción total de un ser humano. No la destrucción física, sino la aniquilación moral y espiritual de un personaje, Viance, que es representación, como en un momento de la novela se dice, de todo el pueblo español. Las fuerzas que utilizan al pueblo español para sus fines, que le manejan, le venden, le torturan y le matan en su beneficio toman a Viance, le arrebatan su familia, su amor, sus ilusiones, sus proyectos, su futuro, sus normas morales, su integridad, su salud física, su bienestar espiritual, su dignidad, su autorrespeto, su independencia y su capacidad de rebelión. Y cuando le han exprimido hasta la última gota, cuando ya no queda de Viance más que una cáscara vacía, cuando ya no hay nada en él de lo que puedan sacar provecho, destruyen su último refugio, aniquilan la posibilidad de regresar siquiera a una pequeña parte de lo que fue. Es en vano buscar misericordia en esta novela, es inútil intentar encontrar una chispa de compasión para su desgraciado protagonista, no hay que esperar un rasgo de solidaridad, un descanso, una pausa que alivie el sufrimiento. Dante Alighieri, en su Divina Comedia, nos dice que en la puerta del Infierno hay un letrero que reza: «¡Oh vosotros, los que entráis aquí, abandonad toda esperanza!» Viance no necesita bajar a los Infiernos para perder la esperanza. Los poderes que lo manejan y utilizan le hacen vivir el Infierno en la Tierra y le destruyen todas y cada una de sus esperanzas.

VIDA Y MUERTE DEL SOLDADO

Es además la historia de un soldado. No de un oficial, ni siquiera de un sargento o un cabo: de un soldado de la tropa, de infantería, de los que cargan con el peso del equipamiento, se agotan en marchas interminables y entran hasta el fondo en el corazón de la matanza. Sender nos habla de un soldado sin importancia, sin nombre, de los que no dejan huella en la historia, tanto si vive, como si muere, de los que no se recuerda su nombre, ni se guarda su foto en los archivos o en los museos. Un soldado, Viance, que sobrevive cuando podía haber muerto. Cuya vida o muerte a nadie le importa y menos que nadie a esa patria que le manda a morir y a ese ejército que le exprime sin misericordia hasta el agotamiento. Un elemento mudo, sordo y ciego, al que se le explota sin compasión, sin respeto y sin razón. Los soldados, como Viance, nada saben de estrategias ni de tácticas. Avanzan cuando se les ordena, se detienen cuando se les manda y mueren cuando sus jefes lo disponen. O cuando se equivocan o cuando prescinden de ellos por cualquier razón. O cuando les abandonan a su muerte por puro egoísmo.

—Muchacho –advierte el oficial–, hablas con el teniente ayudante.
—¡A la orden! Pues no, señor. El comandante ha muerto, y...
—Bueno, bueno. No quiero saber más. ¿Conservas el fusil?
—Traigo tres.
—Has cumplido con tu deber. Saca los cerrojos y tíralo aquí. Procura que caigan dentro del parapeto.

Esa orden implica la seguridad de que los moros llegarán luego a la misma alambrada y pueden aprovechar los fusiles. Para el herido, es una sentencia de muerte. Viance farfulla amenazas sin sentido contra la mala sangre del oficial. «¿Que hay una embosca y al salir nos tiran? Con la cerrazón de la noche no es fácil que hagan mucha carne, y si la hacen, estando la alambra ya abierta, se puede entrar en la posición de nuevo.»

El soldado reflexiona un instante y luego suplica con acento alterado por el pavor:

—¡Mi teniente! No es por nada; pero cumplo dentro de tres meses.
—¿Qué tiene que ver eso?
—Si me curaran –dice el herido–, podría salvarme, mi teniente.

Un silencio y añade, arrastrando las palabras con una especie de ronquera:

—No merezco morir como un perro, mi teniente.
—¡Te prohibo que sigas hablando! (pp.66-67)

Es un soldado que escapa de la matanza y llega arrastrándose al puesto de R. donde un grupo de soldados entre los que está Viance, están esperando el ataque de los moros. Un soldado sin nombre que ha cumplido con su deber, ha escapado, ha recogido su fusil y otros dos más para que el enemigo no los utilice contra la tropa española. Un soldado que podría ser salvado. Está fuera, al otro lado de la alambrada que defiende el puesto. La noche aún lo protege, pero cuando amanezca, la luz del sol lo convertirá en un blanco fácil para los moros que rodean la posición. Y el teniente que habla con él, al otro lado del parapeto lo condena a muerte sin dudarlo. Viance sabe que no es necesario, que pueden recogerlo, que hay tiempo. Pero el teniente tiene otros planes. No sólo no lo van a socorrer sino que le exigen que lance los cerrojos de los fusiles al parapeto. Sin cerrojos los fusiles no pueden disparar, se convierten en hierros inútiles. Los moros no podrán usarlos, pero el soldado herido y abandonado, tampoco podrá defenderse. Queda desarmado y será una víctima más fácil. Efectivamente ha cumplido con su deber: su deber es morir cuando un oficial que podría salvarlo decide que muera. Su deber es callarse cuando al oficial le molestan sus súplicas:

> El herido cambia de acento:
> —¡A la orden!
> Asoma la luna. Cae sobre el campo una claridad espectral, de estaño. El herido, tumbado en el suelo, arrastra una pierna rota, como de trapo, agarrado a los piquetes de la alambrada. ¿Cómo va a saltarla, si son cuatro metros de maraña espinosa? Al sentirse descubierto por la luz, quiere insistir con impaciencia de pánico, entre desesperado y humilde:
> —¡Mi ten...!
> Tiros próximos. El soldado calla y se aplasta contra el suelo. Después de un silencio, añade bajando la voz:
> —¡Ahí van! En uno va atada la medalla de identidad para que la envíen al suboficial, con su permiso, y pueda escribir a casa.
> El suboficial ha muerto allá abajo; pero el herido no se acuerda. El teniente se oculta tras el parapeto para evitar que alguno de los cerrojos le vuele a la cabeza. Uno cae dentro, junto a la enfermería; otro, sobre la patrulla que pasa. El tercero, fuera. Después, el herido descansa la cabeza contra el suelo, cubierto de desperdicios, mondaduras, excrementos secos. La medalla de aluminio, del tamaño de cinco céntimos, iba en el primer cerrojo. El teniente la lee: «T/7.241». La apunta en un pequeño cuaderno de bolsillo y la tira. Iba atada a un poco de cordón ennegrecido por el sudor. (p. 67)

Ese era el soldado muerto: una medalla de aluminio, del tamaño de una moneda pequeña en la que pone «T/7241». Un número más, una medalla de aluminio barato que el oficial tira, como había tirado la vida del soldado.

La muerte viene por todas partes: la muerte para el soldado puede venir de cualquiera de los dos bandos: del enemigo, pero también de su lado. Y nada puede hacer para evitarlo, para impedirlo, para prevenirlo. El soldado muere, sin saber por qué cuando otros así lo deciden:

> |Los soldados| esperan bajo el cargamento, hundidos los pechos, avanzada la cabeza con un aire cansado de mendigos nómadas. Hay algunos a quienes el sueño, la sed, dan unos ojos visionarios y un rictus como de catarro, de contener las lágrimas en la nariz. Los ordenanzas sacan tres caballos. Los oficiales van y vienen con papeles. Aún se pasa otra revista de no sé qué.
> Viendo este silencio, estos pasos falsamente enérgicos con los cuales el oficial demuestra al capitán, al comandante, su espíritu militar, esa alineación correcta, se piensa que todo este ceremonial entre piojos, miseria, hambre, harapos, es una pesada broma de locos. Nadie se engaña en el fondo. No hay ya uno solo que crea en la necesidad de nada de esto. Todos saben, además, lo que aguarda fuera. Dan ganas de gritar: «¡Es más cómodo para todos romper filas y pegarnos un tiro!» (pp.56-57)

Esta intromisión del narrador, esta reflexión que la intencionada confusión del relato no aclara si es de Viance o de Antonio, ese sargento que conoce a Viance y que nos cuenta la historia que Viance, una noche de guardia, le contó a él, nos da un reflejo de lo que la novela presenta como la vida, mejor como la muerte, del soldado de tropa: una mascarada absurda, estúpida, inútil y sangrienta.

EL HÉROE

> «Nosotros somos los que en la prensa y en las escuelas llaman héroes. Llevar sesos de un compañero en la alpargata, criar piojos y beber orines, eso es ser héroes. Yo soy un héroe. ¡Un héroe! ¡Un hé-ro-e!» (p.91)

Son los pensamientos de Viance, en un momento de pausa del asedio de R. Y es cierto que la historia de Viance es una historia heroica. La historia de un hombre que supera a la adversidad, que es capaz de vencer a la muerte, de tener éxito donde otros han fracasado,

de sobrevivir en medio del desastre. Pero ni el narrador ni Viance lo
creen de verdad, porque no creen en que haya héroes, porque saben
que esa palabra es mentira:

> La palabra, al repetirla, pierde sentido y llega a sonar como el gruñido
> de un animal o el ruido de una cosa que roza con otra. (p. 91)

Y la mejor prueba de la mentira del heroísmo es el regreso del
héroe, el regreso de Viance, ese regreso que es la negación del heroísmo.
Pues al héroe superviviente le reciben con indiferencia, con asco, con
desprecio. Unos oficiales borrachos que están a la puerta de un burdel
le hacen marchar a pasa ligero, indiferentes a las heridas y el agotamiento del desgraciado héroe, porque no ha saludado con corrección,
una monja llena de hipocresía le niega la cama que un herido y agotado
Viance necesita imperiosamente, un teniente, el teniente Arnau, el
mismo teniente que le había abandonado a la muerte en la huida de
R., cuando tenía espacio en el coche para llevarle, se niega a escucharle.
El regreso del héroe es una burla y una confirmación de que Viance
está rodeados de enemigos: en el bando contrario y en el suyo.

LA PATRIA

El concepto de patria y héroe está muy cercano. El héroe es el que
muere por la patria, por el país. Es su deber, un deber sin derechos.
Los soldados no tienen derechos:

> Un caballo despanzurrado, la cabeza increíblemente torcida y
> atrapada bajo el cuello con una actitud de caballo de ajedrez. A
> cuatro manos se arrastra Viance y cae junto al animal. Era un
> hermoso caballo de tiro. ¿Quién hace a estos pobres animales res-
> ponsables de la impericia o de la imprudencia del mando? ¿Cuál
> es el deber cívico de los mulos, de los caballos? Viance advierte
> luego: aunque nosotros, como los mulos, sólo tenemos deberes cí-
> vicos, no derechos: el deber cívico de morir. El Estado nos autoriza
> a morir para sostener el derecho cívico de unas docenas de seres que
> son la historia, la cultura, la prosperidad del país, porque el país
> comienza y termina en ellos. (p.124)

La patria por la que se muere, por la que se sufre, es una cosa ajena.

Al final de la novela, un Viance enfermo, derrotado, ridículo, humillado, contempla inerme como le arrebatan la inútil medalla que os-
tenta para prendérsela en el vestido de una bailarina de un cafetucho
que sale al escenario cantando una estúpida canción patriótica. La
patria es sangre y farsa. España, su patria, la nación por la que sufre,
por la que muere:

> ... todo esto que le rodea, el aire fétido, los muertos, el comandante que
> le machacó los dedos con la culata de la pistola, la entraña sombría de
> esta noche de injusticia y de horror, es también España. (p.130)

ESTRUCTURA.

Imán está dividida en tres partes. La fundamental es la central: la
delirante y tenebrosa huida de Viance desde el enclave de R. (Igueriben) hasta Melilla. Las páginas que anteceden a esta parte central
sirven para introducir al lector en el ambiente en el que desarrollan
los hechos. La última parte es el amargo relato del regreso, que no
aporta ningún consuelo y si nuevos sufrimientos.

Sender dividió su novela en 16 capítulos agrupados en tres partes,
tituladas «El campamento – El relevo», «Annual – La catástrofe»,
«Salvación – La guerra – Licenciamiento – La paz de los muertos».
Los capítulos no tienen nombre y cada uno de ellos va divido a su vez
en secuencias sueltas, las más de las veces sin elementos que relacionen
una con otra más que la libre asociación y la capacidad deductiva del
lector.

«EL CAMPAMENTO – EL RELEVO» (PRIMERA PARTE)

La primera parte tiene una doble función: nos sumerge en el ambiente de la guerra y al mismo tiempo nos presenta al personaje
central, al ser humano que va a ser completamente destruido para
proteger los intereses de los poderosos

La destrucción de Viance, para ser perceptible, ha de contraponer
el hombre que fue en su origen al despojo sollozante y ridículo que

al final de la novela ha perdido todas sus esperanzas. Nacido en un pequeño pueblo de la provincia de Huesca, sólo sabemos que está cerca de Barbastro –Balbastro, dice Viance-. En esa ciudad trabaja como herrero. En la aldea natal vivió los primeros años de su vida y en ella permanecen sus padres, campesinos que cultivan las tierras de un duque (el duque propietario de tierras, representación de los abusos de los poderosos y de la explotación inmisericorde de los humildes volverá a aparecer en el *Requiem por un campesino español*), y con ellos vive un hermano deficiente «*tuvo una enfermedad de pequeño y ha quedao un poco alela*» y «*una hermanica*» (p.32), ambos menores que el protagonista.

Sender retrata con crudeza la dura vida de los campesinos aragoneses que sin terrenos propios, viven en un régimen de semiesclavitud. La tierra es ingrata y poco productiva, el trabajo inacabable y sobre la familia de Viance cae siempre la sombra maléfica del administrador del duque, empeñado en explotar sin piedad a los campesinos, auténtico vampiro que se alimenta de su sangre y de su sufrimiento, exigiendo siempre las rentas, indiferentes a los desastres y al sufrimiento de los humildes:

> Yo tenía doce años y seguía un arado de sol a sol. La esteva la tenía que coger por encima del hombro, y a veces trompicaba y caía envuelto en los terrones del surco. Me daban medio pan y una cabeza de ajos para todo el día, y mi madre decía que no se podía llevar el gasto. A los treinta años mis padres aparentaban ya cincuenta, secos y arguellaos. Mi madre lloraba siempre, y el padre, asustao, nos cogía a nosotros y nos decía: «No la hagáis llorar, porque llora tanto que se va a quedar ciega». Le parecerá mentira, pero a mis padres yo no los he visto nunca reír. (p.32)

Pero el padre de Viance, como luego el mimo Viance, está demasiado destruido para ser capaz de rebelarse, de pensar, de cambiar. No sabe salir de su mundo hasta que un día su hijo, Viance, todavía con las fuerzas y el ímpetu de la juventud, le abandona:

> «Allí trabajará usted menos y estoy seguro de que antes de seis meses se podrá comprar un traje nuevo». Yo de pequeño |Viance está hablando con Antonio, un segundo narrador que es el alter ego de Sender en la novela|, tenía esa preocupación con padre. Como hacía treinta años que no se había mercao un triste pantalón, iba muy mal.

Remiendos de corborán, de lona de carro y hasta de saco. Pero él siempre decía lo mismo: «Este año paice que la tierra está harta y el trigo apunta bien». Un día me marché yo a Balbastro. (p.32)

Barbastro no es la tierra prometida, sin embargo. Viance comienza su aprendizaje en una herrería, como aprendiz, sin sueldo, por la comida. Pero está lleno de energía y optimismo: trabaja y trabaja sin descanso y consigue llegar a ser un buen herrero y a ganar un jornal. Es en la herrería donde Viance se gana su apodo:

En España, cuando trabajaba en su oficio de herrero, el amo le decía todos los días dos o tres veces:
—Pero, chico, ¿estás imantao?
Caían unas tenazas y había de ser cuando él estaba debajo. Saltaba una brizna de hierro y le daba en las narices. Se enfadaba el amo, el hijo del amo, y le volaba el martillo a las piernas. Cuando el jefe decía la frase sacramental para que acudieran todos a sostenerle una viga –«¡zarpas aquí!»–, llegaba el último; pero siempre llegaba a tiempo de recibir un trastazo de alguien. En broma, comenzaron a llamarle «Imán». No había hierro en el taller que no hubiera chocado alguna vez contra sus huesos. (pp.19-20.)

A lo largo de la novela, el lector va a comprobar que esa condición de imán para las desgracias y el sufrimiento es una constante en la vida de Viance. Y es inútil todo lo que el personaje intenta para mejorar. A pesar de que en su trabajo como herrero casi todo lo que gana es para ayudar a su familia, su suerte no mejora: su madre cae enferma y Viance vuelve en tren a su pueblo. A medianoche, entre la nieve, Viance reencuentra a su familia:

Mi padre, sentao en la cocina, con los ojos clavaos en las abarcas, que aún me lo represento. Madre había muerto. El médico decía que había anticipao la muerte bebiendo agua helada y levantándose desnuda; y padre que la conocía bien, lo creía. Después me lo dijo: «se vio sin remedio y no quiso que se gastaran en botica las pocas pesetas que con tantas privaciones había ido juntando pa comprarle a tu hermana alguna ropica decente». La chica ya tenía quince o dieciséis años. (pp.33-34)

El sacrificio de la madre fue inútil, su hija no tardó en morir a su vez:

Ya ve usted: era la única satisfacción de mi padre ¿Querrá usted

creer que se murió también? Aquel día estaba padre como loco.
Siempre ha sido cumplidor con la Iglesia. Pero aquel día...Aún lo
veo paseando por la cuadra, muy amarillo y el señor cura consolándole: «Dios nos prueba la virtud de mil maneras; paciencia».
Padre se echó a gritar: «¿Dios? ¿Pero esto hace Dios? ¡Dónde está,
señor cura, dónde está Dios, que le voy a morder los sesos!» (p.35)

El amor le ofrece a Viance una tregua en su destino de Imán. Se
enamora de «*una muchacha rubia y dulce como un racimo de prietas
uvas. Llegó a ser su novio y sintió las primeras turbaciones de la voluptuosidad en los tibios atardeceres de fiesta.*» (p. 37)
Fue el mejor momento de Viance:

> Su entrada en la plenitud varonil no había sido completa hasta que
> conoció el amor. De nada valía que fuera el campeón de barra –pro-
> longación de la jabalina clásica– en toda la comarca, el mejor obrero
> forjador de aquellos contornos. El amor era lo que daba categoría
> humana, y sin él todo resultaba artificioso y falso. La impresión ra-
> diante de los primeros días, que le hizo creer en una nueva vida más
> diáfana, de registros más hondos y firmes, le deslumbro. La
> enérgica serenidad anterior se afianzó más. Los compañeros de
> trabajo se le sometían, le pedían consejo en cosas profesionales. Fue
> él quien consiguió un aumento de jornal, venciendo la dura obsti-
> nación del patrón, que juraba matarlos a todos antes que permitir
> aquel relajamiento.(p.37)

Pero ese gran momento fue breve, muy breve. Su novia inicia un
romance con un teniente, el teniente Díaz Ureña. Y en ese momento
de su vida, el sorteo del ejército volvió a recordarle su condición de
Imán. El sorteo saca su nombre y es destinado al ejército, a la guerra
de Marruecos. El golpe moral es fuerte, muy fuerte: Viance se queda
sin valor moral, pierde la decisión, pasa la estado en que va a transcurrir
la novela: la incapacidad para rebelarse, para reclamar su derechos:

> Reclutado ya, el teniente Díaz Ureña era su instructor. Le pesaba la
> obediencia como una losa de hielo. Fue la primera claudicación. No
> sólo no lo mató, sino que un día recibió de él dos bofetadas y tuvo
> que guardárselas. (p. 38)

El ejército comienza desde la instrucción la labor destructora.
Desde esa primera claudicación Viance queda cada vez más dismi-
nuido:

> Cuando entró en filas murió el joven animoso, confiado, de las

vastas intuiciones universales, y a éstas sucedieron las pequeñas minucias, las preocupaciones mezquinas y una sensación de acoso y de
animadversión en lo demás. Tampoco era ya el mismo. Los superiores, a excepción de los cabos, lo miraban –¿por qué?– como a
un delincuente, con despego, sequedad y una resistencia a la familiaridad y a la confianza. Dudó de sí mismo, llegó a sentir la obsesión de su inferioridad, de su indignidad.
Un año tardó en acomodarse a la vida de cuartel; pero al fin se sintió
identificado con la esclavitud, con la torpeza, con la simulación y
con la pequeña maldad. (p. 111)

Antonio, el segundo narrador, que le reencuentra después del desastre, cuando Viance vive sin objeto en el ejército, certifica la degeneración personal del personaje, su fracaso esencial, su irremediable
degeneración: «*De su vida joven, poderosa, de la pureza y el ímpetu de
sus antiguas intuiciones, ha quedado sólo ese miedo al palo*». (p. 20)

«Annual – La catástrofe» (Segunda parte)

La segunda parte constituye el cuerpo central de la novela. La an-
tinovela educativa, podríamos decir, pues a lo largo de esa huida,
Viance va a ver la auténtica realidad de su vida, va a conocer en directo las razones de su sufrimiento, la auténtica naturaleza de los oficiales y de lo que ellos representan: Dios, patria, rey... Las experiencias
que sufre le permitirían, podrían haberle permitido comprender,
pensar, recuperar su dignidad personal, reconquistar su individualidad y elegir, en lo posible, un destino propio: el destino de la rebelión,
de la lucha contra los poderosos.
Es una historia sin esperanza para el personaje, pero no despro-
vista de esperanza para los lectores. Pues estos sí que pueden comprender esa realidad que Viance no comprende, asumir su dignidad
y luchar contra la injusticia. Como novela de combate y compro-
metida con su tiempo, como novela de un periodista urgido por la
inmediatez del momento histórico, como novela de ataque a un gobierno cuya máxima figura es uno de los responsables de las muertes
de Annual, *Imán* es una obra literaria que no se puede comprender
ni valorar sin considerar la inmediata realidad en la que se concibió,

escribió y publicó por primera vez. Los lectores no son Viance y a ellos dirige Sender su mensaje y su esperanza, a ellos les pide que aprendan las lecciones que Viance recibe a lo largo de su viaje.

Este viaje, el viaje de Viance hacia la salvación no es un viaje solitario. En esa extensión que en la novela parece inacabable e infinita Viance va teniendo una serie de encuentros con seres reales y seres imaginarios, con enemigos y con amigos, con muertos y moribundos, con animales y con hombres, con seres enloquecidos y con hombres más allá del miedo, llenos de esa cordura que da la desesperación. Cada encuentro constituye un eslabón de la cadena que lleva al conocimiento al descubrimiento de lo que es la realidad que rodea a Viance: que es la violencia, que es esa guerra en la que está presente, que es él mismo. Un viaje por los infiernos del que hubiera debido salir un Viance nuevo, un hombre que habiendo vivido más allá de la muerte, más allá de la esperanza, más allá de todo, habría sido capaz de crear una nueva vida, de adquirir una conciencia, de conocer el mundo en el que vive y actuar a partir de ese conocimiento.

Pero Viance no sabe extraer las enseñanzas de su peregrinación. En dos episodios fundaméntales de la novela tras su llegada a Melilla (el encuentro con los oficiales que están a la puerta de un burdel y con la monja en el hospital) nos revelan que el héroe que regresa de la muerte sigue siendo un servidor humilde, sumiso e incapaz de rebelarse, ni siquiera mentalmente, contra el abuso y la injusticia del poder de esa España en la que, por su desgracia, vive. Viance, el soldado español, el pueblo español, capaz de aguantar desastres sin límite, capaz de sobrevivir a las situaciones más extremas, de sufrir todo tipo de heridas, daños y privaciones, no sabe, no es capaz de rebelarse contra quienes le utilizan, le dañan y le exprimen hasta la muerte. El peregrinaje de Viance por esa tierra africana de muerte y horror, es un regreso al mundo que ha provocado ese horror, un camino en círculo inacabable a ninguna parte.

En su huida se siente culpable, culpable de no morir, de no ser como los demás. Hay algo en él que le hace sobrevivir pero ese algo no es su pensamiento, ese pensamiento domesticado, anulado y puesto al servicio de los poderosos. Es una fuerza inconsciente, fuerza siempre presente en Viance cuyo nivel de consciencia, en su huida, va siendo cada vez más precario, hasta el punto de que los pensamientos que pasan por su cabeza no llegan a anclarse en ella. Pero en ese tránsito, de alguna manera, muere y nace de nuevo. Rodeado por el horror y por la muerte, en una situación límite a Viance se le ofrece una oportunidad: la de empezar de nuevo, la de vivir una nueva vida, la de volver a nacer. En esa escapatoria de todo, en esa locura en la que soldados españoles se acuchillan entre ellos por la posesión de un caballo, y una tropa enloquecida galopa hacia ninguna parte matando por igual a amigos y enemigos, Viance, sin saber cómo ni cuándo, en un estado de semiincosnciencia, se esconde dentro del vientre de un caballo muerto.

Viance siente contactos viscosos, fríos, en las manos, en los pies. Está dentro del vientre del caballo, y una abertura entre dos costillas hace de atalaya y de respiradero. Viance vuelve al origen, al vientre materno: por ello *ha desmontado la bayoneta para no herir al caballo con súbito respeto, casi filial.* (p. 125)

Y empieza su metamorfosis; su cambio:

> Siente sus propias palpitaciones en las costillas del caballo. ¿Es que quizá su vida trasciende a las vísceras muertas y las anima de nuevo? Siente también que su materia es igual a la que la circunda, que hay sólo un género de materia y que toda está animada por los mismos impulsos ciegos, obedientes a una misma ley. Le invade una vaga ternura, el deseo de hacer el bien y de encontrarlo todo dulce y bueno. (p. 125)

En esta vuelta al origen, Viance tiene la oportunidad de cambiar, de dejar de ser el que fue, para ser otro. De reconciliarse con el mundo real, natural, lógico. De no aceptar la disciplina sin razón la crueldad, el abuso, la inmisericorde utilización que de él y de todos los que son como él han hecho su Dios, su patria y su rey:

> Se siente momentáneamente reconciliado con la materia. Las impresiones morales han sido tan fuertes, tan vivas, que esa manera sentimental de reflexionar que constituye para la mayor parte de los hombres una apariencia engañosa de entendimiento y de talento, ha quedado aniquilada, y sólo queda el instinto, más agudo cada momento, más poderoso cada día. Y el instinto sano y aguijoneado por la tragedia le hace sentir una ternura sin límites por ese penco despanzurrado que le sirve de guarida.(p. 126)

Se trata de una vuelta a la naturaleza, de una unión con ella, de una revelación. Los engaños de un pensamiento que no es el suyo, que le han impuesto, quedan lejos. El instinto, su instinto, natural, primordial, le ofrece una nueva oportunidad. La ternura que siente por el caballo es la ternura que siente por todos los que son como él, por todos aquellos que como ese caballo yacen muertos y abandonados por el egoísmo del poder. Es un descubrimiento de la verdad, de la verdad de la hermandad universal, natural, de los oprimidos.

Y cuando sale del vientre del caballo es otro, es una vuelta a nacer. Allí, junto a él, está un anciano, un español que ha abandonada su tierra y ha adoptado una nueva patria. Ese expatriado que ha elegido abandonar aquello que Viance sirve sin saber por qué ni para qué, va a ser su padrino a esa nueva vida. Una vida tan nueva que Viance ya ha olvidado quien es, ha olvidado su nombre:

> Viance vuelve a reflexionar; pero se pierde en un laberinto, no de ideas, sino de sugestiones materiales, vivas, de luz y voces y ruidos. Disparos, carnes amarillas, violáceas, un sueño confuso y remoto en España y el tope eterno del mañana. Quiere penetrar por un dédalo cuyo primer camino se le va. Y sabe que al final está escrito su nombre. (p.129)

Es ahora una tabla rasa sobre la que se puede escribir. Y la primera lección se la da ese viejo español que aparece en su nuevo nacimiento:

> Vosotros, los jóvenes, sois los únicos que aún no estáis envilecidos, que tenéis la conciencia sana y creéis en la justicia, en el bien; Dios os ha señalado la obligación de decir la verdad y de meterla, si es preciso a golpes, en la sesera de los viejos. La verdad es la vuestra, no la de ellos. La cabeza de los viejos que mandan allá y aquí, y en todo el mundo, no tiene más que vanidad y miedo. Ni una idea humanitaria, ni un sentimiento puro. Y los intereses sembrados alrededor, que son como barrotes de una cárcel. Los jóvenes podíais haber evitado esto defendiendo a su tiempo las ideas que sólo vosotros sentís sinceramente y que son la verdad del mundo aunque nadie quiera verlo. Pero habéis preferido someterlo todo a esta maldad y a esa vileza, y el cielo, que no perdona tan fácilmente como dicen, os castiga y aún os castigará más. (pp. 129-130)

Ahí está el camino: en la rebelión. Rebelarse, luchar contra el poder, no aceptar sin razón, sin pensamiento, sin análisis la autoridad absurda cruel, irracional, salvaje, egoísta de los oficiales, del ejercito, de la iglesia, del Rey, de España. La juventud española debe luchar contra todo eso y por no luchar acude a morir sin razón y sin motivo. Por eso el anciano ha escogido el bando de los moros porque ellos han tenido la dignidad y el valor de rebelarse.

> Yo no sé si soy español o no, pero estoy por los moros. Esto lo han hecho los jóvenes de acá porque los viejos hacen el saludo militar a los cabos españoles. En cambio vosotros, los jóvenes españoles, os sometéis, ofrecéis lo mejor de vosotros mismos a cosas caducas, inútiles y malvadas. (p. 130)

La acusación del anciano es confirmada por el narrador, o quizás por el mismo Viance, unas páginas más adelante. En un momento de extremo cansancio del protagonista, avanzando hacia no se sabe donde, en pleno agotamiento, el estilo indirecto libre introduce al lector en la mente de Viance y la narración avanza sin que podamos decir a ciencia cierta quien es el que en cada momento toma la palabra. Pero esa voz no identificada con certeza, es quizás la del propio Viance en un momento de lucidez al que llega gracias al agotamiento y al delirio; quizás porque ya está irremisiblemente perdido y sólo a las puertas de la muerte es capaz de ver la verdadera razón de lo que le está ocurriendo:

> Viance tiene la culpa, como Rivero y como Otazu y Piqueras. Todos son culpables, porque un hombre es igual a otro hombre, y si uno dice que sí el otro puede decir que no. ¿Y qué? El caso es que todos han dicho que sí, sin saber lo que decían y ahora van pidiendo un tiro en la cabeza, que no les sirvió a su tiempo para hablar palabras razonables. (p. 141)

La nebulosa del pensamiento, la incapacidad de comprender el mundo, de dar forma a su destino, de ser el protagonista de su vida, por no ser capaz de decir que no. Es el caso de Viance y de toda la juventud española que no se rebela y sigue marchando a guerras en las que no tiene porque luchar, que sigue sirviendo a palabras vacías como Dios, Patria y Rey. El evangelio que propone Sender a esta juventud que lee *Imán*, mientras en España gobierna el mismo General Berenguer que fue uno de los causantes del Desatre de Annual es ese, claro y sencillo: *un hombre es igual a otro hombre, y si uno dice que sí el*

otro puede decir que no (p. 141). La juventud española debe decir que
no y debe decirlo pronto. Ese es el mensaje de *Imán*.
Y a lo que debe decir que no es a su utilización para el beneficio
económico de unos pocos. A lo que representa las minas, la auténtica
razón por la que mueren tantos hombres como Viance, tantos campesinos y obreros que nada tienen que ganar ahí:

> Aquí había un poblado, había cierta vida civil reflejada, aunque dé-
> bilmente, por la actividad civilizada de San Juan de las Minas.
> Había también polvo rojizo, ferruginoso, en el suelo, en la cara y en
> las ropas, y merced a él algunos cadáveres de obreros españoles
> tenían buen color.
> Viance sintió, a la vista de todo aquello, cierta alegría sádica. San Juan
> de las Minas, el ferrocarril con la espina dorsal levantada más arriba,
> atravesada de palitroques; aquella vía de juguete que se podía plegar
> y llevar a casa, y que de pronto, sin saber cómo, aparecía al volver
> una loma y se perdía entre los arbustos y volvía a aparecer. El polvo
> rojizo, ennegrecido por el agua, aumentaba un poco más abajo.
> Muelles de embarque en la plaza, operarios, cargadores y mineros
> casi de balde; dos trenes de mineral diarios hacia el puerto: todo
> gracias a nosotros. A ver dónde están ahora esos trenes cargados, esas
> vagonetas y esos hormigueros de «tíos en cueros». Todos los ama-
> neceres estimulan el ánimo con cierto ímpetu de comienzo y punto
> de arranque, al revés que los atardeceres mohínos y cansados.
> Viance llega a sentir cierta satisfacción maligna y vengativa. Se ha
> sentado en una piedra. Preside el paisaje la cresta de San Juan de las
> Minas. San Juan Bautista debe ser. Ahí está el anacoreta de los mi-
> llones, el místico de la industria pregonando la virtud, la absti-
> nencia, el ayuno y bautizando al indígena con el polvo rojizo del
> mineral. Bautismo de esclavitud, de vasallaje. Prostitución del
> trabajo impuesto y mal pagado. Nada de jornadas establecidas ni
> jornales mínimos. La procesión de encapuchados, cubiertos de
> polvo rojizo y de piedra manchada por la entraña sangrante de la
> montaña, hormigueaba de la mina al tren, del tren a la mina, si-
> lenciosa, aguardando la caída del sol y los seis reales.
> Civilización de Occidente, trenes mineros, sociología de piedad cris-
> tiana y, detrás, el ejército, la vida joven y poderosa con tres palabras
> vacilantes en los labios: patria, heroísmo, sacrificio. Más abajo de la
> cresta minera, rocas blancas enhiestas, agrupadas, superpuestas: el
> hueso mondo de la montaña. Todavía más abajo, blancas losas cal-
> cáreas, donde la lluvia, la erosión constante, ha dibujado columnas
> y encasillados de arriba abajo. Una tabla de cotizaciones de Bolsa.

Y al pie... Al pie se han refugiado algunos para morir. En este sector, la gran losa calcárea es un área feroz y primitiva. (pp. 121-122)

En en este momento de la huida de Viance cuando llega al centro, a la clave de la historia, a la razón de todo. Viance contempla el porqué de la muerte de tantos soldados, del sufrimiento de todos, de su destino de imán. Son las minas, el dinero, los beneficios de los poderosos y las cotizaciones de bolsa. Sender, que tantas veces iguala e identifica a la Iglesia española con el poder y el capital lo vuelve a hacer aquí: el poblado de San Juan de las Minas se transforma burlonamente en San Juan Bautista. Esa es la misión civilizadora de España y el trabajo evangelizador de la Iglesia española. La explotación inmisericorde del indígena que ha provocado la rebelión, con el beneplácito de una iglesia indiferente.

Las palabras del anciano, y la visión de San Juan de las Minas, se unen a otras voces, a otros eslabones en la educación de este nuevo Viance. *Si te salvas busca a quien tenga la culpa y sacúdele. La vida ya ves tú lo que es. Sólo vale la pena cuando hay un poco de justicia encima de toda esta mierda. Si no la hacen ellos, la hacéis vosotros. Toma este cartucho tan limpio. Lo guardaba pa romperme la sesera; pero se está aquí bien. Guárdalo tú y hazme caso. Busca a quien tenga la culpa y sacúdele, que si hay un Dios ahí arriba Él te ayudará a tomar puntería.* (p. 114)

Son palabras de un compañero moribundo que le da a Viance el remedio de los males. La rebelión. Atacar al auténtico enemigo.

El Viance alucinado que sigue huyendo sin saber a dónde, ya ha aprendido lo que es la patria, lo que es el Rey. para completar su educación Dios baja a verlo en un sueño:

—Dios. Yo soy Dios. ¿No lo ves en mi chilaba nueva, en el albornoz blanco?
—Dios es español.
—Me he pasado a los moros. Dios está siempre del lado del que puede más.
—¡Mientes! Eso no es cierto.
—¡A mí no se me habla con ese desenfado! Te digo que me he pasado a los moros. ¿Quieres hacer un pacto?
—¿Cuál? ¿El que decía el viejo de las herraduras?
—Naturalmente. Si no tienes papel de oficio, no importa; yo traigo de todo.
—¿En qué condiciones?

—Tú tienes que morir forzosamente. Ahora bien: España te será
fiel. Te incorporará a la legión de los soldados muertos en el cumplimiento de su deber. (p. 145)

Desde el sueño, Dios y España se ríen del pelele moribundo y en-
sangrentado que huye y huye empujado por una voluntad de supervivencia animal y que por fin llega a la seguridad de Melilla.

«SALVACIÓN – LA GUERRA – LICENCIAMIENTO – LA PAZ DE LOS MUERTOS» (TERCERA PARTE)

Es el regreso del héroe, la llegada a la salvación, la tierra prometida. Es lo que se espera de una Odisea, quizás lo que se esperaba
el propio Viance.

Pero no hay salvación, ni nadie se preocupa en absoluto del regreso
del héroe, ni hay tierra prometida. Viance vuelve a ser lo que era antes
del desastre: un imán para todas las desgracias, incapaz de rebelarse,
incapaz de pensar, servil, sumiso, humillado por todos. El primer
oficial al que se presenta le insulta y desprecia; el mismo oficial que
le había abandonado en la llanura entre Igueriben y Melilla, aun
cuando había sitio en su coche para evacuarle. Agotado, ensan-
grentado, ignorado por todos, sale en busca de un hospital. Y su
destino de imán le hace pasar por delante de unos oficiales que intentan que les abran la puerta de un burdel:

> Viance pasa. Una voz lo retiene:
> —¿Qué es eso? ¿No le han enseñado a usía a saludar?
> —Voy descubierto, no llevo gorro.
> —¡Qué hablas! ¡Silencio! ¡Firmes!
> Viance obedece. Los pies no le sostienen, la cabeza pesa y hay un
> zumbido en los oídos que lo marea.
> —¿Es que por ir sin nada en la cabeza no se saluda?
> Va a contestar; la turbación se lo impide de momento, y entretanto
> alguien ordena:
> —¡Derecha! ¡De frente, paso li... gero!
> Viance echa a correr con paso gimnástico. El otro le va mandando
> media vuelta cuando se aleja un poco, de modo que pasa frente al
> grupo y va a volver más adelante, andando unos doce pasos a cada
> lado. Cuando se le oye jadear, vacilar, lo dejan marcharse.

—Er jodio va cojo –dice alguien.
Y ríen los cinco. (pp. 173-174)

En ese encuentro, Viance vuelve a caer bajo la máquina de la atra-
biliaria y despótica disciplina militar: ese es el recibimiento del héroe.
El abuso, la ignorancia de su debilidad. Pero Viance, de nuevo en el
ejército, ha vuelto a ser el que era, ha olvidado o no ha sabido poner
en práctica lo que aprendió en su segundo nacimiento. Ha con-
firmado lo que le decía el anciano padrino de su breve segunda vida:

... os sometéis, ofrecéis lo mejor de vosotros mismos a cosas caducas,
inútiles y malvadas. (p. 130)

En el hospital le atienden, pero no le dejan dormir por problemas
burocráticos. Si antes han sido los oficiales es ahora una monja la que
representa el abuso y la insensibilidad del poder:

La monja habla con una indiferencia correcta y persuasiva:
—Entonces no puede quedarse aquí. Tiene que ir a su regimiento.
—Es que... Llevo diez días sin dormir y casi sin comer. ¡Estoy
herido! ¡Por su madre, hermanita! Aquí deben sobrar camas.
—Sí, sí. Pero, ¿cómo vamos a darle de alta sin venir la baja de su
regimiento? Es imposible, imposible. No depende de mí. Han
hecho bastante curándole; no están obligados a curar a todo el que
llega: para eso están los botiquines del regimiento; pero somos poco
ordenancistas. ¡Si fuera otro ayudante que marchó a España el mes
pasado! Aquél sabía el reglamento al dedillo y no pasaba por movimiento mal hecho. Demasiado, digo yo. Y era una excelente
persona, ya lo creo. No seré yo quien diga mal de él ni mucho
menos.
Viance, mohíno, sin escucharla, se va. A los tres pasos se detiene.
—Y gracias por todo.
La vocecilla dulcemente nasal responde:
—A Dios sean dadas. (p. 175)

Tal es la caridad cristiana y la atención humanitaria que Viance
recibe. La monja le niega el albergue, el descanso, la protección con
absoluta indiferencia a su dolor y su sufrimiento. Viance y, como él,
miles de soldados, han dado su vida, su sangre, su sufrimiento por defender lo que representan esos oficiales y esa religión. Ante esa nueva
afrenta la humillación y la indignidad de Viance llega a su máximo.
No sólo es incapaz de rebelarse, es también capaz de rebajarse hasta

agradecer el castigo: es un perro al que pegan y vuelve a por más. No es nadie, ni nada merece por su incapacidad de rebelarse contra la injusticia, y una parte de él se da cuenta:

> Se siente abandonado de todos y, lo que es peor, de sí mismo. No encuentra razones ni estímulos para protestar. (p. 175)

A partir de aquí, el ejército recompensa a Viance. Primero dos años y luego otro año más de servicios por faltas absurdas. Ninguna recompensa, ni medalla ni consuelo por sobrevivir a Annual, por haber sido uno de los heroicos defensores de Igueriben. Las medallas son para los oficiales. Al final de la novela, Antonio, el segundo narrador reencuentra a Viance tres años después de que éste le cuente la historia de su Odisea. El soldado, demacrado, pálido, vestido de forma ridícula con ropa vieja, está cosiendo a su guerrera una falsa medalla:

> Ha encontrado en los vertederos del cuartel una medalla de cobre, buscando un botón. Arrastrada, pisoteada –es una condecoración sin ningún valor, que se da a todo el que la pide–, estaba, sin embargo, bastante limpia y con un poco de saliva y unas cuantas fricciones ha quedado bien. (p. 222)

Ese día es el último del servicio de Viance. Vuelve a su pueblo y la estructura de la novela hace que sea preciso que Antonio reencuentre al personaje para contemplar la huella que en él ha dejado la vida militar

En esos años Viance ha consumado su degeneración moral. El ejército y el servicio a la patria le han quitado todo lo bueno que había tenido hasta quedar reducido a una figura ridícula. A cambio de los cinco años de vida que el ejército y la patria le han arrebatado, le dan una medalla recogida en la basura, una guerrera desteñida y vieja que le da un aire afeminado, dos cajetillas de tabaco que le arrebatan en la aduana de Málaga y siete pesetas.

Y al final el regreso al pueblo es imposible: la cobardía básica de Viance, la cobardía básica de todos los que han sido como él, de todo el pueblo que aguanta, aguanta y aguanta sin rebelarse, como lo hizo él como lo hizo su padre, ha consentido la destrucción de todo lo que quedaba de la vida de Viance: la aldea en la que paso los días de su niñez, está tan destruida, tan desparecida como su propia vida. Un pantano se ha lo ha llevado todo por delante:

> Su casa, el suelo que pisaron sus padres, todo es ahora limo, barro, algas. Le han robado su pueblo. Aquellos recuerdos vivos que flotaban en las esquinas, en el pozo de la plaza, en la abadía, y que eran el punto de partida de toda su vida han desaparecido para siempre. (p. 228)

Pero su destino de imán no le abandona. Unos jóvenes obreros, le insultan, le amenazan y le golpean, Viance, antaño el hombre más fuerte de la comarca, el superviviente del desastre, es ahora un pelele del que todos se ríen y todos abusan. Le arrebatan la falsa medalla, le llevan a un bar, le emborrachan y allí contempla su última degradación:

> La cancionista sale ahora entonando «La cruz del Mérito», cuplé patriótico muy popular que habla del soldado ciego acogido por los brazos de su novia. La cupletista lleva sobre la teta izquierda, prendida en la camisa, la medalla de Viance. Cuando marca el paso con exagerados meneos la medalla oscila a compás. El estribillo dice:
> El corazón de las mujeres
> y las trompetas de la Fama
> al ver pasar a los soldados,
> repiten siempre: ¡Viva España! (p. 231)

CONCLUSIÓN.

Enfrentado a su Odisea particular, a su viaje al corazón de las tinieblas, Viance, uno de tantos, un representante de la juventud española que lucha y muerte en Marruecos, representa la sumisión suicida e imperdonable de la juventud española, de la sociedad española del 1920. Sender no sólo crítica al poder, al ejército, a la iglesia, al Rey y a las clases dominantes. Su crítica se centra sobre todo en esa juventud que no sabe decir que no, que no es capaz de rebelarse contra el abuso, que soporta las bofetadas, los palos, los malos tratos, los desprecios.

Viance, como la juventud española, ha tenido un oportunidad: la catarsis que representó el Desastre de Annual, la comprobación de la verdad. Sender hace nacer de nuevo a Viance, le hace pasar al otro lado del agujero negro de su sufrimiento y de su dolor, le hace llegar al mismo corazón de las tinieblas para aprender la lección, para comprender lo que es la vida, para ser capaz de construirse de nuevo a sí mismo, un nuevo Viance, una nueva juventud española que haga frente a los poderosos y se levante contar ellos para limitar sus abusos.

Pero Viance, como la juventud española a la que Sender quiere enseñar la verdad de la guerra y del poder está enferma de sumisión, de resignación. Y al final esa juventud a la que Sender dirige su mensaje obtendrá lo mismo que Viance: el ridículo, el desprecio de los de su misma clase y la destrucción de todo lo que eran y tenían. La esperanza no está en ser como Viance. La esperanza es romper con esa cadena de obediencia y sumisión.

Novela combativa y llena de indignación, *Imán* no ofrece una lectura cómoda, ni un final consolador, ni un protagonista positivo. Su mensaje, ardiente, sincero y comprometido es capaz aún de superar la barrera de los años y del espacio y conmover al lector. En su protesta esta la voz de un Ramón J. Sender que dio vida y palabra, en muchas de sus obras, a todos aquellos que no podían, ni sabían, protestar.

Bibliografía

La bibliografía sobre Ramón J. Sender es ingente. Los trabajos de Elizabeth Espadas que citamos más abajo son buena muestra de ello. En este repertorio nos hemos limitado a los estudios que se refieren a Sender como narrador y a las claves de sus novelística y a aquellos que estudian, de una manera u otra, *Imán*

Ediciones

Ramón J. Sender. *Imán*. Prólogo de Alejandro Gándara. Barcelona : Círculo de Lectores, [1996]

——————. *Imán*. Edición de Francisco Carrasquer Launed. Instituto de Estudios Altoaragoneses, 1992.

——————. *Imán*. Comentado por Lorenzo Silva. Barcelona : Destino, 2001

——————. *Imán*. Edición de Nil Santiáñez-Tió. Barcelona: Crítica, [2006]

——————. *Las novelas de los perdedores (Imán; Mr Witt en el cantón; Requiem por un campesino español)* Prólogo de Domingo Ródenas de Moya. Barcelona: RBA: 2011

Traducciones:

Al inglés

Ramón J. Sender. *Pro patria*. Translated by James Cleugh, from the Spanish novel "Imán". Boston : Houghton Mifflin Company, 1935

AL ALEMÁN

Ramón J. Sender. *Imán: kampf um Marokko*. Roman von Ramón J. Sender. berechtigte ubersetzung aus dem Spanischen von G.H. Neuendorf. Berlin : Verlag der Bücherkreis, 1931

AL HOLANDÉS

Ramón J. Sender. *Imñan: strijd om Marokko*. Amsterdam : N.V. de Arbeiderspers, 1933

ESTUDIOS

Abuelata, Mohammad. (1992) «Aspectos técnicos en la narrativa de Ramón J. Sender (1930-1936)». *Alazet*, (4), 11-57.

Aguado, Txetxu. (2004) «*Imán, La ruta y El blocao*: memoria e historia del desastre de Annual». *Revista hispánica moderna*, (57, 1-2), 99-120

Bosch, Rafael. (1983) «La "species poetica" en *Imán*, de Sender» en *Ramón J. Sender. In memoriam. Antología crítica*. Edición al cuidado de José-Carlos Mainer. Zaragoza: Diputación General de Aragón, pp. 291-297

Cansinos Assens, Rafael. (1983) «Ramón J. Sender y la novela social» en *Ramón J. Sender. In memoriam. Antología crítica*. Edición al cuidado de José-Carlos Mainer. Zaragoza: Diputación General de Aragón, pp. 37-56

Carrasquer Launed, Francisco. (1968) «*Imán*» y la novela histórica de *Ramón J. Sender*. Amsterdam: Universidad de Ámsterdam.

————. (1982) *La verdad de Ramón J. Sender*. Leiden, Holanda: Cinca

————. (1992) «Sender por sí mismo». *Alazet*, (4) 69-122.

————. «El pensamiento íntimo de Sender». (1992) *Rolde. Revista de cultura aragonesa*, (60) 29-38.

————. (1994) *La integral de ambos mundos: Sender*. Zaragoza: Prensas Universitarias

————. (1994) «Sender por Sender» *Alazet*, (6) 257-260.

————. (1997) «¿Escribir por pensar o pensar por escribir? La filosofía senderiana acude a los puntos de la pluma o al toque de las teclas», en Juan Carlos Ara Torralba y Fermín Gil Encabo (eds.), *El lugar de Sender. Actas del I Congreso sobre Ramón J, Sender* Huesca: Instituto de Estudios Altoaragoneses; Zaragoza: Institución Fernando el Católico, pp. 159-180.

—————. (2001) *Sender en su siglo. Antología de textos críticos sobre Ramón J. Sender.* Edición de Javier Barreiro. Huesca: Instituto de Estudios Altoaragoneses

Castañar, Fulgencio. (2001) «Características temáticas de la narrativa del primer Sender dentro del conflicto burguesía-proletariado» Catedra Nova, (14), 371-392

Castillo-Puche, José Luis. (1985) *Ramón J. Sender: el distanciamiento del exilio.* Barcelona: Destino,

Collard, Patrick. (1980) *Ramón J. Sender en los años 1930-1936. Sus ideas sobre la relación entre literatura y sociedad.* Gante: Rijksuniversiteit te Gent,

—————. (1980) «Las primeras reflexiones de Ramón Sender sobre el realismo», en *Actas del Sexto Congreso Internacional de Hispanistas.* Toronto: University of Toronto, pp. 179-182.

—————. (1982) «Ramón J. Sender y la Segunda República». *Ínsula,* (424) 1 y 12.

—————. (1997) «Descripción y función del paisaje en Imán », en Juan Carlos Ara Torralba y Fermín Gil Encabo (eds.), *El lugar de Sender. Actas del I Congreso sobre Ramón J, Sender* Huesca: Instituto de Estudios Altoaragoneses; Zaragoza: Institución Fernando el Católico, pp. 197-215.

Compitello, Malcolm A. (1998) «Sender and the Novel of Memory. Notes toward an Articulation», en Marshall J. Schneider y Mary S. Vásquez (eds.), *Ramón J. Sender y sus coetáneos. Homenaje a Charles L. King.* Huesca: Instituto de Estudios Altoaragoneses; Davidson: Davidson College, pp. 185-192.

Crespo, Ricardo. (1989) «Sender en el Telegrama del Rif» *Alazet: Revista de filología*, (1), 7-28

Delgado Echevarría, Javier y Mastral Gascón de Gotor, Ana (2001) «Ramón J. Sender, campesino aragonés» en *Sender y su tiempo: crónica de un siglo. Actas del II congreso sobre Ramón J. Sender.* Huesca. pp 543-556

Dueñas Lorente, José Domigo. (1986) «Obra periodística de Ramón J. Sender (1924-1936)». *Argensola*, (100) 5-58.

—————. (1992) «Ramón J. Sender en los años veinte. Detalles de un aprendizaje». *Alazet*, (4) 133-150.

—————. (1994) *Ramón J. Sender (1924-1939): periodismo y compromiso*. Huesca: Instituto de Estudios Altoaragoneses

—————. (1997) «Ramón J. Sender, periodista: el aprendizaje de la persuasión», en Juan Carlos Ara Torralba y Fermín Gil Encabo (eds.), *El lugar de Sender. Actas del I Congreso sobre Ramón J, Sender.* Huesca: Instituto de Estudios Altoaragoneses; Zaragoza: Institución Fernando el Católico, pp. 45-64.

Elorza, Antonio. (1997) «Ramón J. Sender, entre dos revoluciones (1932-1934)», en Juan Carlos Ara Torralba y Fermín Gil Encabo (eds.), *El lugar de Sender. Actas del I Congreso sobre Ramón J, Sender* Huesca: Instituto de Estudios Altoaragoneses; Zaragoza: Institución Fernando el Católico, pp. 65-84.

Escartín Arilla, Ana (2001) «La literatura como compromiso: Ramón J. Sender y Max Aub» en *Sender y su tiempo: crónica de un siglo. Actas del II congreso sobre Ramón J. Sender*. Huesca. pp 351-360

Espadas, Elizabeth. (1974) «Ensayo de una bibliografía sobre la obra de Ramón J. Sender. Estudios sobre su obra en general » *Papeles de Son Armadans*. (CCXX) 91-104

—————. (1974) «Ensayo de una bibliografía sobre la obra de Ramón J. Sender. Estudios sobre sus obras individuales» *Papeles de Son Armadans*. (CCXXI-CCXXII) 232-262

—————. (1975) «Ensayo de una bibliografía sobre la obra de Ramón J. Sender. Addendum » *Papeles de Son Armadans*. (CCXXIII-CCXXIV) 246-259

—————. (1987) «La visión crítica de la obra de Ramón J. Sender: Ensayo bibliográfico». En Vázquez, Mary S. (ed) *Homenaje a Ramón J. Sender*. Newark, Delaware: Juan de la Cuesta, pp. 227-287.

—————. (1994) «De la literatura a la pantalla: Ramón J. Sender y el cine». *Letras Peninsulares*, n.º 7.1 (primavera de 1994), pp. 221-238.

—————. (1995) «Ramón J. Sender: Bibliografía de ediciones y traducciones». *Alazet*, (7) 221-238.

—————. (1997) «El reto senderiano a los críticos literarios: consideraciones sobre el lugar de los bibliógrafos», en Juan Carlos Ara Torralba y Fermín Gil Encabo (eds.), *El lugar de Sender. Actas del I Congreso sobre Ramón J, Sender* Huesca: Instituto de Estudios Altoaragoneses; Zaragoza: Institución Fernando el Católico, pp. 85-104.

—————. (1998) «Cultura, naturaleza y tecnología en la obra americana de Sender», en Marshall J. Schneider y Mary S. Vásquez (eds.), *Ramón J. Sender y sus coetáneos. Homenaje a Charles L. King*. Huesca: Instituto de Estudios Altoaragoneses; Davidson: Davidson College, pp. 117-124.

—————. (1998) «La visión crítica de la obra de Ramón J. Sender. Ensayo bibliográfico. Suplemento (1985-1998) y addendum». en Marshall J. Schneider y Mary S. Vásquez (eds.), *Ramón J. Sender y sus coetáneos. Homenaje a Charles L. King*. Huesca: Instituto de Estudios Altoaragoneses; Davidson: Davidson College, pp. 229-401.

Esteve Juárez, Luis A. (1997) «Ramón Sender y Dostoyevski: algunas coincidencias», en Juan Carlos Ara Torralba y Fermín Gil Encabo (eds.), *El lugar de Sender. Actas del I Congreso sobre Ramón J, Sender* Huesca: Instituto de Estudios Altoaragoneses; Zaragoza: Institución Fernando el Católico, pp. 367-375.

Gilabert, Joan J. (2001) «Historia y literatura: *Imán* de Sender, un *Bildungsroman* sobre la guerra colonial del Rif» *Letras peninsulares*, (14, 1), 23-32

Hernández, Frances. (1998) «Two European Exiles: Stefan Zweig and Ramón Sender», en Marshall J. Schneider y Mary S. Vásquez (eds.), *Ramón J. Sender y sus coetáneos. Homenaje a Charles L. King*. Huesca: Instituto de Estudios Altoaragoneses; Davidson: Davidson College, pp. 97-116.

Jover, José María. (1987) «Introducción biográfica y crítica» a Ramón J. Sender, *Míster Witt en el Cantón*. Madrid: Castalia, pp. 7-149.

—————. (1997) *Historia y civilización*. Valencia: Universidad de Valencia. 1997.

—————. (2002) *Historia, biografía y novela en el primer Sender*. Madrid: Castalia.

King, Charles L. (1967) «Una bibliografía senderiana española (1928-1967)». *Hispania*, (50) 629-645.

—————. (1967) «Surrealism in Two Novels by Sender». *Hispania*, (51/2). 244-251.

—————. (1970) «A senderian bibliography in English, 1950-1968, with an Addendum». *The American Book Collector*, (20/6) 23-29.

—————. (1974) *Ramón J. Sender*. Nueva York: Twayne

—————. (1976) *Ramón J. Sender: An annotated bibliography, 1928-1974*. Metuchen, Nueva Jersey: The Scarecrow Press.

—————. (1983) «A partial addendum (1975-1982) to Ramon J. Sender: An annotated bibliography». *Hispania*,(66/2) 209-216

—————. (1992) «Colofón». *Alazet*, (4) 151-153.

La Porte, Pablo. (2001) *La atracción del imán: el desastre de Annual y sus repercusiones en la política europea (1921-1923)*. Madrid: Biblioteca Nueva.

López Barranco, Juan José. (1998) «Una aclaración sobre el narrador y el punto de vista en Imán» *Alazet: Revista de filología*, (10), 275-280

—————. (2001) «Imán: síntesis de la novela española sobre la guerra de Marruecos» en *Sender y su tiempo: crónica de un siglo. Actas del II congreso sobre Ramón J. Sender*. Huesca. Pp. 361-374

Mainer, José-Carlos. (1966) «Actualidad de Sender». *Ínsula*, (231) 1 y 12.

—————. (1974) «Crítica de la razón cotidiana. Visita al Sender que nos visita». Camp de l'Arpa, (12) 27-30.

—————. (1983) «Resituación de Ramón J. Sender», prólogo a *Ramón J. Sender. In memoriam. Antología crítica*. Edición al cuidado de José-Carlos Mainer. Zaragoza: Diputación General de Aragón, pp. 7-23.

—————. (1988) «Ramón J. Sender, un misterio plural inextinguible», en Guillermo Fatás (coord.), *Aragón en el mundo*. Zaragoza: Caja de Ahorros de la Inmaculada, 399-406.

—————. (1994) «El territorio de la infancia y las fuentes de la autobiografía senderiana», en AA.VV. *III Curso sobre lengua y literatura en Aragón (siglos XVIII-XX)*. Zaragoza: Institución Fernando el Católico, pp. 139-159.

—————. (1997) «El héroe cansado: Sender en 1968-1970», en Juan Carlos Ara Torralba y Fermín Gil Encabo (eds.), *El lugar de Sender. Actas del I Congreso sobre Ramón J, Sender*. Huesca: Instituto de Estudios Altoaragoneses; Zaragoza: Institución Fernando el Católico, pp. 27-44.

Mainer, José Carlos (ed.). (1983) *Ramón J. Sender. In memoriam. Antología crítica*. Zaragoza: Diputación General de Aragón.

Miralles García, Enrique. (2005) «La guerra de la escritura: elecciones discursivas de los escritores-soldados en la campaña militar sober Marruecos (1920-1924)» *Salina: revista de lletres* (19) 115-120

Moga Romero, Víctor. (2001) «Sender en el norte de África» *Trébede: Mensual aragonés de análisis, opinión y cultura*, (47-48) 39-47

Nonoyama, Michiko. (1979) El anarquismo en las obras de Ramón J. Sender. Madrid: Playor.

Nora, Eugenio G. de. (1958) «La novela social de preguerra», en *La novela española contemporánea*. Tomo II, cap. IX. Madrid: Gredos, pp. 465-478.

O'Brien, Mary Eide. (1998) «Fantasy and the Ideal in Sender's Fiction», en Marshall J. Schneider y Mary S. Vásquez (eds.), *Ramón J. Sender y sus coetáneos. Homenaje a Charles L. King*. Huesca: Instituto de Estudios Altoaragoneses; Davidson: Davidson College.

Paúles Sánchez, Susana. (1999) «Una escenografía goyesca en la literatura de Ramón J. Sender» *Alazet* (11) 33-46

Peñuelas, Marcelino C. (1969) «Sobre el estilo de Sender en Imán». *Ínsula*, (269) 1 y 12.

——————. (1970) *Conversaciones con Ramón J. Sender*. Madrid: Editorial Magisterio Español.

——————. (1971) *La obra narrativa de Ramón J. Sender. Carta-prólogo de Ramón J. Sender*. Madrid: Gredos.

Pini Moro, Donatella. (1986) «¿Degradación de Sender en 1936?», *Andalán*, (459-460) 29-31.

——————. (1994) *Ramón J. Sender tra la guerra e l'esilio*. Alessandria: Edizioni dell'Orso

——————. (1997) «La participación de Sender en la guerra de España: evidencias y dudas», en Juan Carlos Ara Torralba y Fermín Gil Encabo (eds.), *El lugar de Sender. Actas del I Congreso sobre Ramón J, Sender* Huesca: Instituto de Estudios Altoaragoneses; Zaragoza: Institución Fernando el Católico, pp. 235-251.

Puyol Ibort, Ester. (1993) «Ensayo de bibliografía senderiana. Parte 2: Artículos localizados en los fondos del Proyecto Sender (Segundo borrador)». *Alazet*, (5) 193-212.

Ressot, Jean Pierre. (2004) «Los pasos del solitario : (dos cursos sobre Ramón J. Sender en su Centenario)» *VII Curso de Lengua y Literatura en Aragón*. José Carlos Mainer, Javier Delgado, José María Enguita Utrilla (coords.) 2004, ISBN 84-7820-780-5, págs. 23-46

Riesgo, Juan Manuel (1992) «Imán y Ramón J. Sender» *Cuadernos de historia contemporánea*, (14) 183-192

Rivas, Josefa. (1967) *El escritor y su senda. Estudio crítico-literario sobre Ramón Sender*. México D.F.: Editores Mexicanos Unidos.

Rodríguez Monegal, Emir. (1971) *Tres testigos españoles de la guerra civil. Max Aub, Ramón Sender, Arturo Barea*. Caracas: Monte Ávila Editores..

Romero Tobar, Leonardo. (1983) «Sender en la literatura española» en *Ramón J. Sender. In memoriam. Antología crítica*. Edición al cuidado de José-Carlos Mainer. Zaragoza: Diputación General de Aragón, pp. 241-250

Rufat, Ramón. (1992) «El sentimiento religioso en Ramón J. Sender». *Alazet* (4) 181-186.

Sánchez Vidal, Agustín. (1982) «Ramón J. Sender: Un catalizador». *Andalán*, (350) 32-33.

Sánchez Zapatero, Javier (2011) «Entre la autobiografía y la universalidad antibelicista: análisis comparatista de *Im Westen nichts Neues* (Erich M. Remarque, 1929) e *Imán* (Ramón J. Sender, 1930)» *Revista de filología alemana*, (19) 169-188

——————. (2009) «El compromiso antibelicista en la narrativa española sobre la guerra de Marruecos: a propósito de *El blocao* e *Imán*» *Teoría y análisis de los discursos literarios: estudios en homenaje al profesor Ricardo Senabre Sempere*. Salvador Crespo Matellán (coord.) 409-416

Salguero Rodríguez (1995) «El primer Sender (I)» *Alazet: Revista de filología*, (7) 105-134

——————. (1996) «El primer Sender (II)» *Alazet: Revista de filología*, (8) 149-180

——————. (1997) «El primer Sender (III); Anarquismo y religión» *Alazet: Revista de filología*, (9) 139-174

Schneider, Marshall J. (1983) «Politics, aesthetics and thematic structure in two novels of Ramón J. Sender». *Hispanic Journal*, (4/2) 29-41.

——————. (2001) «The antifascist impulse in Two novels of Ramón J. Sender: Genre, Gender and Interpretation» *Letras peninsulares* (14) 33-42

Tovar, Antonio. (1966) «Dos capítulos para un retrato literario de Sender». *Cuadernos del Idioma*, (1966)17-35.

Uceda, Julia. (1980) «Realismo y esencias en Ramón J. Sender». *Revista de Occidente*, (82) 39-53.

——————. (1982) «Ramón J. Sender». *Ínsula*, (424) 3-4.

——————. (1992) «Criaturas senderianas (Variaciones sobre una obra abierta)». *Alazet* (4) 187-214.

Vásquez, Mary S. (1992) «Estrategias de guerra y texto en Contraataque de Ramón J. Sender». *Alazet*, (4) 215-230.

———. (1997) «América como texto y contexto en la cuentística del exilio de Ramón J. Sender», en Juan Carlos Ara Torralba y Fermín Gil Encabo (eds.), *El lugar de Sender. Actas del I Congreso sobre Ramón J, Sender* Huesca: Instituto de Estudios Altoaragoneses; Zaragoza: Institución Fernando el Católico, 181-195.

———. (1998) «Two Early Novels of war: Hemingway and Sender», en Marshall J. Schneider y Mary S. Vásquez (eds.), *Ramón J. Sender y sus coetáneos. Homenaje a Charles L. King*. Huesca: Instituto de Estudios Altoaragoneses; Davidson: Davidson College, pp. 125-144.

Vásquez, Mary S. (ed.). *Homenaje a Ramón J. Sender*. Newark: Juan de la Cuesta, 1987.

Vived Mairal, Jesús. (1992) «La vida de Ramón J. Sender al hilo de su obra». *Alazet*, (4) 231-270.

———. (1993) *Primeros escritos (1916-1924): Ramón J. Sender*. Huesca: Instituto de Estudios Altoaragoneses.

———. (1997) «Tres calas en la biografía de Sender», en Juan Carlos Ara Torralba y Fermín Gil Encabo (eds.), *El lugar de Sender. Actas del I Congreso sobre Ramón J, Sender* Huesca: Instituto de Estudios Altoaragoneses; Zaragoza: Institución Fernando el Católico, pp. 121-140.

———. (2002) *Ramón J. Sender, biografía*, Madrid: Páginas de Espuma

Watts, Luz C. de. (1976) *Veintiún días con Sender en España*. Barcelona: Destino

———. (1989) *Ramón J. Sender: Ensayo biográfico-crítico*. Buenos Aires: Ayala Palacio Ediciones Universitarias,

Yndurain, Francisco. (1982) «Sender en su obra: una lectura». *Cuenta y Razón*, (7) 7-19.

Imán

Ramón J. Sender

Nota a la primera edición del año 1930

Tenía estas notas desde hace tres años. Observaciones desordenadas, a veces demasiado prolijas, a veces sin forma literaria, recogidas durante mi servicio militar en Marruecos, a raíz del desastre del 21. La editorial Cenit me las ha pedido ahora y las doy apenas ordenadas. La imaginación ha tenido bien poco –nada, en verdad– que hacer. Cualquiera de los doscientos mil soldados que desde 1920 a 1925 desfilaron por allá podía firmarlas. Y desde luego su protagonista se puede «comprobar» en la mayor parte de los obreros y campesinos que fueron allá sin ideas propias, obedeciendo un impulso ajeno y admirando a los héroes que salen retratados en los periódicos. El libro no tiene intenciones estéticas ni prejuicios literarios. Sencillo y veraz, trata de contar la tragedia de Marruecos como pudo verla un soldado cualquiera de los que conmigo compartieron la campaña. A ellos dedico estas notas, escritas entonces con la voz del paisaje africano en los oídos.
R.J.S.

El campamento – El relevo

Uno

Cuatro carros de asalto entran a media tarde en el campamento. Ruido inseguro de chatarra en la solidez del silencio. Traen la sequedad calcárea de los desiertos que rodean la posición y cierran las perspectivas sin un árbol, sin un pájaro.

Poco antes llegaron dos batallones precedidos por los cuervos, que son la vanguardia espontánea de las columnas. Noventa kilómetros en tres jornadas. Esa marcha también la hicimos nosotros para venir aquí. El sol de agosto en la cara por la mañana, desde el amanecer, y después sobre la cabeza y en la espalda a medida que transcurre el día. Treinta kilos de equipo, los hombros desollados por el correaje y el sudor, las plantas de los pies abiertas y la cal del camino en las grietas. Hacia mediodía se escupe ya un barro grisáceo. El agua, caliente y todo, sería una gran cosa si no se hubiera acabado en los diez primeros kilómetros. Ochocientos hombres, mudos, sordos, con paso resignado de autómatas. La mochila del de delante limita todos los horizontes. No se sabe a dónde se va, quizá no se vaya a ningún sitio o quizá al fin del mundo. Puede que la misión de uno cuando nació fuera andar eternamente. El polvo borra las cejas, pone una máscara gris en todos los rostros de tal modo que no nos conocemos. Los cincuenta cartuchos de la espalda se clavan en el espinazo. Y llevamos ciento cincuenta y cinco más en otras cartucheras. La manta terciada, zurrón con el paquete de curación, el vaso, el plato, la funda del jergón individual liada a la espalda, la mochila con el equipo de invierno y las tres mudas, los fuertes zapatos, el capote-manta, pesado como un hábito de fraile, y luego el correaje con las cartucheras llenas, el machete de nuevo modelo, el fusil.

El cansancio llega a anestesiar. No se sienten los pies, ni las hendeduras de las correas que nos cruzan el pecho, ni el calor. Si se pudiera respirar aire limpio y tiráramos nuestra carga, puede que un extraño ímpetu nos llevara en vilo. Andaremos siempre, y será mejor porque en el momento en que nos detengamos caeremos a tierra como peleles. No se piensa en nada ni se ve nada. Los últimos kilómetros, amasado el cansancio con las primeras sombras del atardecer, tienen algo de pesadilla. Hace dos horas que se ve el campamento casi al alcance de la mano y un espíritu satánico lo aleja. Cuando, por fin, entramos, lo cruzaríamos y seguiríamos andando como sonámbulos si no nos mandaran alto e hicieran cerrar la columna y colgarse bien el fusil —«¡las culatas atrás!»— para desfilar cantando el himno. También los batallones llegados hoy han entrado cantando el suyo. El jefe de la posición, sentado ante un vaso de cerveza, se indigna siempre por la poca bizarría de las voces.

Noventa kilómetros. Cansancio embrutecido en los rostros, el cansancio de los reos de trabajos forzados. Trabajos inútiles: acarrear hoy aquí la piedra que mañana habrá que volver a llevar allí. Y casi todos una mirada deslustrada, que en Viance es una lejana y gris mirada de estupefacción. Se adivina, más que el asombro de lo que nos rodea, la sorpresa del estado a que uno mismo ha llegado y una angustia anhelante de que pueda haber desaparecido para siempre aquella vida que se comenzó a vivir.

Las yuntas de rubios bueyes y de tordillos mulos, el trigal verde, la bienoliente madera del taller, el fuego de la fragua, tan alegre, con el jadear asmático de los fuelles y la ardiente piña azul y roja. Todo esto pertenece a otra vida, de la cual ha quedado la vaga idea de un sueño. Aquello era el trabajo inteligente, que da sentido a la existencia y merced al cual se puede resbalar sobre ella con una alegre canción en el pecho.

Viance, cuando bebe, piensa siempre en estas cosas, que, sereno, olvida voluntariamente. Siente en la embriaguez una suave desesperación, de la que se consuela teniéndose a sí mismo cierta lástima. Carece a veces de la conciencia de su verdadera situación, hasta enorgullecerse de alguna futesa, diciendo a sus compañeros con cierta altanería:

—Un «rutina» que soy.

En el campamento, los síntomas son de operaciones. Seguramente esta noche saldrá ya la orden general con esa literatura de «la línea de la derecha», estableciendo la composición de nuestra columna: «La tercera la formarán el batallón N. con el grupo de ametralladoras del referido y los de R. y X. El N. y el V., con el tren de combate del 112 de línea, artillería del 92 ligero, carros de asalto números 7, 8 y 15; granaderos de San Vicente, tabor[1] del 15 de Alhucemas y ametralladoras del mismo».

Las operaciones, ¿dónde? El cornetín de órdenes del cuartel general lo sabe todo. Aunque siempre miente, se le pregunta como si hubiera de decir verdad. Tres días sin entrar el convoy en X. Hay bombardeo desde que amanece y dos heliógrafos[2] llamean sobre las crestas azules. «A los del 35 les han *dao* pa'l pelo.»[3] Pero se han portado bien.

Movimiento de telefonistas, jefes que van y vienen a la enfermería. Luego llegan los primeros camiones de un convoy de bajas. Como la tarde va de vencida, y no les dará tiempo para llegar a la plaza, los autobuses harán noche aquí. Tiendas supletorias en torno a la enfermería. La luz última se sensibiliza en los vidrios de las ventanillas, bajo el aire quieto y caldeado. Los heridos llevan una tarjeta colgando del ojal, como etiqueta de bazar: «Herid. desgarro, aproximación y sutura. Desagüe». «Fractura fémur. Vend. provisional reducción.» «Cráneo. Reposo, taponamiento, lavado bordes. Ojos, síntomas compresión.» «Her. contusa, lavado Dakin Carrel.»[4]

Huele a gasa fenicada. Guerreras desganadas y sangre en la nieve de los vendajes. Aquél blasfema al ladear la camilla, y éste, que lleva un «tiro de suerte»[5], ríe al pasar y guiñar un ojo desde la camilla: «A la plaza y dos meses de permiso en España». En la baca[6] del autobús se apilan los cadáveres, mal cubiertos con una lona impermeable. Oficiales, casi niños, y soldados. Sangre roja en menudos arroyuelos, ventanillas abajo.

—Todos iguales –dice un soldado con cierta vaguedad sombría.

---

1   *Tabor*: (batallón) Unidad militar del ejército colonial español.
2   *Heliógrafo*: Instrumento que transmite mensajes reflejando la luz solar en un juego de espejos.
3   Dar pa'l pelo: Expresión coloquial que se refiere a apalear a un individuo o individuos de manera contundente.
4   «lavado Dakin-Darrel»: método para tratar heridas de guerra lavándolas con hipoclorito sódico (0,45 % al 0,5 %) y ácido bórico (4 %) desarrollado por Alexis Carrel (1873-1944) y Henry Dakin (1880-1952).
5   *Tiro de suerte*: herida en una zona no crítica pero que asegura una larga temporada lejos del frente.
6   *Baca*: Espacio del techo del autobus destinado normalmente a transportar el equipaje.

En el corro próximo se oye hablar al cornetín del cuartel general:

—¿Qué culpa tengo yo de que no comprendas? La tercera columna somos nosotros.

La evacuación de bajas es monótona y aburrida. Casi todos se van hacia las cantinas.

—¿Qué es eso?

—Carros de asalto. Los han traído pa proteger el servicio de limpieza.

—Ser inútil. ¡Ahí *to* cristo chaquetea!

La evocación de los servicios mecánicos borra de momento cualquier otra preocupación. Se huye de los trabajos de fortificación, del acarreo de piedra; pero, sobre todo, de las escobas. La brigada nombrada cada retreta[7] se disuelve al día siguiente media hora después de salir. Si algún cabo se lía a estacazos, entonces todos somos voluntarios. Es demasiado servicio. La lista da la vuelta cada dos días. Los trabajos del nuevo parapeto son interminables. Los servicios de armas, los convoyes, ofrecerían un intervalo de descanso si no fuera por esa manía de la limpieza. Se barre de nueve a once, al subir las escuadrillas al bombardero.

Tras de las ambulancias de sanidad llega un convoy de acémilas con más bajas. Las llanuras amarillas, onduladas a trechos como un mar tormentoso, van a curvarse unánimemente sobre el río, y el convoy pone en ellas un trazo rojo de sangre. No es la guerra trágica y siniestra, sino el regreso de una cacería. El mismo campamento tiene una paz transparente y diáfana, apenas turbada por la tormenta lejana de la aviación. Los carros de asalto, las ambulancias y el presentimiento de lo extraordinario dan a la tarde un aire vulgar y brillante de fiesta. Algunos cadáveres van atravesados en los mulos, con los brazos oscilando a compás. Ese, del 35. Y el otro. Pero aquel rubio es del 61. Otro del 35. Pasan los mulos cabeceando, indiferentes, con su carga fresca. ¿Y ése? ¿De qué regimiento será ese que lleva la guerrera vuelta sobre la cabeza? Viance dice desde el parapeto:

—Anda a verlo, que no te va a comer.

El soldado se acerca, alza el trapo de dril;[8] repentinamente lo suelta y sacude la mano, manchada de sangre. Viance ríe curvado sobre el cañón del fusil.

---

7   *Retreta*: Llamada militar que indica el final del día.
8   *Dril*: Material textil resistente normalmente hecho de algodón usado en los uniformes militares.

—¿De qué regimiento es?

Los que llevan la guerrera así están decapitados.

—¡Si te hacen a ti lo mismo!... ¡Aunque pa lo que te sirve la cabeza!...

El bisoño murmura limpiándose la mano en el pantalón y Viance lo reprende de reojo:

—¡No insultes a tu abuelo, quinto![9]

Las obsesiones son tenaces en los campamentos. La imposibilidad de desarrollar cada cual su vida nos encauza por estrechas manías. A Viance le toca barrer mañana. El equipo de limpieza va desastrado. Estiércol y polvo en los harapos.

—Si sacudo el caqui,[10] te entierro vivo.

Asoman los codos por los desgarrones, se alinean los piojos en las costuras; barbas de agonizante bajo los sombreros pringosos. Abruma la suciedad. Yo me lavo por las mañanas con el café del desayuno. Los jefes nos dicen que todo esto no tiene importancia. Sobrellevarlo alegremente es demostrar espíritu militar; tener el terreno que ocupa el batallón más limpio que el de la batería de al lado, demuestra espíritu de cuerpo. El veterano refunfuña entre los sacos terreros.[11] Hace tiempo que renunció a explicarse las cosas de la «mili». «Lo mejor es hacerse el loco.» Después se queda mirando la larga sombra de las estacas de la alambrada.

La soledad del centinela es desabrida, áspera. La reflexión agrava esa soledad. Llanuras pardas, grises. A la de uno se suma la total soledad del campo y del cielo, más ancho y frío en estos desiertos. De día se oye en el campamento el rumor desmoralizador del ocio. En el calor de la tarde, los sacos terreros, que forman un semicírculo fuera de la rasante del parapeto, en torno al centinela, abrasan. Quema el fusil, abandonado al alcance de la mano. Cuando una rata –enormes, con patas de liebre, calvas a trechos– asoma entre los sacos, Viance le da la novedad.[12] La rata no huye. El sombrero tiene un alambre en torno al

---

9   *Quinto*: Término coloquial para referirse a un recluta. Un abuelo es un soldado de una promoción anterior.

10   *Caqui*: Color habitual de los uniformes militares y, por extensión, término coloquial para referirse al uniforme.

11   *Sacos terreros*: Bolsas de tela llenas de tierra para proteger una posición de la balas.

12   *Dar la novedad*: Acción que realiza un soldado de guardia al pedir a alguien que se acerca al campamento que se identifique.

ala, que también arde bajo el sol. Y el cráneo, caldeado, no encauza la desolación de las lejanías hacia la añoranza, sino que la encierra en un terrible laberinto de imposibles. No se puede huir de sí mismo por la reflexión, porque se va a dar en ese laberinto y es incomparable el suplicio de buscarle la salida. La derivación hacia lo político es obligada en los soldados más cultos. Pero, independientemente de esta solución, que viene a agravar la inquietud con un resquemor de conciencia, siente uno delante, detrás, encima, debajo, un vacío asfixiante.

Entre las tiendas y los barracones de mampostería, despedazados por los bombardeos de la ofensiva última y remendados con sacos de tierra, se alinean por compañías y baterías los cinco mil hombres del campamento. Medio pan bajo el brazo y el plato de latón en la mano, colgando sobre un muslo. Huele a neumático quemado –tocino rancio– y almidón de camisas sudadas –arroz–. A la vuelta de cada sector, cacerolas, rancheros tiznados. «Oído... ¡Firmes!» «¡A la orden! Sin novedad.» «¡Bien, sigan!» «Fir... mes!» «Compañía! ¡Firmes! De frente... distribuyan. ¡A ver si se guarda la alineación!» «De a tres, ¿eh? ¿Más patatas? Si acaso, te reenganchas luego; ¡comes más que una lima!» Después del rancho suena por todas partes el ruido de los platos sacudidos contra las piedras. Van acudiendo a las cantinas los rezagados. Al pasar junto a las tiendas de los «fiambres», gruñen dos soldados:

—Si entras de refuerzo, estás listo. Va a haber que montar cuatro puestos pa vigilar a los cadáveres.

—¿Tú crees que a los fiambres se les vigila como si fueran prisioneros? No se van a marchar, digo yo.

—No es eso. Hay siempre malas entrañas que van a robarles los zapatos y lo que caiga. Porque un muerto puede llevar un buen reloj encima. Y muchos de éstos son cuotas[13], con buen rosco[14] y buen billetaje.[15]

—¡Tonterías! ¿Dicen que *pué* que salgamos mañana? Pues me gasto ahora ocho perras que tengo, por si las moscas. Yo creo que cada «*quisque*» hace otro tanto.[16]

Viance se impacienta en el puesto. Tarda el relevo. Ve el barranco, ya negro en el fondo y verde claro en las laderas; la carretera blanca

---

13 *Cuota*: Soldados que han pagado al gobierno español una cantidad para asegurarse un destino menos arriesgado. Normalmente se trataba de soldados de familias acomodadas que podían permitirse el pago de esta cantidad.

14 *Rosco*: Término coloquial para reloj.

15 Billetaje: Término coloquial para dinero.

16 Cada «quisque» hace otro tanto: Todo el mundo hace lo mismo.

pautada por las sombras de unos baches y los palitroques entrecuzados de alambre espinoso, con los cuales se cierra la alambrada sobre el camino. Azulean las lomas hacia el río muerto y empantanado entre piedra arenisca. Los llanos de Drius se enrojecen. A la izquierda, las cumbres de dromedario de Tizzi Asa buscan la luna con la joroba; pero es inútil. Esta noche no saldrá hasta después de las dos de la madrugada. Unas estrellas rojas se encienden y se agrupan en las barrancadas, y llegan, arrastrándose por la llanura, largos truenos. Luego, los tiros en serie de la artillería.

El cornetín del cuartel general toca a oración y contestan, como los gallos en los corrales, los toques de los batallones y las baterías. El centinela Viance, con ese aire distraído que le hace parecer tan lejano e indiferente, repite las contraseñas a medida que suenan:

—«Tengo la niña bonita» –el 15 de Infantería–. «Me c... en Dios, cuántas ratas» –Zapadores–. «A ver quién ha perdido el estopín!...»[17]

Este último suena largo y melodioso, como un tema de ópera. Luego Viance se recuesta en los sacos y se adormila. Un sueño de liebre, apenas entornados los ojos, atentos los oídos. Cualquier ruido inesperado lo despierta; pero no hay miedo de que le alteren el sueño los ruidos conocidos. La patrulla –«sin novedad»– y un papel agitado por la brisa en la alambrada. Un quinto hubiera hecho fuego ya. Pero ahora se levanta la colina como una ola, hinchándose más y más. Los pies resbalan en la paja que alfombra el suelo para evitar el frío húmedo de la noche. Peor es el barro, en invierno. Y en la compañía... Si no le tienen consideración, no importa; ignoran qué excelente operario de herrería era en su tierra. Oficial herrero. Seis años encendiendo la fragua le habían dado, a vuelta de palos y hambres, una pericia indiscutible. Atraía el hierro como el imán. ¡Qué cachondo[18] aquel viejo que se lo decía! Aunque tenía cicatrices, que le daban la razón. Con su oficio podía haber hecho un buen papel en la armería del regimiento, en la plaza, sin necesidad de salir a arrastrar la tripa por los calveros;[19] pero ya había en el taller once emboscados. El más entendido fue, en Barcelona, camarero de bar. Para conseguir esos destinos no basta ser maestro en un oficio: hay que saber «explicarse». «Si se explica usted, ya será otra cosa.»

---

17 *Estopín*: Mecha utilizada para artillería y por extensión percutor en otras armas de fuego.
18 *Cachondo*: Bromista.
19 *Calvero*: Terreno descubierto, sin vegetación.

Viance sigue dormitando. La compañía va de primera desde que está ese bárbaro de sargento con el mosquitero rosa y la garrota. Los demás sargentos no lo tragan, y es natural. Pero entre tanto, si te da de lleno, tres días *rebajao* de servicio. «Se ha caído!», y el médico no quié saber nada, porque pegar está prohibido, y robar también. Por eso dicen que se «castiga» y se «pinta».

En casa de la Blanca hay un vaho espeso de humo de petróleo y caras congestionadas de sol y de alcohol. Veinte o treinta soldados, sentados en el suelo, apuran dos grandes botellas y cantan acompañándose de palmadas y golpes contra las tablas. La canción es cómica y se refiere a un Felipe nocherniego[20], que llega por la mañana borracho y a quien le pega su mujer. Pero la cantan con una gran seriedad, con voces pastosas y profundas, y tiene, no sé por qué, un poder dramático a veces desgarrador. En otro lado juegan al billar sobre una vieja mesa sin tapete y ruedan las bolas descascarilladas saltando y retrucando. Hay tales desniveles en el pavimento que, al dar la vuelta a la mesa, el jugador casi desaparece.

—¡Vaya paliza los del 35!

—Tener *corasón* por barriga –elogia a su manera un áscari.[21]

—Si no es por nosotros, que les ayudamos –advierten los regulares– no queda uno. Las ametralladoras –tatatatatac–, tirando un palmo por encima de la guerrilla. Quince baterías, los obuses del grupo de instrucción y desde la otra parte de la montaña los barcos de guerra. Con todo, los zapadores han vuelto sin clavar una estaca. Marra, marra,[22] chaqueteando.[23] Los áscaris, pegaos al suelo, sin que hubiera cristo que los hiciera dar un paso.

—¡Ah, paisa! –advierte un soldado indígena–. Yo *haser* guerra como rata. Gobierno *espaniol asendé* cabo Alí y cabo Alí nunca estar por *operasiones*. Persona mío ventitrés balasos, y nada. Antes *haser* guerra *cabesa* por *sielo*, ahora ya como rata, piedra, piedra, y si no hay piedra, quieto.

—Los tanques, ¿van con nuestra columna?

—¡A ver qué vida! Van a donde los manden.

—Caminan por el monte igual que por la carretera. Oye, quinto, y les embisten a las casas.

---

20   *Nocherniego*: Referido a alguien que sale de fiesta de noche.
21   *Áscari*: Soldado de tropas indígenas.
22   *Marra, marra*: Errar el tiro intencionadamente.
23   *Chaquetear*: Cambiar de bando.

Algunos, al entrar, tropiezan con el arco de la puerta y tiembla toda la barraca con crujidos de madera y de lata. Las cantinas están hechas con pedazos de cajas y bidones de gasolina despedazados. Jirones de tienda de campaña, más lata insegura. Algunos pedazos de granada –cascos de enormes botellas de hierro– aseguran la techumbre contra el viento. El dueño de la cantina es un cojo con traza de náufrago de zarzuela[24], que no se sabe a punto fijo si es padre, esposo o empresario de la Blanca. Esta apenas sale del mostrador, donde atiende a los mejores clientes. El cojo va y viene por los rincones oscuros, acercando cajones a los corros diseminados por el suelo y sirviéndoles vino. Acompasa sus movimientos a la cojera, de modo que con las dos manos llenas de vasos recorre la cantina sin derramar una gota. Pero desprecia a la soldadesca que acude con el rancho a beber dos reales de vino. Uno de sus motivos de orgullo es poseer licores finos para los señores sargentos y oficiales. La cantina está completamente llena.

—¿Quién me compra un sello? ¡Rediós! Como el correo es gratis, hay que hacer rebaja, y aun así no los quieren.

Llega otro grupo. Delante, dos soldados, con el rancho en el plato, van guardando el equilibrio para que no se derrame.

—He *contao* cuarenta y siete muertos, casi todos oficiales.

—¡Mala suerte! –contestan, encogiéndose de hombros. Dos soldados se hacen confidencias junto al mostrador, accionando con una delicadeza diplomática:

—No voy descalzo. Media alpargata y un pedazo de saco. Hay que recapacitar que en la mili como en la mili. He ido al suboficial, porque ya hace tres meses que mis alpargatas cumplieron.[25]

—¿Y qué?

—Me ha *tirao* una regla a la cabeza. Suerte que estaba en la misma puerta de la tienda. Yo creo que, como salimos mañana, no quiere soltar las alpargatas nuevas. Porque, vamos a ver, ¿quién le dice que no me dan un pildorazo?[26] Y si me lo dan, es un par menos.

---

24   *Zarzuela*: Género musical que combina la opereta con fragmentos teatrales. En los años 1920, la zarzuela, típicamente española, empezó a ser desplazada por el vaudeville.

25   «Cumplir» las alpargatas: Los soldados recibían una par de alpargatas, calzado de suela de cáñamo y tela, cada cierto tiempo. En el agreste terreno marroquí las alpargatas solían desgastarse mucho antes de que los soldados recibieran el equipo nuevo. Tras el desastre de Annual en 1921, las quejas en la prensa por el ínfimo equipamiento de los soldados aumentaron exponencialmente. Un artículo del diario ABC del 19 de Octubre de 1921, meses después de que más de 13,000 soldados españoles murieran en Annual, advierte de estos difícilmente podrán afrontar el invierno con este calzado («Las operaciones en Marruecos» 7).

26   *Pildorazo*: Término coloquial para recibir un disparo de arma de fuego.

—¡Claro! ¡Es lo suyo!

—Luego me ha dicho que le llevara la regla.

—¿Y te ha sacudido?

—No.

—Con suboficiales así, da gusto. A mí me tienen que durar las alpargatas mis buenos cinco meses, y me duran, si no tengo la desgracia de pisar una mierda, porque entonces se quema la suela.

Bajo la cúpula de tablas dislocadas el aire es espeso, caliente. El sudor brilla en los rostros frente al candil de gas, que reparte en tomo sombras lunares. Los senos en punta de la Blanca presiden el mostrador y recogen, como polos eléctricos, el deseo disperso de los soldados.

Pasan entre la cantina y el parapeto las patrullas de servicio, y en la puerta discute un grupo sobre la distribución de cinco pesetas, con las cuales cada uno debe cobrar su soldada de cinco días. Entran a cambiar. En un extremo, los del escuadrón cantan un fandanguillo con letra improvisada un día y ya popular, en la cual se alude a un suceso que costó la vida, en circunstancias heroicas, al jefe del escuadrón. La música es lánguida y triste. «Caracol», el legionario,[27] los mira de reojo, impaciente, bebe y escupe. Cuando pasa el cojo cerca, como si repentinamente volviera de un sueño, blasfema y añade:

—Cojo, ¡te voy a torcer el pescuezo!

—¡Mal *pacazo*![28]

Y luego el cojo reparte el vino repitiendo, obsesionado con el legionario:

—Un paseíto en coche. No le deseo más.

Se refiere al coche funerario; pero hay que explicarlo, porque nadie cae al principio. ¿Qué jefe mandará la tercera columna? Suena un nombre. Un regular comenta:

—Me revienta ese tipo, con una mano siempre en el anca, perdonando la vida. Tanto postín y el otro día le dio la novedad en la ca-

---

27 *Legionario*: La Legión Española fue creada en 1920 por el general José Millán-Astray que se inspiró en la Legión Francesa. A diferencia de otras potencias europeas, España no contaba con colonias en otros lugares del mundo donde pudiera reclutar soldados para Marruecos. Esto hizo especialmente interesante el modelo de la legión que reclutaba soldados de cualquier nacionalidad sin preguntar por su pasado a cambio de que se comprometieran a cumplir un largo reemplazo.

28 *Pacazo*: Las tropas irregulares rebeldes marroquíes se conocían como «pacos» por el sonido que hacían sus mosquetones al disparar. Un «pacazo» es por tanto un disparo de un mosquetón enemigo.

rretera Burrahai. Vio llegar el auto a toda marcha, mandó alto a los
hametes[29] y se acercó al coronel:

«—A la orden de usía! Sin novedad la harca[30] amiga de Beni-
Said.[31]

«—Gracias. ¿Adónde vais?

«—Al boquete, a una emboscada.

«—Bien, continuad.

«—¡A la orden de usía!»

—¿Y era Burrahai?[32]

—Burrahai. Fue al boquete, como dijo, y allí se cargó[33] al teniente
coronel de Ceriñola, que iba a recoger la protección de carretera.

Después de un largo silencio, suelta a reír un mozo rubianco que
atendía a la charla apartado del grupo:

—¡Miá que tiene gracia! ¡A la orden de usía!

El cojo comienza a beber convidado por el legionario, que, naturalmente, no paga. Todos los días igual.

—¡Rediós! ¡Mal *pacazo*...!

Pero una vez en el coleto la cuarta copa, todo cambia. Los soldados
aúpan al cantinero, ya a medios pelos,[34] sobre la mesa de billar y comienza la sesión de baile flamenco. El cojo lo toma muy en serio, jura
que ha sido el mejor bailaor almeriense y sigue el ritmo de las palmadas con su cojera libre. «Caracol» salta detrás para acompañarle.
El vino logra reconciliarlos. Bailan juntos. El cojo hace de mujer y el
«Caracol», siguiendo las figuras de la danza, da vueltas a su alrededor
y lo galantea y requiebra. El regocijo se desborda cuando «Caracol»
le da un pellizco. Las caras, rojas de sol, barbudas, con el pelo al rape,
se agrupan rugiendo entre estertores de risa. De mano en mano pasan
las copas hasta los bailarines. De pronto, tiros en la avanzadilla. El
cojo, alarmado, dice, como siempre:

---

29 *Hametes*: Término coloquial para la población marroquí usado por los soldados españoles.

30 *Harca*: El harca es tradicionalmente la corte del sultán cuando se desplaza por Marruecos,
pero se aplica también a cualquier agrupación de tropas irregulares marroquíes.

31 *Beni Said*: tribu de árabes, y por extensión su territorio, de la provincia marroquí de
Nador, sobre el mar Mediterráneo, en la región del Rif.

32 *Burrahai*: Líder rebelde que participó en el Desastre de Annual y permaneció huido hasta
enero de 1927 momento en que se sometió de nuevo al Makzen, o gobierno central marroquí («Sumisión del Burrahai» 32) 1927 fue el año en que el ejército español consiguió
controlar por completo el territorio del Protectorado.

33 *Cargarse*: Matar.

34 *A medios pelos*: La expresión se refiere originalmente a alguien de extracto social bajo,
pero, por extensión, se usa aquí para decir que el cantinero, borracho, ya ha perdido el
control de si mismo.

—Ha sido ahí al lao.

Salta de la mesa y va hacia el mostrador, preocupado.

—Yo se lo he dicho ya al jefe de posición: si usía no quiere aumentar los puestos en el parapeto, que nos den a los cantineros de ese *seztor* un fusil, y nosotros, por nuestra cuenta, montaremos una guardia todas las noches. Que viene uno a ganarse un pedazo de pan y está *desamparao* como un perro. Y no es que sea miedo, señor coronel jefe de posición; pero usía repare que ya han *entrao* tres veces por esa parte,

Viance se aburre en el parapeto. Quiere reflexionar sobre sí mismo; pero no puede. Se le pierde la idea como si quisiera dilucidar el origen del mundo. Se siente vacío de afectos. No tiene otras simpatías que las de un vegetal por la luz, el agua, la tierra. ¿Y odios? ¡Ah, eso sí! Odia a un oficial; pero es un odio anterior a su ingreso en filas y además un odio concentrado, purificado por su propio ardor. Odia a Díaz Ureña sin esperanza de vengarse ni siquiera deseo de alentar esa esperanza. ¿Quién es Díaz Ureña? Pero ¿no hay otras inclinaciones de ánimo en Viance? ¿No hay más pasiones? Su mirada refleja un infinito desolado y gris a través de esa permanente sorpresa tan suya. Mira las ocho o diez filas de alambre espinoso entrecruzado, luego la carretera que se pierde de vista en un viraje. Vuelve a recordar que entra de refuerzo nocturno el batallón bisoño. Cuotas de España con dinero fresco. Hará trampa al sortear los cuartos de la noche y luego le venderá el suyo, que será, naturalmente el mejor, a algún «señorito». La última vez lo vendió a aquel boticario de las gafas por cinco reales, después de habérselo escamoteado. y esta noche entra también de servicio. Veteranía. La Blanca, la cantinera, que no le fía, cuando le vea sacar una peseta seguramente le devolverá el crédito. Ríe bajo la barba rala su risa lejana. Los ojos apagados y hundidos evocan a la muchacha en jarras cantando sin mirarle, cuando le pide dos reales de vino fiado:

«Cuando cobre pagaré, pagaré;
cuando cobre pagaré, pagaré.»

Es un soniquete estúpido que siempre que han estado en este campamento le ha acompañado a todas partes. Batallón nuevo, toda la noche tiros. Ni Dios pegará un ojo en las tiendas próximas al parapeto. Viance, sí. Duerme de pie o andando, mientras tenga algo donde apoyarse. A veces, basta el fusil. Y andando, el rabo de un mulo,[35] aunque hay que tener cuidado, porque algunos tienen cosquillas y «nombran el servicio por la cola».[36] ¿Y el relevo? Ahora resulta que la patrulla que venía no es la de la guardia, sino el servicio de noche, que va a la avanzadilla. El blocao[37] se recorta encima de la loma, dominando el lugar donde el barranco se abre sobre el río. Van con el correaje sobre el capote-manta, riendo, bromeando. Se ve el enorme pistolón de los cohetes luminosos que el cabo lleva en el cinto. De pronto, se alinean.

—¡Silencio! ¡De a dos! El fusil descolgado y el seguro puesto.

Callan instantáneamente. Cruzan lejos la alambrada y se pierden en el interior del blocao. Viance mira extrañado a la ladera opuesta. Un jinete y tres soldados.

—¡Alto! ¡Cuerpo a tierra!

—Comandante Ansuago, muchachos.

No importa –piensa Viance–, es un «cenizo»[38] y ya ha *pasao* la hora de entrar en el campamento.

Conoce bien a Ansuago. Se suele ir de bureo[39] hasta el río. Allí va una vieja con Fátima, que cobra un duro. A eso le llama ir de protectorado civil.

—¡Alto! ¡Cuerpo a tierra! ¡Cabo de cuarto!

—¡Idiota, soy el comandante!

Pero el centinela insiste, irreductible Ansuago lo ve dispuesto a hacer fuego, recuerda que no hace mucho mataron a un compañero suyo de la misma manera; baja del caballo y se tiende en tierra blasfemando. Los otros también, en silencio. Viance, con los dientes prietos, encañonando al grupo, gruñe iras ininteligibles.

—¡Te voy a romper un cuerno! –grita el comandante.

—Los suyos –contesta Viance en voz baja.

Llega el cabo:

—¿Qué hay?

El centinela presiente la responsabilidad de lo que acaba de hacer. Pero, en todo caso, el tipo ese lo merece.

---

35 El rabo de un mulo: Viance, como otros soldados, se agarra al rabo del mulo para dormitar y andar al mismo tiempo.

36 «Nombran el servicio por la cola»: es decir se cobran del servicio dando una coz.

37 *Blocao*: Construcción ligera para fortificar una posición. Las piezas de las que consiste el blocao podían ser fácilmente transportadas lo cual suponía una ventaja.

38 *Cenizo*: Alguien que atrae la mala suerte.

39 *Ir de bureo*: Ir de fiesta.

—A la orden, mi comandante. Sin novedad la guardia sur.

—Que releven al centinela y que se presente al oficial.

Entran. El cabo se acerca a Viance:

—¡Te la has *buscao*!

—Aún pude sacudirle sin darle el alto.

—¡Pero ¡coño! ¿Por qué haces esas pampiroladas?[40] Yo creo que *tiés* una vena.[41]

Se encoge de hombros. Veteranía. Cuatro años de mili –tiene un recargo por proceso– le dan ya alguna experiencia. Quiere adoptar una actitud de superioridad, pero el cabo sólo ve una máscara de estupidez.

—Te dan ramos de locura.

Ansuago bebe casi todas las noches y muchas le da por recorrer las tiendas y sorprender a los imaginarias:[42]

—¿Cuántos soldados...?

Hay que contestar sin vacilación. El comandante apunta el número en un cuaderno.

—¿Fusiles?... ¿Enfermos?

Después entra en las tiendas y va comprobándolo. Las diferencias las anota y las suma para dar al imaginaria tantos palos como unidades de error. A veces son cuarenta o cincuenta. A Viance se la tiene jurada.

—Un perdis,[43] un anarquista; eso eres tú –suele decirle cuando le sacude, recordando el proceso.

Llegó el soldado a sentir terror ante la fusta del comandante; pero se familiarizó con el miedo y de cuando en cuando, como ahora, procura vengarse. La idea de responsabilidad le abruma esta noche como nunca, sin embargo. Tiene que echar un vistazo a las tiendas donde han depositado los cadáveres y a lo alto de uno de los camiones, donde siguen apilados bajo la lona impermeable, para recobrar un aire indiferente. El cabo le advierte:

—El relevo será ahora, en cuanto sorteemos los cuartos. Luego te presentas al oficial. Te han *apartao* el rancho y estás *emparejao* con los dos puestos de más abajo.

Y añade marchándose:

—¡Está *chalao*!

---

40   *Pampirolada*: Tonterías.
41   «Tiés una vena»: Cuando alguien tiene un enojo irracional.
42   *Imaginaria*: La imaginaria es la guardia, por extensión también los soldados que realizan la guardia.
43   *Perdís*: Persona irracional de costumbres poco éticas.

Dos

Una larga sierpe[44] negruzca se arrastra junto al parapeto. Los refuerzos de noche. Junto a cada centinela quedan cuatro hombres. Suena la retreta. Al final, Viance dice, como todos los días desde hace cuatro años:

—Un día menos y un día más.

Ladran perros en el corazón de la noche, sobre la llanura desolada. Cerca de las alambradas aúllan también los chacales, husmeando en los vertederos. No se les ve, y sin embargo sus lamentos, más humanos que los de los mismos hombres, van surgiendo de las primeras sombras en torno al campamento. No es extraño que los moros, en sus leyendas, asocien a ese aullido la superstición de los espíritus errantes. Esta parte del campamento está casi despoblada y envuelta en un silencio de ruinas. El rincón deshabitado tiene algo de paisaje lunar. Cráteres de los cercos de tiendas desmoronados, que relucen con una blancura casi luminosa.

Llegan los refuerzos y se hace el sorteo. La vigilancia del cabo no obsta para que Viance se lleve el último cuarto, el más codiciado, porque evita la descubierta del amanecer. Después lo vende al boticario; pero no le da más que dos reales. Al relevarlo, el cabo le manda que se presente al oficial de cuarto, quien a su vez lo hace volver al cuerpo de guardia y envía un recado al sargento Iriarte. Contando con el cabo, Viance se va a la cantina de la Blanca. Pesa la disciplina en la sombra fría y obliga a tomar precauciones. Por el lado de la avanzadilla sube un cohete y se enciende arriba como una flor de magnesio. Dura varios segundos y proyecta la sombra de las tiendas con limpieza. Tiros en el barranco. Para evitar la presencia del jefe de posición, que suele estar en la puerta del cuartel general, se desvía y va a pasar bajo un largo cobertizo de ramaje seco. Sentados en el suelo, dos soldados filosofan.

—¿Qué se va a esperar —dice uno rascándose el pecho— de una tierra como ésta, que no cría gorriones?

---

44 *Sierpe*: Serpiente.

Después de pasar, reconocen a Viance:

—¡Eh, paisa! ¿Adónde vas?

—¡Mierda!

—No grites.

—Aún no han *tocao* silencio.

—¡Que te la buscas!

Viance ríe inexpresivamente:

—¡Ya he *pringao*! Lo bueno que tiene esto es que ya no *pués* pringar.

—Ojalá hubiera *estao* yo de guardia. Ha habido una *ensalá* de palos ahí dentro que salíamos por debajo de los vientos como lagartijas.

El sargento estaba escribiendo una carta en la tienda, cuando se le volcó el quinqué, una lata de conservas llena de petróleo. La mecha es una cuerda de alpargata asomada por un agujero del tope a medio abrir.

—Anda ahí al *lao* y tráete una luz.

El ordenanza pasó a la tienda inmediata. Treinta o cuarenta soldados, después del rancho, bromeaban y cantaban. Quedaron a oscuras, y aunque se les prometió devolverles la luz, el sargento tardaba en terminar su carta. Alguien comenzó a cantar: «En mi país... no hay luz, desde que tú viniste aquí». El sargento levantaba la vista del papel, escuchaba y gruñía:

—Lo *zijo* de puta *etán* pidiendo marcha. ¡No va *queda* un *huezo zano*!

Por fin, se levanta, se aprieta el cinturón con una lentitud pavorosa.

—¡Muchacho, trae la garrota!

El ordenanza le lleva un fuerte bastón de nudos que tiene el sargento siempre al lado del camastro, bajo el coqueto mosquitero color rosa. Luego, en la oscuridad, se alcanzan los pescuezos, las articulaciones:

—¡Aquí *tenéi* la luz, marranos!

Precipitados rumores, exclamaciones ahogadas. Unos segundos después, aunque el sargento cubre la salida, no queda nadie en la tienda. Tres han trepado por el mástil y están en lo alto, colgados de la galleta.[45] Vuelve jadeante.

—No está bien eso –reconviene Iriarte.

—¡*Zí*, claro! ¿Por qué *eztá* la compañía como una seda? Por mi

---

45   *Galleta*: Pieza circular que se sitúa en lo alto del mástil.

garrota. *Vozotro* os lo encontráis todo hecho, y luego a *dározla* de humanitario cuando yo sacudo.

Viance se encoge de hombros:

—¡Mala suerte! Si os rompe un brazo, no os pongáis después una muleta, sino un cabestrillo, que es lo más adecuao.

Sigue su camino y se encuentra a la vuelta de la tienda con un soldado macilento, envuelto de pies a cabeza en una manta, apoyado en el cerco. Encogido bajo la mugre del capote, hundido el rostro amarillento en la doblez en pico de la manta, podría muy bien tener setenta años. Un palúdico a quien no dan de baja. Le tiemblan las manos, debe tener fiebre alta, apenas oye. En el suelo, el plato abollado y roñoso contiene un poco de leche.

—¿Qué haces aquí?

Viance lo coge del brazo y lo lleva hacia la tienda; pero el enfermo resiste y murmura entre dientes.

—Déjalo –dicen los otros dos–. No hay manera de hacerlo entrar. Le han correspondido dos o tres estacazos y cree que aún está dentro el sargento.

Viance vacila, se le encienden los ojos en una expresión de ira que lo transfigura. No es el mismo. Es el hombre que podría ser, quizá el que fue. Pero no. Viance no fue nunca así. Ahora se inquieta por las cosas nimias y próximas y ésa es una de las razones por las cuales se desconoce a veces cuando piensa en años anteriores, serenos y audaces. Entonces, para hacerse una idea sobre algo circunstancial y pasajero, formaba imágenes generales que rozaban lo universal y lo eterno. Vivía la nimiedad sin verla ni sentirla. Los minutos no contaban en su vida. Podía medir el tiempo por siglos y la moral por leyes físicas. Ahora le impresiona el más pequeño escorzo de cada instante: la cara febril del palúdico le produce un dolor casi fisiológico. Blasfema y se limita a decir con acento medio indiferente, medio paternal:

—¡Animo, muchacho! Es la mili.

Después se va, extrañado de que aquella tormenta no le haya cogido a él en medio. Palo que se pierde, ya se sabe que lo recoge él. En España, cuando trabajaba en su oficio de herrero, el amo le decía todos los días dos o tres veces:

—Pero, chico, ¿estás *imantao*?

Caían unas tenazas y había de ser cuando él estaba debajo. Saltaba una brizna de hierro y le daba en las narices. Se enfadaba el amo, el hijo del amo, y le volaba el martillo a las piernas. Cuando el jefe decía la frase sacramental para que acudieran todos a sostenerle una viga —«¡zarpas aquí!»—, llegaba el último; pero siempre llegaba a tiempo de recibir un trastazo de alguien. En broma, comenzaron a llamarle «Imán». No había hierro en el taller que no hubiera chocado alguna vez contra sus huesos. De la paliza del sargento le correspondían, pues, media docena de estacazos y sentía de veras no haber recibido los que cayeron sobre el palúdico. En el fondo, había cierta satisfacción. Aunque..., ¿quién sabe si era para ir a caer bajo la fusta del comandante Ansuago? De su vida joven, poderosa, de la pureza y el ímpetu de sus antiguas intuiciones, ha quedado sólo ese miedo al palo.

Llega a la cantina sonando sus dos reales. En el momento en que va a entrar tropieza con un grupo que sale atropelladamente. Se hace a un lado. Detrás, una patrulla.

—¡Ale, compañeros, que el teniente coronel no quiere ver uno!

Tocarán diana a punto de día. Viance, como lleva el correaje puesto, se confunde con la patrulla y entra:

—¡Anda ya, que eres un maula![46]

Guiña un ojo Viance:

—En tercera vida, muchacho.

La cantina vacía tiene una triste desnudez de barraca de feria. Un banco patas arriba, el candil agonizante y las sombras que acechan en los rincones. El cojo canturrea entre dientes una tonadilla sin coherencia en la que se repiten constantemente las palabras «navaja» y «aflicción». Después escupe, pone dos vasos boca abajo y dice:

—¡Esta cochina vida!

Vuelve corriendo al cuerpo de guardia. Las cartucheras rebrincan y Viance se acuerda del andaluz que baila la rumba utilizándolas como senos. Dos sombras junto a la raya desigual del parapeto. Una lámpara de bolsillo vierte un charco lívido en el suelo. Risas ahogadas. De un rincón surge una voz contenida:

—¡Sin novedá!

---

46   *Maula*: Vago.

Un tiro cincuenta metros más abajo. Las risas siguen. La luz se
ha apagado. Viance, sin dejar de correr, imita el ruido de un disparo
lejano —¡intá-cco!–. Cuando llega a la guardia ve al sargento Iriarte
presentarse al oficial.

—¿Qué cuarto hace usted?

—El segundo.

—El soldado que he mandao relevar tiene que andar toda la noche
con las patrullas. Se lo entregará el sargento del cuarto primero y
usted a quien lo releve.

—Quién es?

—Un tal Viance, un tontaina.

Viance se ha escabullido. Dice, riendo sin congruencia:

—¡Tonto, pero me meto en casa!

Y entra en el socavón que junto al parapeto hace de cuerpo de
guardia. Poco después llego yo. ¿Y los cabos?

—La otra patrulla está abajo, en el sector de ingenieros.

En la noche, ya cerrada, no se reconocen los rostros. La nota aguda
del cornetín, que toca silencio, se prolonga fina e hiriente.

—Ahí –señala con el mentón– dice que ha visto una luz hacia la
aguada de Medua. Ha hecho fuego y no ha vuelto a ver nada. Voy a
recorrer los puestos.

Llega mucho más distinto el bombardeo de la artillería. Series de
disparos que sacuden el aire y lo densifican.

—¿Y Viance?

—¡A la orden, sargento!

—Ya sabes: no te separes de la patrulla.

—No, señor.

La pregunta de siempre cuando se nos ha indigestado la disciplina:

—¿Qué has comido?

El cabo explica. Conociendo a Viance, a nadie le extrañan esas ven-
ganzas sin sentido.

—¿Y el fusil?

—Como no voy de servicio, sino arrestao...

Bien, son unos kilos menos. El cabo mueve la cabeza condolido,
mientras pega en el punto de mira un papel de fumar para distin-
guirlo en la oscuridad. Un soldado dice:

—Mejor es untarlo con mixto.[47]

Marchamos en dirección opuesta. El campamento duerme ya. Reposan los cinco mil hombres abandonados al cansancio de la nueva jornada. Casi todos dejan el interior de las tiendas, donde el aire se llena de emanaciones nauseabundas, y se alinean en torno a las lonas, al aire libre. Un escondrijo donde el parapeto se quiebra en laberintos. Cerca del centinela que se adivina en lo hondo duermen en tierra, perfectamente alineados, los cuatro soldados de refuerzo; la cabeza sobre la primera fila de sacos, el portafusil liado al brazo, el pecho cruzado de correas y cartucheras. Abiertas las bocas, la barba descuidada y el brillo del sudor les dan una fría dureza de cadáveres.

—¿Qué hay?

—Sin novedad.

Los cuatro durmientes, desde lo más hondo de su inconsciencia, contestan también. El espíritu se contagia del automatismo de los pies y de la disciplina:

«*Sinoedá*», «*Irioveda*», «*Oeda*».

Caminamos a oscuras, alzando mucho los pies, dando algún tumbo en los desniveles, con seguridad y rapidez cómicas. He aquí las tiendas supletorias de sanidad. Los soldados, para evitar la niebla del amanecer, se han cubierto la cabeza con la manta y duermen silenciosos, alineados. ¿Quién viene por aquí? ¡Ah! El capellán con un soldado de la guardia. Habla con alguien, que le indica:

—Todos esos, hasta la segunda tienda.

Me acerco. Encienden un trozo de vela que sostiene el soldado cerca del libro de rezos. La unción. Así pues, éstos son muertos. Un centinela sale ahora de las sombras inmediatas y me da la novedad. Está custodiándolos.

—Tres legionarios –añade– merodean por aquí.

—Si no te duermes, no hay cuidado.

Con una rodilla en tierra, el cura lee sus latines y unge al primero. Pero el supuesto cadáver retira el pie, lo frota contra la pierna y se incorpora. El de la vela, con los ojos extraviados, exclama:

—¡Anda, la hostia! Y, adormilado aún, el soldado se va más allá,

---

[47]   *Untarlo con mixto*: frotarla con *mixto fulminante*, compuesto para cebar armas de fuego, a base de clorato de potasa y sulfuro de antimonio, que venía sobre una plantilla de cobre con hendiduras transversales para aumentar el rozamiento (José Almirante y Torroella p. 254). Al frotarlo contra la mira parte del cobre de la plantilla se transfiere quedando una superficie brillante.

con la manta a rastras, murmurando sin acabar de enterarse de lo que pasa:

—¿Se va a poder dormir?

Ha pasado junto al centinela, que aclara:

—Debe estar curda[48], por la *alentá*[49] que he percibido.

Borracho, pues, debió acostarse junto a los muertos, confundiéndolos con su compañía. Sigue la unción, ya sin sorpresas. Cada vez que el cura hace una pausa el soldado lo mira dudando, y dice «amén» con un aire muy importante. «La finalidad de todos estos hombres era morir, para que yo ayudara al clérigo», parece pensar. Los cadáveres son casi todos de oficiales. Sus familias los reclamarán, y aunque así no sea, habrá que enterrarlos en el cementerio de la plaza con un ramo de laurel grabado en la lápida. Prescindiendo del honor de matar, de la aureola convencional del heroísmo, es limpio y bello morir joven y fuerte, sin agonías sucias, sin coro de viejas rezadoras. Nosotros, además, los que no somos oficiales, llevamos la ventaja de que se nos entierra habitualmente en el campo abierto, al margen de los campamentos, en esas sepulturas comunales señaladas por un rectángulo de piedras, cuyo único ornamento son dos viejos proyectiles de artillería de medio metro de altura, vacíos. En lo hondo conservan casi siempre un poco de agua de lluvia, muy poca, pero la suficiente para reflejar una estrella.

A la vuelta del sector NO., junto a las cocinas de los oficiales, hay una choza con nidos de fusil ametrallador dominando la rampa que baja hacia el camino. Por aquí suele andar el cabo de cornetas, gran truhán nocherniego. En el tejadillo, de tablas y arpilleras, se alza un palitroque,[50] y al final, un lindo aeroplano de madera cuya hélice gira con la brisa.

—Buen cuarto, sargento. Aunque no podrá ser tan bueno, porque la columna sale, según se dice, a las tres. Si no metéis ustedes el convoy, no lo mete nadie. Aquí, para nosotros, el 35 ha estado mal dirigido y por eso lo han *aniquilao*.

Es, efectivamente, el cabo de cornetas. Cincuenta años de edad y treinta de servicio. Está asimilado a suboficial, según nos repite siempre que hay ocasión. Cuando sabe que estoy de cuarto me sale al

---

48 *Curda*: Borracho.
49 *Alentá*: La acción de soplar el aliento en la cara de otra persona.
50 *Palitroque*: Un trozo de madera.

encuentro cerca de la tienda, adonde ahora nos encaminamos. Se acaricia los bigotes con nerviosidad. Barrunta vino.[51] Ya en la tienda, se queda mirando a Iriarte que duerme sobre un saco de paja.

—Si mañana le dan otro pildorazo, ya está de más.

Lleva Iriarte un tiro en la cabeza. Le entró por un temporal y le salió por el opuesto. Lo dieron por muerto al encontrarlo sin sentido y observar el aparente trayecto del proyectil. Pero la bala respetó la masa encefálica y fue a dar la vuelta por dentro, rozando la bóveda para salir por el lado contrario. Curó mal. Bajo el cuero se notan los dos círculos blandos de la herida, y oprimiendo por uno de ellos suavemente, se alza la piel por el otro. Tiene defectos de coordinación en los movimientos. Le cuesta trabajo coger una cosa, por ejemplo, porque la mano no va nunca donde el deseo la envía, y tiene que rectificar dos o tres veces. Duerme dando gritos, respira con estertores alarmantes, habla, habla sin cesar, y luego no se acuerda de nada. El cabo acentúa el manoseo de los bigotes cundo me ve inclinarme sobre un hoyo abierto en la tierra y extraer una botella de cerveza.

—Antes he bebido vino; luego, aguardiente; ahora, cerveza. Se va armar la de Dios es Cristo. Es igual. Cara a la noche, no me importa perder la embocadura.

La tienda tiene cuatro camastros, para tres sargentos y un suboficial. El más confortable es el mío; una camilla de lona con manchas negruzcas de sangre. Estrecho y todo –no puedo girar sobre un costado–, es el mejor, porque no retiene las pulgas ni los piojos y se puede dormir desnudo de medio cuerpo arriba. Las ratas corretean por encima del cerco, dando leves chirridos metálicos. De noche se hacen dueñas de las tiendas. El que tiene algo de comer lo cuelga de una cuerda transversal en el aire. Durante el día pasan corriendo entre nuestros pies, y a las horas de comer salen y se sientan cerca esperando los restos. Si hacemos ademán de tirarles algo, lo hacen ellas de huir; pero no se mueven. Yo les tengo ya cierta simpatía, y hay soldados que las domestican amorosamente. Al decir que «me gustan», el cabo lo entiende a su manera y hace un gesto de dignidad:

—Yo, la verdad, no las he comido nunca, aunque creo que las más jóvenes están muy sabrosas y la banda hacía antes alguna sartenada.

Iriarte se agita en su camastro:

---

51   *Barrunta vino*: Presentir (la presencia del vino).

—¡Ah! Pero... no es justo por.. porque... ¡Aaaaaj! Y siempre...
la retirada, claro.

En la última voz parece que se ahoga. El cabo se inquieta. Quiere
despertarlo, pero me opongo. «Tiene el segundo cuarto y ya no va a
dormir hasta Dios sabe cuándo.» Una linternilla de petróleo proyecta
su luz débil. Las sombras se apelmazan sobre el cono de la tienda y lo
hacen curvarse hacia adentro. Tiros lejanos, próximos. Han tirado
cuatro veces seguidas, y a juzgar por los intervalos ha sido el mismo
centinela.

El servicio se hace aquí fuera del recinto fortificado, cuerpo a
tierra. Al entrar en terreno descubierto, el cabo retrocede precavido
y se desvía hacia adentro con una excusa. Acostumbrados los ojos a
la oscuridad se vislumbra la alambrada con los piquetes torcidos. Mil
ojos ignorados avizoran desde las entrañas de la noche, más densas en
la barrancada, entre aliagas[52] y tomillos. Llego cerca del soldado. El
barranco está preñado de amenazas. «¿Eres tú quien ha disparado?»

De la avanzadilla surge un cohete, Esta falsa luna, casi cegadora,
hace callar a los chacales, cubre con un sudario el paisaje muerto. Nos
aplastamos contra el suelo. A dos pasos se ilumina –chilaba[53] parda y
calzones despatarrados– el cuerpo de un moro. El alfanje que llevaba
entre los dientes le ha cortado la mejilla al caer, y enseña la doble hilera
de las muelas en una risa siniestra. El terror no podría imaginar un
objeto más adecuado de espanto. «Hace media hora que estaba ahí,
en la *alambrá*, tirándome chinas a ver si dormía. Cuando encendían
en la avanzadilla yo me hacía el dormido. Se ha *confiao* y ha ido acercándose a rastras. Como no se ve na, aguardé a que se levantara pa
zumbarle sobre seguro, y al alzarse le he *soltao* un cargador. Ya venía
sobre mí. El segundo tiro me ha fallado; si no llega a ser el primero...»
Sigue el cohete y nosotros agazapados. «¿Estará muerto? Lo podríamos recoger para que lo curen.» El soldado mira, sorprendido.
«¿Curarlo? Para eso no le hubiera sacudido. Además, está bien
muerto. El primer tiro le ha *entrao* por la cabeza; lo he cogido *aga-
zapao*.» Cuando se apaga la luz avanza decidido entre las sombras,
arrastra el cadáver hasta la alambrada –unos veinte metros– y lo ata
a un piquete con su cinturón. Regresa corriendo. «Hay que ver lo que

---

52   *Aliaga*: Planta espinosa de medio metro de altura.
53   *Chilaba*: Atuendo típicamente marroquí consistente en una túnica con capucha.

pesa un muerto. Cómo se vence por todas partes...» Y luego añade: «Lo he dejado ahí, para reclamo. Vendrán por él». Acercarse por este lado a la alambrada es una locura. Sigue reflexionando en voz alta: «Pero si consiguen llevárselo pierdo el ceñidor y me lo van a sacar a cargo». Vacila un momento y vuelve a la alambrada agachado, a grandes zancadas, desata el cadáver y regresa con un viejo cinturón en segunda vida que valdrá unos treinta céntimos. Este heroísmo sin sentido me desconcierta siempre. «Eres valiente», le digo, y el soldado se me queda mirando extrañado. Se encoge de hombros: «Puesto aquí –contesta–, eso lo hace cualquiera».

Lo hace cualquiera, quizá. «Puesto aquí», entre la espada y la pared, ¿quién dejará que el miedo lo aniquile o que los moros le ensarten metiéndole un acero entre dos costillas? «Aquí no hay valientes», añade el soldado. Efectivamente; los verdaderos valientes hubieran debido comenzar por no venir. Todos han venido por esa cobardía difusa a la que el soldado alude y de la cual él y yo debemos olvidarnos. Le aconsejo prudencia y me voy a recibir la novedad de los cabos y a dársela al oficial.

El cura regresa con su auxiliar. Éste lleva terciada la bolsa blanca con los óleos. La unción, la evocación del sombrío ritual cristiano, da al peligro una prolongación supersticiosa de fatalismo. Hablan, y sus voces en la noche tienen resonancias civiles. El tema es inaudito en estos lugares:

—Entonces ésos...

—Desde luego, han salvado el alma.

—Pues algún moro habrán *matao*, digo yo.

—No importa; ha sido en defensa de la Patria.

—Esta tierra, ¿es patria nuestra o la de ellos?

—Efectivamente, la de ellos; pero todo lugar donde alienta un corazón cristiano es la patria de Dios y debemos defenderla contra los infieles.

Hay una pausa, y añade el soldado:

—¡Ah! ¿Entonces esta guerra la ha *mandao* el papa?

—No, el rey.

—Y el que obedece al rey, ¿va al cielo?

—Sí, porque el rey tiene investidura divina.

—¿Cómo?

—Que representa la autoridad de Dios en nuestra patria.

—Ya. Siempre me lo he *representao* a Dios como una especie de rey.

—Justo.

—Pero se me ofrece una pregunta.

—¿Cuál?

—Dice usted que si a uno le dan un *zumbío* en la guerrilla y dice una mala expresión, ¿si se muere va al cielo?

—Sí.

—Porque yo he oído jurar a muchos cuando caían.

—Aunque es una fea costumbre, no importa. Dios no lo toma en cuenta.

—Y si, es un suponer, estando yo en la guerrilla hablo contra el rey igual que ellos contra Dios y me cogen, ¿me fusilan?

—Seguramente.

—¿Y voy al cielo?

—De ningún modo, si antes no has hecho acto sincero de contrición.

—Pues no lo entiendo, porque, según eso, es más pecado faltar al rey que faltar a Dios.

El cura calla un momento, vacila. Han llegado a su tienda.. Le da una palmada en la espalda y le dice si quiere una copa. El soldado agradece, pero no acepta. Tiene que salir corriendo para entrar de puesto[54] y durante la noche los relevos se hacen con una gran puntualidad, por lo mismo que los cuartos son peligrosos. Alejándose ya, dice:

—¡Menudo lío le he *armao* a este tío cachondo!

---

54 *Entrar de puesto*: Empezar la guardia.

Tres

El silencio y la oscuridad de fuera despierta luces y voces dentro de nosotros. Llegan las evocaciones en una procesión brillante. Los recuerdos tienen un lenguaje distinto. De hablar en presente a hablar en pasado hay la diferencia de la realidad forzosa a una realidad desaparecida ya y vuelta a crear, más en el sentimiento que en la imaginación. La vida del campamento por la noche tiene, pues, un acento más tierno.

Se sueña despierto o dormido. En el parapeto, con el fusil sobre los sacos o entre las piernas, también se sueña. Se recuerdan y analizan las palabras de la última carta que cruje bajo el correaje en el bolsillo y a veces se les encuentra un sentido inesperado. Pero donde las evocaciones tienen más fuerza es en la zahúrda[55] de la guardia principal, socavada junto al parapeto. Fuera de allí, el cielo, la noche serena, las tinieblas infinitas, nos atan a la realidad. Somos libres y nos concentramos temerosos de perdernos, de diluirnos. El cuerpo de guardia, en cambio, tiene algo de prisión y todo nos estimula a huir con el recuerdo ya que la esperanza está siempre cerrada por el riesgo de mañana. Una lata –el consabido quinqué– distribuye tímidamente su inquieta luz rojiza. Brillan los rostros bajo la máscara de tierra y sudor. En el suelo duermen veinte o treinta soldados. Los que acaban de despertar para entrar de puesto, los que regresan empaquetados en el burujo[56] terroso del capote. Un mozo macilento, con gafas, habla, inclinándose para no dar con la cabeza en el techo:

—Te digo que comerse una rata o tragarse un par de moscas no tiene importancia para la salud. Todos los días, al tomar el café, llegan dos o tres moscas y se ponen pelmas revoloteando dentro del plato. Si al tercer manotazo no se van, les busco la vuelta y de pronto, ¡plaf!, cucharazo. Las capuzo dentro, se ahogan en el café y se joden. Todo es química. Nada tiene ningún bicho que no lo tengamos ya nosotros en los tejidos, en los huesos.[57]

---

55 *Zahúrda*: Caseta, normalmente usado para referirse a una pocilga.
56 *Burujo*: Bulto de ropas o mantas.
57 Préstese atención a cómo los comentarios escatológicos del boticario van preparando el terreno para su experiencia casi mística cuando queda abandonado en el campo de batalla.

Es el boticario, que todo lo razona científicamente. «Descinchado» el correaje, se tumba en el suelo y se duerme. El cabo se incorpora, abrochando la placa del cinturón:

—¡Muchachos! Dieciséis, diecisiete, dieciocho, diecinueve y veintiuno.

De los que van alzándose, el más largo registra su bolsa de costado y mira el techo, apretados los dientes, murmurando algo:

—Te confías y luego...; no es compañerismo ni es *na*. Ca cual a lo suyo.

—¡Más vivo! ¡Ya debías estar de pie! ¿Qué hablas?

Se incorporan perezosamente. La protesta ha quedado sofrenada por esa indolencia que sigue haciendo murmurar cachazudamente al soldado. Toses, bostezos ruidosos.

—¡El veintiuno! ¡Es mucha monserga esta de tener siempre el veintiuno! No hay alineación ni órdenes. Sale el cabo y le siguen los cinco. El boticario, medio adormilado, sacude con el correaje al de al lado:

—Oye; le he comprao en dos reales el cuarto a Viance y luego resulta que no hace servicio de parapeto.

—¿Qué le has *comprao*? –gruñe el otro, sin comprender.

Rascándose el pecho furiosamente, los músculos faciales contraídos, el boticario da media vuelta hacia la pared:

—Una entelequia.

Luego vuelve a dormirse. «¿Una qué?» Nadie lo sabe.

Alguien se lleva el dedo a la sien, y otro, a quien se tiene por un tipo pintoresco, protesta:

—Aquí no se *pué* decir de un hombre que está *chalao*, porque lo estamos todos. Donde hay que vernos es en nuestra tierra; allí cada cual está en su ser. ¿Desenterrarías tú un cadáver en tu tierra así, sin más ni más? Ni tú ni nadie, porque eso es lo más *sagrao*. Pues aquí ya han *sacao* por cuarta vez de la tierra a un pobre moro, y si haces la descubierta esta *madrugá* lo verás a un *lao* de la carretera hecho unos zorros. ¿Quién lo ha *desenterrao*? Dirán que los chacales. ¡Mierda, digo yo! Y no quiero hablar más, vaya. Casi todos los soldados lo han visto, en efecto, y sueltan a reír.

—Lo que no sabe este vaina[55] es que los camiones de los convoyes

---

55   *Vaina*: Persona miserable.

le pasan por encima, porque lo ponen *atravesao* en la carretera y no tienen más remedio si no quieren perder tiempo.

El razonador se tumba y se duerme. Llego yo al compartimiento inmediato –el de sargentos– y me dejo caer sobre una caja de municiones. Está todo a oscuras. Chirridos metálicos por el suelo, contactos blandos y fugitivos en las alpargatas. No tengo luz. Salgo y me voy a la tienda.

Yo fui soldado con Viance en la misma compañía. Luego a mí me ascendieron y me trataba ya con cierto recelo, a pesar de que le decía que siguiera tuteándome como antes. La preocupación de los galones desvía y entorpece su confianza. Ya en la tienda, acabamos de vaciar una botella. El arresto del comandante equivale para Viance a una marcha de cuarenta o cincuenta kilómetros. Andar toda la noche en torno al campamento, subiendo, bajando, dando trompicones y traspiés en las sombras, alzando las ultimas energías sobre ese sueño animal, pesado y agobiador como una enfermedad. En la tienda descansará un poco. Yo quiero que me cuente algunas de las cosas que él podría contar. Quiero averiguar el secreto de su actual impersonalidad fría y endeble que le hace parecer tan lejano de sí mismo. Pero comienza a hablar atropelladamente, con incongruencias, queriéndoselas dar de hombre enérgico sin venir a cuento. Cierta sonrisa muerta le desmiente. Lo que yo quiero, además, es que me hable de sus peripecias militares, y él se obstina en recordar sus tiempos de operario herrero. Me enseña lo menos seis cicatrices con un orgullo silencioso. ¿Tiros? No; señales del arduo trabajo de la fragua. Dos se las hizo el patrón; pero habla de él sin rencor, como se habla de quien le ha enseñado a uno a trabajar y a ganarse el pan.

—Un operario de la herrería de Francho y yo éramos los más *nombraos* de nuestro oficio en toda la comarca. Abríamos a punto de día, sacábamos el yunque pequeño a la puerta. ¡Cómo cantaba la fragua! ¿Usted ve cuando estalla un «trompo» en el suelo? Así el cogollo de luz entre el carbón. Yo estaba por la comida y doce duros al mes.

No hay manera de evitar que Viance hable de esa época, y le escucho ya pensando que disfruta un placer sin igual. Más tiros fuera. Viance tuerce la cabeza:

—Esos quintos tienen más miedo que una maná de pavos.

Y vuelve a sus recuerdos, dando aún un salto atrás. Es de un pueblo de secano[59] que vive de la agricultura. Su padre estuvo cuarenta años arando las tierras del duque sin ver una cosecha decente. Cada cinco o seis años se cogía lo preciso para ir sosteniendo las iras del administrador, que no atiende a razones.

—Yo tenía doce años y seguía un arado de sol a sol. La esteva[60] la tenía que coger por encima del hombro, y a veces trompicaba y caía envuelto en los terrones del surco. Me daban medio pan y una cabeza de ajos para todo el día, y mi madre decía que no se podía llevar el gasto. A los treinta años mis padres aparentaban ya cincuenta, secos y *arguellaos*.[61] Mi madre lloraba siempre, y el padre, *asustao*, nos cogía a nosotros y nos decía: «No la hagáis llorar, porque llora tanto que se va a quedar ciega». Le parecerá mentira, pero a mis padres yo no los he visto nunca reír.

—Y hermanos, ¿cuántos hermanos sois?

—Entonces éramos tres. Una hermanica y un hermano más pequeño que yo. Ella tendría ahora veinte años. El ha debido cumplir dieciséis; pero tuvo una enfermedad de pequeño y ha *quedao* un poco *alelao*. Trabajar, trabaja. Pero, vamos, en cuanto quiere explicar algo se le va la idea y...

No quiere confesar que su hermano es idiota, porque repugna la palabra a la ternura de sus recuerdos.

—A los catorce años le dije a mi padre: «¿Por qué no nos vamos a Balbastro, que es una población con ferrocarril y con obispo? Allí trabajaría *usté* menos y estoy seguro de que antes de seis meses se podría comprar un traje nuevo». Yo, de pequeño, tenía esa preocupación con padre. Como hacía treinta años que no se había *mercao* un triste pantalón, iba muy mal. Remiendos de cordobán, de lona de carro y hasta de saco. Pero él decía siempre lo mismo: «Este año *paice* que la tierra está harta y el trigo apunta bien». Un día me marché yo a Balbastro[62]. Sentía que mi madre tenía fe en mí, y aunque no me lo decía esa fe me halagaba y me daba grandes bríos. Me puse en un pañuelo un pan tierno, que fue a pedir prestado, una camisa limpia y

---

59   *Pueblo de secano*: Pueblo que subsiste de la agricultura de secano, es decir, la que cosecha cultivos que precisan poca agua.
60   *Esteva*: Consiste en dos piezas de madera que permiten al labrador guiar el arado.
61   *Arguellaos*: Envejecidos por falta de salud.
62   *Balbastro*: Nombre del pueblo de Barbastro en aragonés. Este pueblo está situado en la provincia de Huesca de la que procedía Ramón J. Sender y obviamente Viance.

seis reales, que Dios sabe de dónde saldrían. Yo quise también un cuchillo de monte pero mi madre no me lo dio. «Mientras seas pobre no lleves nunca armas encima —me dijo. Eso no aprovecha más que a los ricos.» En el camino encontré, a la tardada, a padre que volvía amoratado de frío, con un haz de leña mojada a la espalda La niebla se le había *agarrao* y le goteaba por los codos. Estos días de invierno se iba al monte y volvía con un poco de retama y aliaga pa que se pudiera hacer fuego por la noche, calentarnos y cocer unas sopas. Cuando había fuego y pan en casa padre se ponía a hablar y parecía otro. Decía casi siempre que si el año iba bien pagaríamos los atrasos y compraríamos varias cosas, entre ellas un tocino pequeño. Mi hermanica quería también gallinas, y madre escuchaba a todos y no decía nada. Padre ponía las manos en las llamas y luego nos cogía las nuestras y las apretaba entre las suyas. Así nos dormíamos. Cuando encontré a padre en el camino, me dijo: «Ve con Dios, hijo. Sé un hombre honrado y no nos olvides».

En Balbastro tuve suerte. Antes de una semana entraba de aprendiz en una fragua, sin sueldo, por la comida. Un año después me daban ya tres duros mensuales, que yo le enviaba a padre. últimamente ganaba doce, de los cuales enviaba diez. Con dos duros al mes yo no podía ir al café ni tener novia. Como yo era oficial primero, iba vestido conforme a mi categoría, ya comprenderás, y unos pantalones me costaban ocho pesetas, y un par de alpargatas, dos. Vinieron luego dos años que no se cogió ni la simiente, y entonces les enviaba los doce duros. Cada día me ponía yo más fuerte. Tiraba el barrón[63] a sesenta pasos, sin contrapeso. *Salú* no faltaba. Si hubiera sido igual en casa. Un día me escribieron como que estaba mi madre mala. Fui en el tren hasta Villerán, y allí busqué algún carro que fuera al pueblo o alguien que me prestara una mula. Había nieve al cinto por toda la comarca. No salían carros. Mula no quisieron prestármela y tuve que ir a pie. Hay seis horas hasta mi pueblo, pero con aquel tiempo tardé más de diez. Llegué hacia medianoche. Tos los vecinos estaban en casa. Hacía cinco o seis días que no se encendía fuego. Mi padre, *sentao* en la cocina, con los ojos *clavaos* en las abarcas,[64] que aún me lo represento. Madre había muerto. El médico decía que había *anticipao* la muerte bebiendo agua helada y levantándose desnuda; y padre, que

---

63   *Barrón*: Lanza de hierro algo mayor que una jabalina usada en deportes tradicionales.
64   *Abarcas*: Calzado que consiste en una suela de cuero crudo y se ata al pie con un cordel de esparto.

la conocía bien, lo creía... Después me lo dijo: «Se vio sin remedio y no quiso que se gastaran en botica las pocas pesetas que con tantas privaciones había ido juntando pa comprarle a tu hermana alguna ropica decente». La chica tenía ya quince o dieciséis años. Total, que padre... Alguien entreabre las lonas.

—¿Estás solo?

—Pasa, pasa.

—Un momento. No te encontraba y no quería venir aquí por si había otros sargentos. Nos vamos mañana. ¿Echamos el arranque?

—No tengo aguardiente.

—Dame seis perras, que yo lo traeré.

Es un soldado de mi provincia, de un pueblo en donde yo he estado muchas veces. Está más próximo a Barbastro que al mío. Conoce a Viance, pero no le dice nada. Me llama fuera:

—¿Sabes? Ese tal Viance está *calao* y no te conviene ir con él, máxime siendo tú sargento.

Y después de una pausa:

—Era el mozo más fuerte de la redolada[65], pero ahora no lo conoce ni su padre.

Sale corriendo. Hacia el parapeto se oye una respiración fatigosa, estentórea y alguien habla como en sueños. Aguzo el oído.

— ¿Oyes, Viance?

—Hace rato. Es un enfermo de tercianas.[66]

Salimos. Sigue el palúdico recostado contra el cerco, doblado en ángulo, mal envuelto con la manta y el capote. Sus ojos vagan por el rincón blanquinoso del parapeto y reflejan unas piedras superpuestas, dos sacos de tierra destripados. Detrás, la noche indiferente. Ha pisado inconscientemente el plato de latón y la leche que contenía se le ha derramado por los pies. El busto le oscila levemente a cada palpitación. No hay manera de hacerlo entrar en la tienda. La fiebre le ha aumentado el terror, única noción clara de lo que le rodea. ¿Cómo no lo evacuan? Viance recobra su risa lejana:

—Los hospitales están llenos de emboscaos. No hay plazas. Las camas hacen falta pa los señoritos. El hijo del duque de mi pueblo está en el Docker[67] como un príncipe, rasurándose tos los días y dándose agua de olor. ¡Maricas!

---

65 *Redolada*: Área que incluye varios pueblos que comparten un mismo accidente geográfico.

66 *Tercianas*: Enfermedad que provoca fiebres altas cada tres días.

67 *Docker*: Nombre del hospital que estaba situado en Ceuta.

Acomodamos al enfermo en el suelo, con una manta arrollada bajo la cabeza y otra desplegada encima. Viance las examina y dice:

—En cuanto les dé el sol, al amanecer, se lo van a comer las pulgas. El enfermo habla incoherentemente y los dientes le castañetean. Cada vez que voy a hablarle me interrumpe, haciendo un gran esfuerzo por incorporarse:

—¡*Sinovedá*!

Y lo repite dos o tres veces de manera confusa, poniendo todo el ímpetu en la «a» final. Debe estar helado. Tiembla, pero las manos le arden. No podemos hacer nada. Volvemos a la tienda en silencio. Viance cabecea lamentando algo para sus adentros.

—Ese la diña.[58] Cuando se les hinchan los hocicos de esa manera y les salen llagas, ya están listos. Lo mejor es no beber agua.

Muerta su madre, quedaron los tres. El padre, la chica y el hermano idiota. Este podía trabajar al lado del padre y la hermana llevaba la casa. Fácil tarea donde no había nada que administrar. El padre había visto la muerte con indiferente fatalismo; pero Viance no pudo olvidar en mucho tiempo la silueta del cadáver, proyectada contra el muro de adobes por la llama incierta del candil. Ya en Barbastro, no pasaron tres meses sin que enfermara la hermana.

—Ya ve usted: era la única satisfacción de mi padre. ¿Querrá usted creer que se murió también? Aquel día estaba padre como loco. Siempre ha sido cumplidor con la Iglesia. Pero aquel día... Aún lo veo paseando por la cuadra, muy amarillo, y al señor cura consolándole: «Dios nos prueba la virtud de mil maneras; paciencia». Padre se echó a gritar: ¿Dios? ¿Pero esto lo hace Dios? ¡Dónde está, señor cura, dónde está Dios, que le voy a morder los sesos!».

Entonces fue cuando la soledad del padre, en la miseria, se hizo más profunda y trágica. Viance, viendo al idiota reanudar despreocupado la vida de labranza, y comparándolo con su padre, todavía enloquecido, se preguntaba si la única felicidad se encontraría en la total ausencia de sensibilidad, en la anulación de la inteligencia. Se fueron en la enfermedad y el entierro los ahorros de la madre. El padre no quería oír hablar a Viance de dejar el pueblo. Era ya la «querencia» del cementerio donde tenía lo mejor de su vida. Lo demás, la sombra

---

 58 *Diñarla*: Morirse.

del hijo, dislocado por la meningitis, y la suya propia, eran vagas alucinaciones. El administrador lo vio tan aniquilado que le quiso quitar
las tierras; pero Viance le habló. Pagaría el arriendo desde Barbastro.
Volvió a la fragua. El patrón, compadecido a ratos y a ratos indignado, le convidaba a vino o le tiraba las tenazas a las piernas. Tuvo
dos accidentes. El eje de un carro le cayó en el pie y dos falcas[69] saltaron
del torno y le dieron en la cabeza. «Rediós, *paices* de piedra imán.» Un
día reflexionó sobre estas palabras y vio que tenían un sentido mucho
más exacto y más extenso. Viance atraía el hierro –la desgracia, la violencia– a su alrededor. Pero no era él sólo, sino tantos otros labradores,
operarios de su clase. Pagaba al administrador del duque, enviaba el
resto de su sueldo al padre y ni con el uno conseguía la más mínima
benevolencia –recibir semillas en préstamo, demorar el pago del
arriendo los años en que nada se cogía– ni lograba que su padre y su
hermano comieran y siquiera tuvieran fuego en casa. Tampoco al-
canzaba nunca una palabra de aliento o satisfacción del patrón, a pesar
de que trabajaba doce, catorce horas diarias. Pero ninguna contra-
riedad deprimía su ánimo hasta destruir por completo la esperanza.
Vendrían un par de años buenos, sería ya innecesario su auxilio y guar-
daría el dinero para comprar herramientas y establecerse.

Tres descargas lejanas en la avanzadilla. «En el blocao se di-
vierten.» Luego los cohetes cuya luz atraviesa la lona y atenúa, hasta
casi apagarla, la llamita de petróleo.

Iriarte se incorpora con presteza de alarma:
—¿Eh? ¡Ah, creía!...
Nos pide algo de beber. Viance le ofrece la cantimplora con vino.
—Tú siempre vas provisto.
Se encoge Viance de hombros:
—Veteranía, sargento.
—¿Entro ya de cuarto?
—No. Te despertaré cuando sea hora.
—¿Cómo está la noche? ¿Hay follón?[70]
—No falta.
—¡Qué campamento éste! Y luego dicen que es tranquilo. La pro-
tección de carretera no ha vuelto.

---

69   *Falca*: Pieza triangular que se utiliza a modo de cuña.
70   *Follón*: Lio, se refiere a si les están atacando.

—Nada, chico. Estoy *atontao*. He debido soñar que la protección no había podido retirarse.

Vuelve a dormir. Viance estaba violento mientras Iriarte hablaba. Ahora torna a su anterior confianza.

Entonces Viance se fijó en una muchacha rubia y dulce como un racimo de prietas uvas. Llegó a ser su novio y sintió las primeras turbaciones de la voluptuosidad en los tibios atardeceres de fiesta. «La cosa fue muy corta.» Un día corrió el rumor... –Viance vacila–, un rumor que le atenazó el corazón y le impidió ya vivir con sosiego. Habían visto a su novia con el teniente Díaz Ureña –de nuevo le tiembla la voz al citar el nombre– entre dos luces, por el río, a la otra parte de la población. Creyó haberse vuelto loco, y le costó mucho trabajo comprender que aquella caterva de inquietudes, perplejidades, alucinaciones, rencores eran los corrientes y vulgares celos. Le pregunto si la quiere aún y, turbándose, dice que cree que sí, aunque la recuerda como si hubiera muerto.

Su entrada en la plenitud varonil no había sido completa hasta que conoció el amor. De nada valía que fuera el campeón de barra –prolongación de la jabalina clásica– en toda la comarca, el mejor obrero forjador de aquellos contornos. El amor era lo que daba categoría humana, y sin él todo resultaba artificioso y falso. La impresión radiante de los primeros días, que le hizo creer en una nueva vida más diáfana, de registros más hondos y firmes, le deslumbro. La enérgica serenidad anterior se afianzó más. Los compañeros de trabajo se le sometían, le pedían consejo en cosas profesionales. Fue él quien consiguió un aumento de jornal, venciendo la dura obstinación del patrón, que juraba matarlos a todos antes que permitir aquel relajamiento. Esta incidencia con el rival desbarató un poco sus sentimientos. Había que luchar, había que defender su amor como un tesoro. Buscó a su novia de nuevo. El mismo día que habían de verse fue el sorteo, y al saberse soldado cambiaron momentáneamente sus ideas. Perdió aquella impaciencia que le llevaba con frenesí a saber si ella le quería, y si por lo tanto, había que buscar a Díaz Ureña y «partirle el alma».

Desde la quinta al ingreso en caja y a la recluta[71] el tiempo pasó sin sentir. Odiaba al teniente con ímpetus homicidas. Lo hubiera matado quizá si no necesitara la libertad para alimentar a los suyos.

---

[71] *Quinta, en caja, recluta*: La quinta se refiere a la generación de muchachos en edad de cumplir el servicio militar. Estos jóvenes se inscribían en la caja de recluta, se elegía un número de ellos al azar, y eran reclutados para servir en el ejército.

Reclutado ya, el teniente Díaz Ureña era su instructor. Le pesaba la obediencia como una losa de hielo. Fue la primera claudicación. No sólo no lo mató, sino que un día recibió de él dos bofetadas y tuvo que guardárselas. Perdió la colocación en la herrería. Sentíase cada día más desligado de lo que vagamente entendía que iba a ser la vida.

—¿Y tu padre? ¿Hubo cosecha aquel año?

—Comenzó la primavera muy mal. Sacaron el Cristo y cayeron cuatro gotas; *na*, un bien quedar. Aquella tierra es un secarral inútil. Lo poco que salió se lo comieron los langostos.

Mi paisano vuelve con una botella mediada.[72] Me la alarga. «Anda, bebe.» Siempre me hace la distinción de no probarlo hasta que yo he bebido, y yo siempre olvido que en el gollete hay tres o cuatro moscas. Bebo, y después soplo y estampo una contra la lona. Participo de las ideas del boticario. Viance bebe un buen trago, y el otro, que sigue con impaciencia el nivel del aguardiente en el frasco, bebe el resto –casi medio litro– sin respirar. Luego pestañea y le caen dos lágrimas por la mejilla, por la barba rala. Carraspea y se sacude como un perro mojado.

—Buena suerte, ¿eh?

A esto le llaman «echar el arranque». Sólo nos vemos cuando, en vísperas de marcha, operaciones, emboscadas, traslados, viene en mi busca para no dejar incumplido ese ceremonial de paisanaje. Va a marcharse, pero antes pregunta:

—¿Sabes quién podría guardarme una gata que crié yo en Kandussi, que si la dejo sola me la matarán los perros?

Me guiña con un feroz gesto de crueldad. Insiste en recordar la recomendación anterior sobre Viance. Es verdad. «Lo han *calao*.» Se dice esto del que está procesado por algún delito o simplemente vigilado y malquisto. No se dice es un «tal» o un «cual», sino esta frase más exacta y expresiva: «Lo han calao». Si los calan a todos, en todos encontrarán los mismos delitos en potencia. Es una cuestión de suerte el tener buena fama. Que no te calen, porque también te encontrarán en el fondo la sana resistencia contra el absurdo.

La noche está escandalosa. Más tiros. En torno al sueño del campamento se erizan los fusiles de los centinelas en un juego escalofriante contra las sombras.

---

72   *Mediada*: Una botella que la que ya se han bebido la mitad.

Viance odia a aquel hombre a través de cuatro años de olvido, y ese odio es lo único que aún da a sus palabras, a sus gestos, una vivacidad humana.

—¿Y tu padre? ¿Qué ha sido de él?

Se detiene y hurga por los bolsillos del pecho. Saca un papel mugriento, roto por los dobleces. La última carta que recibió en África, hace ya tres años. En vano intento leerla. Debajo de los primeros renglones hay tres mayúsculas en el centro: «A. D. G.». Después se habla del hermano, que duerme en los pajares, porque, acordándose de la honradez de la familia, nadie le niega «el techo de su casa». ¿Y el padre? Viance recoge el papel:

—No se *pué* leer; está pringosa por el sudor. Cuando yo vine aquí dejé de enviarle al administrador la renta de las tierras, y mi padre, para que no se las quitaran, vendió todo lo que había y pagó el primer año. Al siguiente, después de una cosecha ruin –la espiga granó temprano y salió aneblada[73]–, ya no pudo más. Trabajaba día y noche, iba a ver si la tierra percibía la *helá*, si le cuajaba el relente. Quitaba con las manos, una por una, las piedras y las matas viciosas. No comía, no había fuego en casa. Mi hermanico se marchó cuando vio que no había pan, y los civiles le hicieron volver. Una tarde encontraron a mi padre muerto en la linde del campo. Me escribieron que de un mal al corazón; pero fue de hambre. No me lo decían, porque se tiene por vergüenza para un pueblo dejar que un vecino se muera así. Aquel año cogieron un cosechón borracho. –Mueve la cabeza con desesperación–. ¡La farsa de la vida!

Habla luego de esa farsa con fruición, como si fuera un secreto que sólo a él se le alcanzara.

En el sector de zapadores, detrás de una tienda, hay luz y alguien habla en voz baja. Dos soldados juegan al monte con una baraja mugrienta. Sobre la carta de la izquierda hay una rata muerta y colocan otra con el hocico en una punta del naipe.

—De ésta, ¿cuánto va?

—Tres perras, y la otra entera.

Hay amagos de peste bubónica, y se da un real por cada rata muerta que se presenta en el cuerpo de guardia, donde llevan una

---

[73]   *Aneblada*: Tizón, enfermedad del trigo que antiguamente se creía provenía de las nieblas del mes de mayo (de ahí el nombre) que puede hacer perder la cosecha.

lista. Antes no había que presentar más que los rabos; pero los falsi-
ficaban, y ahora exigen la rata entera. Hay quien las recría, y ha
surgido ya el terrible intermediario, el almacenista, que las paga a
quince céntimos. Los soldados acuden a ellos, porque en el cuerpo de
guardia no las pagan hasta cinco días después de presentarlas. Al
verme, ocultan los naipes y recogen las ratas. Uno se levanta aturdido.

—¿Qué hacíais? ¿Jugar?

—No, señor.

El otro, más decidido, confiesa:

—Pa qué mentir, si nos ha visto.

Están de pie, en posición de firmes. Llevan un regular manojo que
ocultan a medias tras el pantalón. En el bolsillo de uno se denuncia
por el bulto una mediana reserva. Muy lejanos siguen los ladridos, y
si no fuera por ellos, la sensación de infinito que da la noche apenas
se percibiría.

Cuatro

Le hablo y a veces tarda en contestar o no contesta. Sus traspiés son más acentuados de lo que los desniveles justifican. De pronto, en un viraje, sigue andando en la misma dirección y se da de bruces contra el parapeto. Va dormido. Llegan los cabos, y uno le dice que debe entrar de puesto en las tiendas de sanidad. Sigo junto al parapeto, preocupado por las confidencias de Viance. Si fuéramos a interrogar a todos los soldados, ¡cuántas historias parecidas oiríamos! Ese palúdico está quizá viviendo también el epílogo de una tragedia tan vulgar como la de Viance. Aquí la desgracia se viste de uniforme y la tristeza tiene una frialdad enloquecedora. Media hora después, a la otra vuelta, encuentro a Viance ya de pie entre los cadáveres, recostado contra el cerco.

—¿Qué hay?

—Sin novedad –contesta dormido.

No es difícil averiguar lo que sueña. Como se duerme pocas veces cómodamente, las pesadillas se suceden, y después de las confidencias Viance sueña, naturalmente, con lo único que sigue ligándole a la vida: el odio al teniente Díaz Ureña. Ella ha desaparecido de sus evocaciones, el amor remoto ha perdido consistencia y flota como una nube sobre la verdad de su odio. Éste ha sido para mí una enorme sorpresa. Tenía a Viance por un ser desligado de la vida, de sí mismo, sostenido en vilo con un gesto desencajado y laxo por un capricho de la Naturaleza, como esas rocas mantenidas en un equilibrio absurdo. «Un rutina que soy.» «No te quedan aún que comer pocos trompitos.»[74] «Respeta a tu abuelo.» «Mala suerte.» Ocho o diez frases así constituyen su bagaje, y lleva cuatro años repitiéndolas, según los casos, con su extraña risa sin objeto.

En la vida civil hubiera olvidado ya a su rival; pero al perderlo de vista para venir a Marruecos le quedó grabado el odio como un tatuaje sobre el corazón y la disciplina, la sumisión a otros oficiales investidos de la misma autoridad, lo exacerban y lo vivifican. Viance

---

74   *Trompito*: Un trompo es una situación de gran dificultad.

sueña que encuentra a Díaz Ureña y que se le acerca con las de Caín;
pero, como atrae el hierro, le vuelve la pistola del teniente a la cabeza
y todas las bayonetas de la compañía se levantan en el aire y lo rodean.

En el rincón sur, junto a los nidos de ametralladoras, la noche se
anima con mil rumores. Un poco más abajo, en la enfermería, se oye
un regular alboroto. Será el loco en una de sus terribles vigilias. Un
loco razonador, que se levanta a medianoche y sale gritando incongruencias. Al otro lado, en una chavola,[75] los oficiales juegan a las
cartas. Está también el comandante que escribe todos los días a once
madrinas –un viudo donjuanesco– y el teniente coronel del batallón,
enjuto, sarmentoso, espíritu civil lleno de buen sentido.

—Taratitaaaa, taratatiiii. ¡Coronel, parte! –el loco toca llamada a
infantes.[76] Luego dos o tres exclamaciones demasiado expresivas y
de pronto parece coger el hilo de su divagación–: Nosotros partiendo
el caqui a rastras por esos montes, y vosotros bebiendo buena cerveza
helada y jugando al mus y escribiendo partes: «¡Cuarta del primero!
Comunico a usía que el capitán de la expresada merece dos pensio-
nadas, porque le han matado a cincuenta hombres».

Y vengan cruces. ¡Eeeh! Por la derecha al frente en guerrilla. Y
la retirada a botes, como los cigarrones. Después la madrina envía
bollos y escribe en un papel virguero.[77] ¡Granujas! Mis pantalones han
cumplido el año pasao, y los piojos hace tiempo que piden otros,
porque entra frío por los agujeros. ¿Un destino en plaza? ¡Cuatrocientos duros, ni uno menos! No hacen rebaja ni a su padre, y sólo
pueden ir a la oficina los hijos de canónigo. ¿Y al hospital? Los hospitales son pa los pijaitos.[78] Media vuelta..., y una avispa en la cantimplora. Si te guardabas el agua pa la retirada, te jodes. Se la han
bebido las alpargatas.[79]

Este pregonero de la medianoche encarna el espíritu de justicia
del campamento. La justicia es locura en estos barrios. Un tiro, y luego
otros más arriba, más abajo.

—¡Fuego a la cola del lobo! ¡Rrrrap, rrrrrrap! –grita el loco–. No
dejar un hijo de puta en pie. ¡Rrrap!

---

75   *Chavola*: caseta construida con materiales de baja calidad.
76   *Llamada a infantes*: Toque de corneta que convoca a los soldados a formar.
77   *Papel virguero*: Un papel o carta extraordinaria.
78   *Pijaitos*: Personas afectadas, remilgadas, normalmente de clase alta.
79   *Se la han bebido las alpargatas*: El agua se ha ido derramando y el cáñamo de las alpar-
      gatas ha ido absorbiéndola.

—A ver, los enfermeros. Que hagan callar a ese desdichado. ¿Cuándo lo van a enviar a la plaza?

—¿A la plaza? –insiste–. Dales cuatrocientos duros y te llevarán a la plaza.

—Si no lo hacen callar –ruge «Camioneta»–, me voy a liar a estacazos con él.

—¿Eres «Camioneta», verdad? Mucho presumir, y el mote te viene del desastre de Annual, porque llegaste a la plaza antes que los primeros camiones, sin que se supiera cómo. Estar estabas en primera línea, no lo niegues.

El oficial indignado, se levanta. Sus compañeros, que le tienen poca simpatía, refrenan la risa a duras penas y le hacen ver la injusticia del castigo. «Camioneta» es implacable. Interviene un médico militar, y les garantiza que el loco dormirá pronto.

—Es un desgraciado –añade–. Además de la locura tiene llagas de hiperita.[80] El viento llevó gases del 5 de julio en Tizzi Asa[81] y resultaron con llagas casi todos los soldados de la línea de blocaos del tractocarril.[82]

Alguien, celoso de los aviadores, dice al teniente coronel:

—¡Qué torpeza, tirar gases con viento contrario!

Entre las tinieblas que se entretejen tras de la chavola pasa la patrulla. Un centinela, desde su escondrijo, fuera de la rasante del parapeto, advierte al cabo con voz a un tiempo grave y atiplada, que viene de más allá de las sombras:

—Sin novedá.

Vuelvo a pasar junto a la enfermería. El loco ha sido reducido al orden. Hay otros dos más; uno que está todo el día haciendo la instrucción a lo largo de la enfermería, con la cabeza baja y tan inclinado hacia adelante que apenas puede alcanzar el equilibrio a grandes zancadas. Da unos terribles gritos inarticulados –voces de mando– cada vez que va a hacer alto y a dar media vuelta. Sus voces se oyen por

---

80   *Hiperita*: Agente químico usado en forma de gas que causa llagas al contacto con la piel, además de abrasar los pulmones.

81   *Tizzi Assa*: Esta era la zona de acceso a la Comandancia de Melilla. Estuvo sometida a un asedio constante por parte de las tropas de Abd el-Krim durante 1923. El 5 de julio de ese año, las tropas españolas lanzaron una ofensiva para aprovisionar los puestos de la zona. El uso de agentes químicos durante la guerra de Marruecos ha sido ampliamente documentado como explica Rosa María Madariaga en *Los Moros que trajo Franco*. Estos hechos fueron denunciados por primera vez por Rudibert Kunz y Rolf Dierter-Müller en su obra *Giftgas gegen Abd el Krim. Deutschland, Spanien und der Gasgrieg in Spanisch Marokko, 1922-1927*.

82   *Tractocarril*: Tren que puede circular por terreno con o sin carriles.

todo el campamento, y no puedo mirar su severa obstinación sin sentir que una protesta desesperada surge del alma. El otro, silencioso, recogido y tímido, no molesta a nadie, mira receloso a todas partes y lleva siempre en la mano el «jarrillo» mediado de agua. Duerme con él al alcance de la mano, y tantas veces como se levanta de la cama para ir al retrete, para esas otras extrañas necesidades de los locos, ha de cogerlo y no lo vuelve a soltar hasta que se acuesta de nuevo. Lo curioso es que no bebe el agua y que se limita a comprobar que continúa dentro cada quince o veinte segundos con una inquietud febril. Los tres locos tienen una expresión muy dura, como si el cráneo mondo, los pómulos, los maxilares absorbieran la carne, la piel, la barba.

Hay también locos intermedios; pero éstos no están en la enfermería. Uno, con el pelo completamente blanco. No falta el suboficial con manía de grandezas –lo recluyeron y lo evacuaron ya–, que después de exponer admirablemente el proceso de la adquisición de un coche Hispano, las características del carruaje y las dificultades conque ha tenido que tropezar para conseguir que se lo enviaran en barco hasta Melilla, al preguntarle de buena fe el precio, os contesta:

—No es caro. Cuatrocientas pesetas.

He pasado de prisa, escurriendo el bulto, evitando el incordio del comandante, que se precia de demócrata hablando conmigo a la vista de los demás y que pone en sus palabras un regodeo de generosidad que me molesta. También huyo del capitán N., que con cierto retintín mientras fui soldado y cabo me llamaba «don» Antonio. Parte esto de un incidente pintoresco. Al hacernos la filiación de llegada, el sargento preguntaba a cada cual su oficio.

—¿Y tú?

—Periodista.

—¿De los que venden periódicos?

—No, señor. De los que los escriben.

—Pero, ¿eso es carrera u oficio?

—Como se quiera.

—Vamos a ver si nos entendemos. ¿Tienes algún título académico?

Al decirle que sí me puso en la lista don. Ordenancista y fiel cumplidor de su deber, no iba a faltar a aquel detalle por nimio que fuera. Pasando lista un día ante el capitán, el sargento me llamó con mi brillante atributo. El capitán ordenó silencio. Frunció las cejas, miró al sargento, después recorrió la fila con los ojos pesquisidores. Por fin dijo:

—A ver: que dé un paso al frente don Antonio. ¿Usted es don Antonio?

—Sí, señor.

—Pero, ¿por qué?

—Cosas del sargento.

—¿Eh? ¿Qué es eso? Los sargentos no tienen cosas, amigo don Antonio.

Aquello era ridículo. El sargento, que me había cobrado cierta inclinación no exenta de autoridad, pero tampoco de respeto, le habló al capitán. Éste me miró detenidamente. A partir de entonces «don Antonio» tenía que hacer los servicios más molestos, menos airosos. Me los ordenaba siempre el capitán llamándome con el «don». Después, no sé por qué, me retiró ese tratamiento y hasta me regaló los galones de cabo.

La ruta de los cuartos de noche hace una curva contra el recodo del parapeto y vuelve a internarse cerca de la chavola. El comandante se levanta y sale hacia el cuartel general con la capucha del capote puesta. Me recuerda un San Francisco que he visto no sé dónde. Por lo visto no cabe ya duda. Salimos mañana. Sigue el ir y venir de los telefonistas en las sombras. El cabo de este sector y el sargento de cuarto de artillería me salen al encuentro:

—¿Sabes lo que pasa? Han copao la protección de carretera. ¿Tú has visto volver a las fuerzas? Se quedaba de emboscada una sección, treinta hombres. ¿Y el escuadrón? ¿Y las dos compañías del 98? Los han copao. Pué que toquen diana antes de media hora.

Ese rumor corre por el campamento velozmente. El presentimiento de Iriarte se cumple. Recordando las lesiones de su cerebro y asociándolas a este hecho siento una extraña molestia. El cráneo es una caja de maravilla. El de Iriarte recoge mensajes de las sombras que duermen más allá de las alambradas. Los que están de servicio comentan la noticia en voz baja. Nadie duda ya. Los jefes van y vienen riendo, fumando. Muy tranquilos, muy serenos; pero sabemos todos a qué atenernos sobre esa serenidad.

El oficial me llama. No está en el cuerpo de guardia y para hacerse visible enciende y apaga la linterna eléctrica. Con él están tres oficiales de caballería un poco desviados del parapeto. Hablan del escuadrón, de lo que ha podido ocurrirle al escuadrón; pero, al llegar yo, callan.

—Avise a los cabos que pasen revista de municiones a los refuerzos. El que no tenga los cinco paquetes, que los complete.

En el cuerpo de guardia un soldado engrasa y prueba el pistolón de los cohetes apuntándole a otro en broma. Todos hablan de lo mismo. Un veterano se tapa la cabeza con la manta: «Entre los mosquitos, las ratas y los rumores, no hay manera de dormir en el cuerpo de guardia». Además, la luz encendida y el jaleo de los relevos. Hay cierta ansiedad en el aire, cierta tensión nerviosa. Los del parapeto, a la media hora de enterarse de lo que pasa desearían que atacaran cuanto antes, si es que atacan.

Mi cuarto termina, y en cuanto me releven, me meto en la tienda. ¡Allá películas! Otra vuelta. Al pasar junto a las cantinas cerradas oigo un ruido muy característico. Más abajo está el prostíbulo con tres chicas, una de ellas mora. Si en las repúblicas bien organizadas –según el concepto tradicional– estos establecimientos no deben faltar, más necesarios aún son en los campamentos. Como las demás barracas, ésta tiene paredes de tablas claveteadas, unidas a la buena de Dios –o del diablo– con planchas de latón, trozos de estera y de lona. Dentro tiene varios compartimentos pequeños como gabinetes de barco, y uno mayor que llaman salón. El suelo es el del campamento, lleno de altibajos. Los camastros, unidos a las tablas de los tabiques, transmiten el ritmo del trabajo a toda la casa con un crujido isócrono, que por la noche se percibe desde muy lejos. A mí me produce un efecto muy regocijante.

En el puesto próximo disparan dos tiros. Me acerco.

—¿Qué hay?

—La misma luz de antes. Algo como una linterna que aparece allí sobre la colina y se mueve. Le sacudo y se va. Pero al poco rato vuelve.

Uno del refuerzo, a medio despertar, se da vuelta en el suelo aco-

modando las cartucheras para que no se le claven en los costados y
habla con voz gangosa de modorra:

—Es un moro chalao que lleva la linterna a la punta de un palo y
viene todas las noches a bailar encima de esa loma. Si se tiene buen
oído se le oye cantar «Ah, Muley, a muley t'siriguá quil beidá, a muley
t'siriguá...» Está majareta.

Apenas termina y ronca ya. Cuando acudo hacia la guardia principal comienzan a disparar cohetes. Una columna llega por el camino
en sombras, con algunas precauciones. La vanguardia ha entrado, y
el grueso y las alas se acercan. Caballería e infantería. La protección
de carretera. En la oscuridad se alinean. Toses aquí, allá.

—Rompan filas... ¡ar!

El campamento se tranquiliza y duerme. El miedo de antes se resuelve en ironías.

El grupo de los cinco sigue hablando a media voz. El cabo cree que
debe dar parte «por escrito». Conducían un prisionero por orden del
comandante para entregarlo en Ras Faruin. Había que subir cuatro
kilómetros muy accidentados con el sol a plomo y el equipo completo
encima. Todo porque «aquel tío vaina» había sido sorprendido con
un fusil cargado y unas cartas en árabe. El cabo y los soldados se en-
tendieron en caló.[83] No habían andado aún un kilómetro cuando la
emprendieron a empujones con el prisionero hasta sacarlo fuera de la
carretera. Más allá, junto a un altozano,[84] alguien le disparó a que-
marropa; pero el moro acumuló todas sus fuerzas y quiso defenderse.
A bayonetazos lo remataron en una lucha corta y desigual. Quedó
bajo el sol, bulléndole la sangre en las heridas. Desmontaron los machetes y los envainaron; se colgaron cómodamente el fusil y emprendieron el regreso bromeando y cantando por lo bajo. Veteranía. Al incorporarse a las fuerzas de protección, el cabo dio la novedad:

—A la orden. Ha querido escapar y le hemos hecho fuego.

El comandante sabía a qué atenerse:

—Está bien.

Pero ahora dudan. ¿Habrá que dar «parte por escrito»? «Si te hubieran entregao al moro con otro parte, sí. Pero te lo han entregao de
palabra. Tú no «tienes derecho» de hacer más. La novedad la tiene

---

83   *Caló*: Lenguaje de los gitanos en España.
84   *Altozano*: Una duna o pequeña colina.

ya el comandante.» El cabo se convence. Arrepentido de haberles
pedido consejo, les ordena, disimulando:
—Limpiad los machetes antes de que la sangre agarre. Mañana
han de estar como patenas.

Bajo las tiendas de sanidad, Viance sale al paso:
—Sin novedad.
Pero lo cierto es que hay cinco cadáveres descalzos. Los únicos que
llevaban botas. Los otros calzan alpargatas «de regular», reforzadas
por los extremos y con caña de lona, que sujeta bien los tobillos. Los
oficiales que tenían leguis los han perdido también.
—Buena la has hecho, Viance. Veremos si pasa. Yo me callaré;
pero como se entere el comandante, te va a empapelar.
Escucha más alelado que nunca.
—Dormirme no me he dormido, sargento.
—Entonces...
—Es pa no creerlo.
—Explícate.
Viance se va hacia uno de los cadáveres y lo destapa. El muerto
mira con ojos turbios de cristal. Lleva una pequeña mancha de sangre
debajo de la barba, como de afeitarse, y en la nuca, al salir el proyectil,
le ha abierto una brecha enorme.
—Bueno, ¿qué?
—La farsa de la vida, sargento.
—¿Qué farsa?
—Díaz Ureña, sargento. La farsa de la vida.
Miro fijamente a Viance. Las mejillas apergaminadas se le arrugan
hacia las orejas para enseñar unos dientes sucios. No le contesto. Me
voy al relevo. Viance se tambalea entre los muertos, haciendo equili-
brios para no pisarlos. Podía caer y quedarse ya con ellos. El odio a
Díaz Ureña, lo único que lo ligaba a la vida, no tiene ya objeto.

CINCO

Hacia Annual el campo es más verde, el paisaje es casi un paisaje civilizado. Nosotros no hemos llegado aún allí, estamos detenidos por el macizo montañoso de Tizzi Asa, donde se encuentra ahora la primera línea.

Viance explica:

—Esas crestas se dejan a un lao, y pasando a la izquierda de Benítez todo seguido, a tres horas de camino, se ven ya blanquear los almacenes de intendencia. Bueno, se veían entonces, porque ahora serán ruinas. La posición nuestra estaba dos leguas delante de Annual, hace dos años pa esta época. Era la más avanza, y los convoyes..., parece mentira cómo se metían los convoyes. –Una pausa para darle un tiento a la cantimplora–. Entonces salíamos doscientos tíos y nos lo hacíamos todo a punta de machete. Ahora se opera con millares de hombres, cientos de cañones, de ametralladoras y aeroplanos. Llegar llegábamos adonde fuera, lo malo era sostenerse. Nuestro regimiento, el 42, estaba siempre en todos los fregaos, y los moros decían: «Serionolos[85] estar como chacales». Los chacales no éramos nosotros ni ellos, sino los cristianos de la Comandancia general. Los hijos de su madre nos habían dado un buen tute.[86]

«Todas las operaciones se hacían a base de cuatro regimientos de línea, y muy especialmente del 42. Tenía cierto carácter de regimiento de choque, poco halagüeño, desde que tuvo compañías disciplinarias. Como destinaban allí a ciertos delincuentes –una pena de muerte disfrazada– había entonces el criterio de que las vidas de los «serionolos» valían menos que las de los demás. Aunque le quitaron luego esa misión correccional, todavía padeció mucho tiempo la mala fama, que trascendía naturalmente a las cantinas y a los prostíbulos, donde el 42 estaba muy mal visto, aunque no faltara alguna buena moza que al vernos el número en el cuello dijera:

—Cuando veo el 42 me dan siete gustos.

—Al marchar a R. –añade Viance– llevábamos ya bastante tiempo

---

85 *Serionolos*: Ex-convictos.
86 *Dar un tute*: Dar una paliza.

en Annual, y nos alegramos, porque el general S. era un tío flamenco
que no dejaba parar a nadie. Cavilaba siempre la manera de armar
follón, y después de una aguada difícil le gustaba organizar salidas
por los aduares.[87] No quedaba una gallina ni una «funa».[88] Arram-
blábamos con todo y quemábamos las casas; pero al día siguiente, otra
vez los moros en la alambrá. Annual se parece mucho a este campamento, es casi lo mismo, hasta los almiares[89] de intendencia estaban
al parigual. Nos alegramos de ir a R. Una posición no es un campamento, hay menos servicio y no se sale fuera de la alambra. El agua
no había que ir a buscarla, nos la traerían en convoy cada ocho días.
Mejor que en una fonda, pensábamos; pero quiá, aún estamos aguardando la primera cuba. La noche del relevo la pasamos todos en el parapeto. Íbamos la tercera y la cuarta, el grupo de ametralladoras y una
sección de policía indígena. La primera y la segunda, con otra sección
de moros, no podían salir. Llegamos a media mañana, y a la tardada
aún estaban allí. Una juelga. Pero, ¿cómo iban a volver a Annual si
nosotros a mitad de camino tuvimos que desplegar y aguantar cuerpo
a tierra, mientras los cañones sacaban a los moros de unas trincheras
donde nos aguardaban? Aquel día me enteré de que los moros hacían
las trincheras al revés, echando la tierra atrás. Buscan pa abrirlas terreno que parece llano; pero que hace una curva insignificante, lo
mejor pa engañar al que tira. Les disparas un paquete, y aunque tires
alto si estás tumbao siempre das en tierra. Hay que estar encima pa
acertarles. Pero, además, los hijos de puta al cavar la trinchera echan
la tierra atrás, y en lugar de aprovecharla como parapeto se quedan
agazapados en la zanja, delante. Nosotros y las ametralladoras tiramos a lo alto del terreno y la artillería detrás de él. Claro, allí no hay
na. Pero luego te acercas confiao y se cargan a la compañía.

»El comandante B. lo azvirtió antes de salir. Venía también de
relevo. Un hombre valiente con el vino, con las mujeres y con los
moros, ahora que demasiado ordenancista. Prohibía que los oficiales
jugaran en el cuerpo de guardia al ajedrez porque, según parece, en
ese juego se dicen expresiones contra el rey y la reina. No podía ver
al comandante X., porque era más valiente que él. Los dos la diñaron

---

87 El ejercito español solía limitar los víveres a las tropas y tolerar que los soldados robaran
    estos de los territorios que ocupaban. La estrategia se justificaba de dos maneras: por un
    lado el efecto psicológico que la desolación creada por el paso de las tropas españolas
    creaba en las poblaciones locales; por otro lado, al no tener que cargar víveres, las tropas
    podían desplazarse con mayor rapidez (Núñez Seixas, «Rusos Culpables...» 711)
88 Funa:
89 *Almiares*: Pajar donde se acumula la mies en torno a un tronco central.

casi el mismo día. Y también el general S. Los moros hicieron entonces buena cosecha de estrellas.

«Los de las compañías destacadas en R., como ya los habíamos relevao, querían largarse. Una juelga, ya digo. Habíamos hecho el relevo y no lo habíamos hecho. Los oficiales andaban bien jodidos con tanto lío. "Esto es una pega." Pero tuvieron que marchar. Aquella noche, *to* Cristo en el parapeto. Por lo que dijeron los artilleros y los heridos que quedaron aguardando el convoy, ya llevaban más de diez días así. Había quien estaba tres días y tres noches contra los sacos. También nosotros, después. Algunos, ya sin poder aguantar más, sacaban de noche las piernas por encima del parapeto hasta que les daban un tiro. Los vendaban, y a la tienda, a dormir como rentista. Además, la ración de agua era mayor. El médico andaba loco: "¿Cómo es posible que os den en las piernas, si no asomáis más que la nariz?" "Rebotes", decían. Por fin se enteraron, *sumariaron* a los maulas y se acabó la martingala.»[90]

La posición no era ni pequeña ni grande. El parapeto describía un rectángulo, del cual salían los rincones ochavados de la artillería y de la policía indígena. Bajaba un poco por una vaguada[91] muy pendiente, tanto, que los piquetes de la alambrada estaban casi horizontales. Allí había dos puestos y una ametralladora. En el centro, a lo largo, siete tiendas, el chozo[92] del teléfono, el de los víveres de reserva, mitad cavado en tierra. Un metro encima del suelo habían hecho la techumbre con piedras y sacos terreros. Otro chozo al lado para enfermería. En un rincón, la tienda de los artilleros y una chavola muy vieja, y en otro, la de la policía indígena, que se pasaba la vida cantando y haciendo té. Puestos fijos a granel y los refuerzos de noche. Mucho servicio. Luego, en conjunto, la posición muy limpia y bastante desahogada. Entre las tiendas y el parapeto, por los cuatro costados, se hubiera podido hacer muy bien instrucción de guerrillas.

Por el frente de Annual bajaba el campo en suave declive, y más allá del camino del zoco, a unos seis kilómetros, volvía a alzarse hasta Annual. Tierra pardusca, que parecía ceniza en los lugares removidos y cavados por los moros para el asedio. Porque desde el día siguiente al del relevo la posición estaba sitiada.

---

90   *Martingala*: Truco.
91   *Vaguada*: La parte más profunda de un valle por donde discurre el agua cuando llueve.
92   *Chozo*: Caseta.

—En cuanto entramos en R. y vi las caras a la gente me calé lo que iba a pasar. Nos dejaron descansar un poco para que comiéramos un «rancho en frío», que nos habían dado al salir. En la lata mía decía fuera: «Ternera con guisantes», pero salió pocha.[93] Vaya una novedad. Lo extraño es que después de las componendas que en los ministerios se traen con los abastecedores salgan llenas.

Las baterías de Annual habían hecho callar a los moros; pero hacia media tarde el parapeto comenzó a crepitar por un costado y las balas a pasar altas. El fuego se corría por toda la posición. Los francos de servicio estaban tranquilos. Mientras las ametralladoras callaran, los moros tiraban muy atrincherados y el trayecto de sus proyectiles era una tangente sobre el parapeto, hacia arriba. No podían herirnos, a no ser con algún rebote. Estos son frecuentes, y se les conoce por el maullido que los acompaña. Se rompe la envoltura en el primer choque y toma direcciones absurdas, como un buscapié, haciendo un sonido gutural descendente. Viance sacó una galleta del zurrón, que había doblado sobre el macuto en el suelo. Pero para comerla hacía falta agua, y había corrido la voz de que no la daban. ¿Iba a quedarse en ayunas?

—Han *dao* orden de que siga la formación y de que nadie se mueva. Pídele permiso al sargento. Está encargándose de los víveres. –Y después de una corta reflexión, añade el cabo–: Anda tú y cuéntale eso del rancho; pero si se da mal, yo no sé *na*.

Los sargentos andaban de aquí para allá comprobando si estaba todo en regla para poner a la firma del comandante entrante los recibos del relevo. El de la tercera revisaba la tina del aceite en la cueva de los víveres de reserva. Abrió la tapadera. El aceite llegaba hasta los bordes; sin duda estaban los 50 litros; pero por la llave de abajo no salía aceite, sino agua. Los sargentos se miraron con seriedad. Fuera, el estrépito de fusilería era ensordecedor.

—Yo no me hago entrega de esto.

—¡Pero, hostia! ¡Si yo lo encontré así! ¿Crees que soy una lechuza para habérmelo bebido?

—No sé nada. Apunto la *novedá* en el parte, y ya se lo explicarás a tu comandante si te pregunta.

El saliente se mesa la barba. Eso no es compañerismo. ¿Qué puede faltar, diez litros?

---

93   *Pocha*: Podrida.

—Hazte entrega; yo te prometo que si cuando a ti te releven lo echan en falta, te lo pago de mi bolsillo particular.

El entrante, escuchando los tiros, después de un corto silencio, mueve la cabeza muy convencido:

—¡Qué me vas a pagar!

Había una profecía siniestra en esas palabras. Viance se asomó a la entrada y se puso firmes, componiendo su mejor expresión de idiotez. Un gesto ceñudo, el brazo extendido y una orden a gritos.

—¡A la fila! ¿Quién te ha dicho que podías venir? ¡Como falte algo en las tiendas, te va a arder el pelo!

No se rompen filas para evitar que roben a los salientes, cuyos equipos a medio atar están en las tiendas: camisas, paquetes de tabaco tentador. Vuelve a su puesto. Hay en los 300 hombres sentados, recostados para evitar el peso del macuto, una disciplina desganada. Conservan la alineación por casualidad, en dos largas filas. Más allá, los moros de la policía indígena, con las piernas cruzadas, completamente ajenos a nosotros. Unos curiosean, dejando vagar los ojos por la posición. Otros miran, obsesionados en apariencia, un punto invisible del aire. Pero no ven, no piensan, bajo el cansancio.

Pasa un soldado de las compañías salientes, cargado como una acémila, un saco de paja en la cabeza, tres macutos colgados de un brazo, tres fusiles.

—Eh, *paisa*, ¿te mudas de casa?

—¿A dónde vas a retratarte?

Otros callan, mirando el cielo azul limpio y hondo, sin un pájaro. Con los ojos llenos de ese suave azul fresco y tonificador, los tiros del parapeto no se conciben, no se sabe a cuento de qué se disparan. El vizcaíno Otazu pide fuego para medio cigarro que llevaba en la oreja. Parece imposible que no se encuentre a veces una cerilla entre tantos soldados. Ve enfrente a un cabo fumando:

—Anda, trae fuego.

—¡Mira el quinto! Ven a buscarlo.

Otazu no tiene sentido de las jerarquías ni de las conveniencias sociales. Su barbarie, además y por otras razones, es de una ingenuidad feroz. Le acompaña una cara de hiena sanguinaria, nunca mira de

frente y antes de hablar blasfema. Pero todos lo tienen por un corde-
rillo y aunque nunca le han visto reír, se ríen mucho con sus terribles
salidas. Al levantarse y avanzar, todas las miradas coinciden en sus espaldas. Del macuto, de la manta terciada, de la misma manga de la
guerrera, le sale una regular humareda. Ríen aquí y allá. Otazu, im-
pasible, se acerca al cabo.

—Dame lumbre.

La risa se generaliza. Otazu, volviéndose a medias, blasfema:

—¿También esto os da risa? Pues sí que os digo que tenéis trabajo.
Por fin se entera.

—Tíos mierdas, podíais avisar.

Luego alguien le dice:

—Te se quemaba la hacienda, hombre.

Dando una larga succión al cigarro, contesta:

—¡Ya se me quemó una vez en mi casa en el pueblo!

—¿Y eso?

—Le prendí fuego yo.

—¿Por qué?

—Porqué... Me c... en Dios, ¿por qué ha de ser? Porque me pegó
mi padre.

Más abajo discuten dos, y uno termina:

—Cuando la arman así de día, *replétate* la ropa bien pa esta noche.

Se hacen preparativos para el relevo. Sale el sargento.

—En pie.

Apoyándose en los fusiles, se van alzando. Algunos se ponen el
macuto de prisa, pasando las abrazaderas como mangas de americana.
Hay desorden momentáneo. Los huesos se han enfriado después de
la marcha y duelen las articulaciones. El sargento, con una súbita
arruga en lo alto de la nariz, recorre las filas con la mirada:

—¿Quién os ha dicho que os quitarais los macutos? ¿Se ha
mandao romper filas o qué?

Y con gesto avinagrado va hacia Viance, que no acaba de encontrar una de las cuerdas; lanza una exclamación de ira, alza la mano
y le ayuda casi maternalmente a ponérselo. Hay una tregua súbita en
el parapeto. Hacia la vaguada han disparado un tiro. Fuera, la tarde

adquiere un silencio dulce y profundo. Dan ganas de apoyar el macuto contra el parapeto y dormitar. Los comandantes salen del cuchitril del teléfono apartando un pedazo de saco en el que alguien ha pintado las iniciales de la Dirección general de Comunicaciones y debajo ha escrito en árabe:

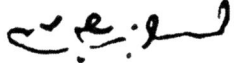

Ante esos caracteres los moros de la policía suelen detenerse con sorpresa y leer: «Tre... fu» o «tlefon», y siguen su camino. El jefe entrante parece muy disgustado.

—¡Cabo telegrafista!

El sargento, que no pierde ripio, mira al de la otra compañía y disimuladamente hace ademán de cortar algo con unos alicates imaginarios. Viance comprende: «Han cortao el teléfono». Sacan el helió- grafo. Un trípode enorme con el pequeño espejo redondo, gracioso como un juego de niños. Hay que aprovechar los últimos rayos. El comandante dicta y el cabo agarrando una varilla que sujeta el espejo por detrás, después de graduarlo, hace la llamada: «taca, tac tac taca». Aquí no se ve más que el espejo lleno de sol y sus pequeñas oscilaciones. Los soldados miran unánimemente a la raya de Annual, que se dibuja a lo lejos sobre el parapeto. El comandante reconviene con un gesto. Esta curiosidad inteligente de los soldados es a veces indisciplina. Después de media hora de formación, mil veces más penosa que la misma marcha, vuelven a mandar:

—Sentarse sin perder la alineación.

Viance ve encenderse y apagarse sobre la colina, dominando el parapeto, una gran estrella azul. Contesta. Después de un corto espacio el telegrafista guarda el heliógrafo y el comandante le manda que escriba los dos despachos –pregunta y respuesta– y que se los dé. Hay ya una decisión formal. El sargento viene de nuevo:

—¡En pie! Quitarse los macutos. ¡Número!

Y luego el oficial:

—Hasta el quince cubierto, un paso al frente.

Se relevan los puestos. A Viance le toca una esquina, junto a un nido de ametralladoras. Mecánicamente se hace cargo, de un vistazo, del campo. Su puesto viene a ser como un pequeño púlpito irregular construido con piedras y sacos terreros, un poco saledizo. Hay una toldilla podrida de una especie de cuero peludo a trechos, rígida y apoyada en toscos soportes —palos, pedruscos— que entre sí dejan largos espacios abiertos. Treinta metros sin piedras, sin matas, la alambrada con un pedazo de trapo que la brisa balancea. Hay que acordarse de él para cuando sea de noche. Después de esa maraña de alambres y estacas, una cruz en el suelo con un brazo roto, casi tumbada. Como las granadas de los barcos de guerra no llegan hasta aquí, las ofrendas de esa sepultura no son más que cuatro cascos menores de artillería de montaña, como largos cucuruchos de bombones. Detrás, la suave curva de la colina y largos terrenos de trinchera. Llega el cabo y le deja en el suelo, alineadas, una docena de granadas.

—¿A mí? ¿Por dónde las voy a largar? Deben ser pa los refuerzos.

Sin contestar, el cabo las recoge meneando la cabeza:

—¡*Rediós*, Viance! ¡Los van a brear![94]

—¿A quiénes?

—A esos.

Están ya formados los salientes. Viance se encoge de hombros.

Les hace callar el estrépito de una ametralladora que dispara como el escape de gas de una moto. Los moros se están moviendo en silencio. Saben que van a salir las fuerzas. En la raya de polvo que las ráfagas han levantado ve unas sombras que se corren hacia la derecha, alejándose de la posición. Van a buscarles la vuelta a los del relevo. Éstos, ya formados, esperan bajo el cargamento, hundidos los pechos, avanzada la cabeza con un aire cansado de mendigos nómadas. Hay algunos a quienes el sueño, la sed, dan unos ojos visionarios y un rictus como de catarro, de contener las lágrimas en la nariz. Los ordenanzas sacan tres caballos. Los oficiales van y vienen con papeles. Aún se pasa otra revista de no sé qué.

Viendo este silencio, estos pasos falsamente enérgicos con los cuales el oficial demuestra al capitán, al comandante, su espíritu militar, esa alineación correcta, se piensa que todo este ceremonial entre piojos, miseria, hambre, harapos, es una pesada broma de locos. Nadie se engaña en el fondo. No hay ya uno solo que crea en la necesidad de nada de esto. Todos saben, además, lo que aguarda fuera. Dan

---

[94] *Brear*: Darles brea o darles una paliza.

ganas de gritar: «¡Es más cómodo para todos romper filas y pegarnos
un tiro!» Nuestro sargento de semana entrega los papeles a un oficial,
y éste al comandante, que los extiende y sin mirarlos los firma con la
estilográfica. El sargento de la primera atiende impaciente. ¿Llevarán
la novedad al margen? ¿Se habrá acordado el sargento de lo del
aceite? Pero el comandante los ojea, se los guarda en el pecho y da las
gracias a su compañero. Luego se acerca al parapeto y mira con los
gemelos insistentemente, sin distraerse un instante.

El color blanco de las lomas lejanas va dorándose. Hay una soledad y un silencio extraños. ¡Quizá por la comba de esas llanuras
corre al aliento helado de la muerte, que se desencadenará con silbidos
y mugidos de cierzo en cuanto salgan! Se siente en algunos oficiales
desengañados –los malos oficiales– la tristeza de confesarse que
mueren por un poco de dinero mensual y la envidia de la muerte des-
interesada y romántica del soldado. La ametralladora de la esquina
vuelve a funcionar. Hay cierta nerviosidad disimulada en todos. Es
tarde. Queda escasamente hora y media de luz.

Los soldados, indiferentes, aguardan apoyados en los fusiles. Con
el codo se quita alguno una mosca de la nariz, del ojo. Las correas
oprimen los pulmones y uno, al respirar, se monda el pecho para evitar
un insistente ronquido de fuelle viejo.

—¡Banderín!

El cabo yergue la cabeza menuda y verdosa entre su cargamento,
la mano a la altura del otro hombro.

—Di al teniente Iserna que den la señal.

Hace él una con la mano al capitán más antiguo, los oficiales
ocupan sus puestos. Nuevo silencio. Las patadas impacientes de los
caballos suenan a hueco en la tierra. La tarde es ahora color de miel
y en el olvido momentáneo de todo –un olvido tan suave, tan fácil,
hundido en la armonía del cielo, del aire, de la propia conciencia
virgen– se desean oír las esquilas[95] de la campiña española. Quizá las
oye algún soldado en el fondo de esa dramática indiferencia que es
cansancio; pero no sólo el cansancio de tres noches en vela, de tres
meses casi sin agua, sino de dos mil años de injusticia.

El capitán se estira sobre sus tobillos, con las muñecas pegadas a
los muslos:

---

95   *Esquila*: Cencerro que se pone a los animales.

—Oído..., ¡firmes!

No es un rumor seco y enérgico, sino un largo y diverso rozar de ropas y arrastrar de pies. Quedan alineados, enhiestos. De pronto, la cabeza de alguien avanza de la fila y un soldado cae lentamente adelante sin doblar las piernas.

La frente produce contra el suelo un ruido enorme, seco y blando. El capitán, desde su sitio, avisa:

—Retiradlo, soltadle las correas y que quede agregado a la tercera, con los heridos, hasta que venga el convoy.

Y después, al suboficial.

—Hay que darle de baja y esperar el cargo.

Suena dentro el cañonazo consigna. Desde Annual disparan inmediatamente por baterías sobre los puntos peligrosos con una gran precisión. Sale una patrulla de vanguardia, dos secciones desplegadas en flanco. Los soldados trotan y trotan, sacando fuerzas de flaqueza, con un ruido de estribos y enjalmas[90] que recuerda a los caballos de las plazas de toros. Las piezas nuestras tiran también más cerca y a los pocos disparos se ven siluetas que se desplazan y que las ametralladoras quieren pespuntear. El sargento de los víveres se acerca al nuestro y le coge la mano ya fuera de la posición, en el laberinto que desvía la puerta de los tiros. Añade con terquedad:

—¡Gracias, amigo! Si el comandante dijera algo, yo pago el aceite.

Siguen saliendo. A medida que rebasa la alambrada, sobre la marcha, organizan los servicios de protección. La sección de policía indígena, en vanguardia. Más que las granadas, la ayuda verdadera la da el hecho de saber que todo este formidable estruendo lo producen nuestros partidarios. Tras el último soldado, se cierra la alambrada de nuevo. Han salido unos trescientos hombres. Quedamos otros tantos. La pequeña columna marcha sin contratiempo con un paso vivo, impaciente.

Viance ve hacia la derecha que la tierra hierve en grandes burbujas bajo la artillería. Más abajo, ya en el llano, aparece un grupo de jinetes pequeños como los de las cajas de plomo. Las ametralladoras no llegan; pero desde Annual los han visto y la artillería de tiro rápido, tan eficaz, tan ágil, coloca una serie de granadas. Entre las nubes

---

[90] *Enjalma*: Especie de aparejo de bestia de carga, como una albardilla ligera.

blancas caracolean los caballos, se encabritan y giran sobre las patas traseras. Por encima de los jinetes siguen abriéndose nubes algodonosas en series de cuatro. Nuevas granadas hacen jirones las nubecillas anteriores. Los dos cañones de la posición tiran ahora, batiendo las trincheras donde nos aguardaban esta mañana. Tiros profundos y blandos, como si el cañón estuviera encerrado en una cabina de algodón; y luego, a un metro del suelo, sobre los surcos que denuncian las trincheras, los dos estallidos claros, secos.

La luz de la tarde se debilita y las explosiones permiten ver ya el fuego, un fuego blanco, más blanco que el humo, como si las granadas estuvieran henchidas de plata o de pedazos de espejo. La columna sigue bajando sin novedad, parece que avanza mucho, pero la llanura infinita los rodea y estrecha cada vez más con su franca amenaza. El estruendo es enorme; pero el paisaje no pierde su enigmática serenidad.

Viance mira a la columna. Ahora despliega otra sección detrás, y los flancos arman el machete. «¡Ah, los cabrones! Se cuelan entre la metralla.» Despliegan rápidamente a grandes brincos. Uno tropieza, cae de bruces, se vuelve a levantar y vuelve a caer, esta vez de lado, como si quisiera abrir con el hombro un boquete en tierra. Está fuera del camino, en la guerrilla, y un cabo se le acerca, le desata el cinto, le arranca el correaje, recoge el fusil y se incorpora a la guerrilla. La columna sigue avanzando. Las granadas caen ahora cerca del camino. El herido se incorpora y quiere, en vano, seguir a sus compañeros. Si no fuera por el ruido de las granadas, se le oiría quizá gritar:

—¡Cabo! Puedo andar, esto no es nada.

Pero la columna se aleja y el herido cada vez pierde más terreno. En el parapeto se siente una angustia abrumadora. Viance recuerda aquel día que, en una retirada a paso ligero, cayó sin respiración. El comandante fue al teniente coronel:

—Con su permiso, ¿puedo pegarle un tiro a un soldado de la segunda que no puede seguirnos? Si lo dejamos ahí, lo martirizarán los moros.

El teniente coronel le interrumpió, colérico:

—Cuando no haya otro recurso, está aún mi caballo. Que lo traigan aquí.

Bien es verdad que ese teniente coronel tenía entre los jefes fama de
sentimental, de poco militar. Ahora el soldado vuelve a caer. Va co-
rriéndose el fuego a la derecha y detrás de la columna. La tierra se arremolina junto al herido y estalla en el aire. Dos granadas, una tras otra.

Viance no vuelve a ver ya al herido. Pero un poco más abajo, en
torno a la columna, comienzan a «picar» las balas. Una verdadera
granizada parte de algún reducto que no han descubierto las baterías
de Annual. Los cañones nuestros baten ahora una pequeña loma a la
otra parte del camino. El fuego de fusil decrece; pero la columna ha
dejado ya cuatro soldados más en el camino. Viance lamenta repentinamente:

—¿Y nosotros? ¿Y nosotros?

Por primera vez desde que está en Marruecos Viance pierde la fe
en los jefes. Ha visto ya fracasar dos veces al general S.[97] Los moros
tienen caballos abundantes, buenas ametralladoras, y bombas de
mano mejores que las nuestras, porque llevan lo menos kilo y medio
de clavos y balas rotas de las que recogen en el campo. Esto ya no es
como antes. Todo flaquea y falla. Ayer tumbaron un avión, y han pa-
seado al piloto muerto clavado en lo alto de una estaca. El general S.
no consigue que envíen más fuerzas. Unos dicen, que es porque se
mete a ganar terreno por su cuenta, sin permiso del comisario; otros,
porque si las envían tendrán que venir batallones de España, y el Gobierno no quiere oír hablar de embarcar tropas. También dicen que
le tiene envidia el comisario y quiere que el general fracase. Es lo
mismo.

La columna ha llegado abajo, a mitad de camino. El estruendo
de las granadas es mucho mayor. Los cañones de la posición están rabiosos, disparan sin descanso, sin esos intervalos para respirar que
hacen temer que estallen, ahogados. El parapeto tiembla. Se abre la
boca inconscientemente para facilitar la «eliminación» del sonido. Las
primeras brigadas de cuervos acuden de los barrancos de Annual al
reclamo de los cañones y forman su guerrilla en tierra. A fuerza de
comer carne de soldado deben entender de mili. En lo alto de cada
poste del teléfono hay uno. Todos gordos, relucientes, con gritos de
hartura, como eructos. La hilera de los flancos ha quedado reducida
a cuatro o cinco soldados. Los que cayeron antes no dormirán solos.

---

[97]   *General S.:* Referencia al general Silvestre cuyo obcecación por avanzar hacia el noreste
marroquí dejó las tropas al descubierto provocando el Desastre de Annual.

Ahora la luz es más tenue y los estallidos, casi rojos, se ven mejor. La dulzura del paisaje es una apariencia hipócrita, porque hacia la izquierda se puebla el horizonte de sombras azulencas, y en la inmensidad desierta y desolada las granadas sondean el silencio y averiguan hasta qué dramáticos infinitos llega. Otra vez las guerrillas de los flancos son numerosas, y otra vez las diezman. Se ven ya sólo como puntitos negros, como hormigas. Y son muchos menos, quizá la mitad. El comandante de la posición pasa cerca del parapeto con los gemelos en la mano y dice al capitán:

—Debieron desplegar todos y resistir. Con la ayuda de la caballería de Annual, hubieran podido salvarse. El general tiene demasiado gas y cree que todo lo que él ordena ha de salir bien.

El capitán hace un gesto como de estar en el secreto y no querer hablar demasiado. Poco después, callan las piezas nuestras. Ya tiraban con largos intervalos. Es inútil. Se pierden demasiados tiros y todo va a ser poco para defender quizá la posición. Oscurece, no se ve ya la columna, y los disparos de Annual son menos y a la buena de Dios. Clarea un poco el campamento y en nuestra posición se ve todavía porque la luz última se conserva en la lona de las tiendas y en el suelo calizo. A medida que calla la artillería se oye más distintamente el fuego de fusil. No es tan intenso como se debiera esperar. Quizá andan a bayonetazos. Los rumores del relevo concentran la vida en este cerco de alambrada y sacos terreros.

Se acaba ya el universo en el parapeto. La noche lo envuelve todo en algodón negro, en fríos crespones, en negro desolado y hondo. El relevo ha quedado hecho ya, como tantos otros. Primero, desorden de los que se van; luego, el mismo desorden de los que llegan. A la hora de retreta, todo con su apariencia normal, con ese orden nómada y harapiento de los mendigos. Hay conversaciones aquí y allá. Uno dice, tendiendo la manta en el suelo:

—¿Que qué hacemos? ¡Defender a España!

La cuarta compañía ha terminado su instalación dentro de las tiendas y vagan los soldados por la posición. Siempre hay algo que curiosear. Las sombras han enterrado viva a la columna en el campo. Es un acontecimiento lejano y fuera de nuestra realidad. Parece que la columna ha salido hace un año y que los tiros de fuera son tiros de fiesta, de alguna boda indígena o del ramadán.[98]

Un soldado solitario, sobre el acordeón increíble de sus calzones, se acerca a la covacha de los artilleros. En el suelo han clavado por el gollete botellas de cerveza vacías y, dejando los culos a flor de tierra, han formado un gracioso mosaico figurando los emblemas de la artillería y el número del regimiento. Con las piernas en compás y la cabeza baja atiende a aquellas filigranas muy abstraído:

—Virguería como ésta no la hay ni en la plaza, ni en Monte Arruit, ni en Kandussi. Y aquello, ¿qué es? ¿Una gallina?

Se ve rebullir en el fondo un aguilucho. Un artillero se ríe y se lo muestra en la mano.

—¿Un forito?

Vuelve a reír y el infante se va, amoscado. Los tiros son ahora más vivos. Hacia la parte trasera de la posición, dos docenas de soldados están sentados contra el parapeto. Un grupo se recuesta de pie en los sacos, apoyado hacia afuera, y un asturiano advierte:

—Hacia allá, todo es ya morería salvaje. Si llega la de tomar soleta,[99] ¿tú por dónde irías?... ¡No, hombre! Te meterías en el degolladero. Hay que saber siempre por dónde escapar. Por allá, a Dríus. Que el sol te salga siempre a mano derecha y se ponga a la zurda. Siguiendo esta ley te das de morros en el «Doble tono», en Melilla.

Ríen todos. Uno, dice:

—Buenas gachís[100] que hay en el doble tono.

Callan. El médico pasa, acompañado de un soldado, con el cuaderno de reconocimiento. Arriba, el cielo, de un malva oscuro, ilumina, haciéndolo resaltar, un oleaje blanco de nubecillas. No se sabe de dónde sale esa luz de resol, que da en lo alto de la tienda. Es de nuevo dulce la hora, el silencio, la suave brisa. Siguen tronando las baterías de Annual; pero demasiado espaciadas. No se comprende bien la súbita paz del parapeto. Alguien discute con un artillero:

—Los cañones no son *na*. Mucho ruido, mucho fuego; pero te sacuden igual.

—Hay que tener la cabeza bien tonta pa no comprenderlo –insiste el artillero–. Si no es por nosotros, no hubieras podido venir aquí. Y eso te lo dirán todos.

---

98   *Ramadán*: Noveno mes del calendario musulmán que requiere el ayuno durante las horas de sol.
99   *Tomar soleta*: Huir.
100 *Gachís*: Mujeres.

—Bueno –replica el otro–; pero, ¿quieres tú decirme qué interés tenía yo en venir aquí?

Ríen todos. Un riojano dice, sacudiendo la cabeza y dándose un manotazo en la rodilla:

—¡Este jodido Piqueras siempre habla con chiste!

Más allá, el tema dominante:

—¿Tú crees que han llegado a Annual?

—Ni yo ni nadie, porque aquí, en la mili, nunca se sabe lo que va a pasar.

El desastre no alcanza a la moral de los soldados, se considera como un accidente del mando, metidos ya todos en la mecánica militar. O quizás están ya demasiado desmoralizados para que les haga mella.

Uno pequeño y seco, que estuvo un año mareando a los médicos con la música de que no podía estirar del todo los brazos, dice, queriendo abrochar en vano un botón de la polaina:

—Ni en la mili ni en la vida se sabe. Porque yo he *estao* en La Habana, y me tocaron mil pesos a la lotería, y me los gasté con gachís y fumé buenos puros. *Pa* correr el dinero no hay como aquello.

Un corro de gallegos calla y escucha. Alguien saca una flauta de caña y comienza a tocar aires de la tierra. Salgado, el furriel,[10] tan sucio que la mugre rebasa su guerrera, sus pantalones sueltos –sin polainas–, su cara, sus manos y se prolonga en su misma sombra, se levanta y comienza a bailar. En seguida sale otro. Con una gran seriedad, los brazos apenas separados del cuerpo, las cabezas bajas, avanzan, retroceden, trenzan y destrenzan, siguiendo el estribillo monótono. Dice Piqueras:

—Hasta en el baile se ve vuestra tontera. Alzáis un pie y luego el otro, como si os pisaran un callo, y eso es to.

—Calla, que tú no eres gallego –responde Salgado–; pero tuvieron que llamar a ocho bandas de música pa que aprendieras a coger el paso.

—¡El que me diga que los gallegos son españoles, yo le digo que miente!

El fuego se intensifica allá abajo. Algunos tuercen la cabeza:

—¡*Rediós*, cómo los están breando!

---

[10]   *Furriel*: Cabo a cargo de la intendencia de la tropa.

Sigue la música. La piedad está atenuada por la consideración del propio peligro. Dicen que la compasión es el miedo a pasar por la misma desgracia; pero cuando se sabe que estamos próximos también a sufrirla, se atenúa mucho o desaparece. Otros soldados están con los heridos.

Uno se ha encontrado allí a su paisano. Los heridos y los enfermos están tumbados en el suelo, tapados con una manta. Del techo ha caído tierra con el estruendo de la artillería sobre los vendajes y las caras sudorosas. Todos llevan el gorro puesto, menos un herido de cabeza, que lo tiene aplastado en forma de ocho y prendido en el cinturón. Se pierde con facilidad y es caro. En el fondo, un áscari monologa en su idioma, los ojos cerrados, la nariz contra el muro. Uno dice:

—La mugre nos pierde.

Se oye en las sombras al corneta probar la embocadura y en seguida el toque de asamblea. Los refuerzos, al parapeto. Hay que relevar a los que entraron por la tarde. En la oscuridad se aglomeran ante las tiendas, salen con los correajes y el fusil:

—¡A ver, vivo!

¿No pasan lista? ¿Cuántos entran de servicio? Toda la compañía. Salen formados de a dos para dar la vuelta a la posición, relevando. La columna se pierde y a poco vuelve a aparecer por el otro lado con los salientes. Alguien protesta:

—¡Estas no son horas de tocar asamblea!

De los que al principio entraron de servicio ha quedado en el parapeto únicamente la guardia, los treinta primeros, y entre ellos Viance, que sigue en su puesto. La noche es oscura; pero habrá luna pronto. Los chacales no llegan, ahuyentados por el cañoneo. Sigue a lo lejos un tiroteo graneado, que poco a poco va callando hasta hacerse el silencio. Si la luna saliera una hora antes se hubieran podido salvar quizá la mitad; pero así los cazarán como ratas. Nadie sabe de dónde sale tanto moro. Las baterías callan ya definitivamente.

Viance se siente atemorizado por vagas consideraciones. El campo sería un espectáculo terrible, si se pudiera ver. La caballería mora persigue sin duda a los fugitivos y los caza a golpes de alfanje y gumía.[102]

---

102 *Gumía*: Cuchillo curvado de uso común en Marruecos.

Los que se salven llegarán por milagro a las alambradas de Annual. Y todo bajo la indiferencia del cielo estrellado, tan lejos, ausentes hasta del recuerdo de las personas queridas, hace pensar en un gran error y en un gran responsable. ¿Dónde? ¿Quién?

La noche avanza. «¿Qué cuartos son éstos, que no se acaban nunca?» Siguen tiros lejanos, espaciados y algarabía mora. Luego, tiros más próximos. La brisa, que ahora es más fuerte, o una rata han movido algo en el vertedero, a la otra parte del alambre espinoso. El alma de la noche palpita en esos ruidillos tan expresivos para el centinela y tan difíciles de interpretar. Por los espacios abiertos entra el viento fresco, acariciador. Junto a la nariz de Viance, colgado del cuero de la techumbre, una especie de lagarto se balancea prendido a una pata. Un camaleón. Viance lo coge, abarcándole cuidadosamente el vientre blando, y lo deposita sobre una cartuchera; después lo mete dentro, vaciándola antes.

El aire es más denso y pesa sobre el corazón. Hace dos horas que ha anochecido y la respiración se ha acomodado a esa angustia. Hay una gran hipocresía en la paz circundante, mil veces peor que la lucha franca y abierta.

Pasos junto al parapeto. Vuelve a mirar hacia adentro. Una sombra alta, escuálida, de hombros puntiagudos, entre los cuales se alza un cráneo mondo color marfil, con grandes órbitas vacías. Viance siente atenazado su brazo, tiembla. Instintivamente, dice:

—¡Sin *novedá*!

—¡A ver si nos vamos a dormir!

Es el cabo Fidel, que por la noche tiene la manía de «la serena» y se arrolla una toalla al cuello y a la cabeza.

Desde el fondo de la noche y, sin embargo, muy próximos, llegan unos quejidos humanos leves, voluntariamente contenidos. Viance pregunta:

—¡Eh! ¿Quién va ahí?

—¡No tiréis, compañeros! ¿Es Annual?

—¿Quién va?

—¡Auxilio! ¿Es Annual?

—¡Cabo de cuarto!

El cabo tarda. El soldado se cree abandonado y grita:

—¡Por vuestra madre, compañeros! Soy de la primera del tercero de Ceriñola. Llevo dos tiros. Me han partido una pierna. ¿Es Annual?

—No. Es R.

Ahora es el cabo quien le contesta. El herido gime; luego, blasfema. No se ve nada. Sombras densas sobre las sombras claras, de red, de la alambrada. Un oficial se asoma:

—¿Qué pasa?

El herido repite una vez más:

—Llevo dos tiros. Soy de la primera compañía que habéis relevado. ¡Y esto no es Annual! ¡Ah, la hostia divina! ¡Si no es Annual es que todos estamos dejaos de la mano de Dios!

—¿Ha llegado el relevo a Annual?

—¡Qué va a llegar! ¿No lo habéis visto? Yo soy de los mejor libraos.

—Muchacho –advierte el oficial–, hablas con el teniente ayudante.

—¡A la orden! Pues no, señor. El comandante ha muerto, y...

—Bueno, bueno. No quiero saber más. ¿Conservas el fusil?

—Traigo tres.

—Has cumplido con tu deber. Saca los cerrojos y tíralo aquí. Procura que caigan dentro del parapeto.

Esa orden implica la seguridad de que los moros llegarán luego a la misma alambrada y pueden aprovechar los fusiles. Para el herido, es una sentencia de muerte. Viance farfulla amenazas sin sentido contra la mala sangre del oficial. «¿Que hay una embosca y al salir nos tiran? Con la cerrazón de la noche no es fácil que hagan mucha carne, y si la hacen, estando la alambra ya abierta, se puede entrar en la posición de nuevo.»

El soldado reflexiona un instante y luego suplica con acento alterado por el pavor:

—¡Mi teniente! No es por nada; pero cumplo dentro de tres meses.

—¿Qué tiene que ver eso?

—Si me curaran –dice el herido–, podría salvarme, mi teniente.

Un silencio y añade, arrastrando las palabras con una especie de ronquera:

—No merezco morir como un perro, mi teniente.

—¡Te prohibo que sigas hablando!

El herido cambia de acento:

—¡A la orden!

Asoma la luna. Cae sobre el campo una claridad espectral, de estaño. El herido, tumbado en el suelo, arrastra una pierna rota, como de trapo, agarrado a los piquetes de la alambrada. ¿Cómo va a saltarla, si son cuatro metros de maraña espinosa? Al sentirse descubierto por la luz, quiere insistir con impaciencia de pánico, entre desesperado y humilde:

—¡Mi ten...!

Tiros próximos. El soldado calla y se aplasta contra el suelo. Después de un silencio, añade bajando la voz:

—¡Ahí van! En uno va atada la medalla de identidad para que la envíen al suboficial, con su permiso, y pueda escribir a casa.

El suboficial ha muerto allá abajo; pero el herido no se acuerda. El teniente se oculta tras el parapeto para evitar que alguno de los cerrojos le vuele a la cabeza. Uno cae dentro, junto a la enfermería; otro, sobre la patrulla que pasa. El tercero, fuera. Después, el herido descansa la cabeza contra el suelo, cubierto de desperdicios, mondaduras, excrementos secos. La medalla de aluminio, del tamaño de cinco céntimos, iba en el primer cerrojo. El teniente la lee: «T/7.241». La apunta en un pequeño cuaderno de bolsillo y la tira. Iba atada a un poco de cordón ennegrecido por el sudor.

Annual – La catástrofe

Seis

Por la noche R. tiene una traza desconocida. Nadie conoce una posición hasta que se familiariza con las piedras, con los rincones. Unos días han bastado para llenarse los ojos de todo lo inerte de R., que es lo más vivo. Tiene una elocuencia desmoralizadora y es preciso escucharla durante mucho tiempo para no encontrarle, por la noche, acentos extraños, siniestros. La luna proyecta un blanco azulino y el campo, con los fuertes contrastes de sombra, parece un territorio inundado de mercurio. El aire es húmedo, con humedad de río, de ribera, no de mar.

Vigilan los centinelas, los de las ametralladoras, y están sentados al pie del parapeto, despiertos, los refuerzos. Unos treinta francos de servicio duermen vestidos un sueño letárgico de fiebre. Tres días de sed abrumadora, sin racionamientos, sin engaños. No hay agua, y lo declaran sencilla y tontamente, como las sentencias de muerte. ¿Tiene usted algo que alegar? Eso es en lo civil. En lo militar antes de alegar nada hay que obedecer. Muérase usted primero y luego da un parte «por escrito» protestando. Víveres aún quedan, pero resulta estúpido tragar y tragar cosas sólidas. Es el agua, el agua, el agua. Sin ella da lo mismo comer que no, dormir que velar. Hace tres días que dieron el último cuartillo. A medida que se bebía se sudaba, de modo que no quedó una gota en el estómago. Fue una corta delicia, sin embargo, sentir al mismo tiempo la humedad en la garganta y en la piel. Desde hoy se bebe orina. Viance no la quiere probar. Se delira con el fusil entre las piernas, la cabeza caída hacia atrás.

En Annual se oye a ratos el restallido seco de los fusiles. La posición está en una alarma constante a la cual se han acostumbrado ya todos. En la parte de la vaguada, aunque está a cubierto de las defensas de la artillería, no hay cuidado. Morder las alambradas allí es imposible. Habría que estar colgado de una cuerda. El verdadero riesgo está,

pues, en los costados y en la parte que da a Annual, sobre todo en ésta,
cruzada de trincheras. Tardan en comenzar esta noche. Hace diez o
doce días que estamos sitiados y han aniquilado los moros un convoy
de Annual, que sólo pudo andar un poco más de medio camino.

La policía indígena está en su corto sector, bajo un pequeño cobertizo. El comandante les ha arengado esta tarde. Todo el que intente salir de la posición con armas o sin ellas, morirá acribillado y,
en cambio, los que queden aquí defendiéndola recibirán su premio,
porque de cualquier modo habrá pronto convoy, y desde luego casti-
garemos duramente a los rebeldes. Viance cree que esas palabras sólo
podrían lograr su objeto moralizador si fueran acompañadas de una
barrica de agua. Tres días sin probarla. La tina de aceite conservaba
lo menos veinte litros, que sirvieron para mantener en el umbral del
delirio a doscientos hombres durante veinticuatro horas más.

No se duerme. La sed produce un amodorramiento lleno de visiones. Pero el gran problema, de momento, lo constituyen los indígenas desfallecidos de sed y, lo que es peor, de desesperanza. La falta
de agua, el ataque que hay que rechazar desde el parapeto día y noche,
todo se subordina a esa preocupación de los indígenas, porque entre
los rebeldes que se lanzan al asalto figuran muchos áscaris de los que
fueron relevados días atrás y que en el camino de Annual hicieron
traición. Alguien ha propuesto que se les mate. Otros que los echen
de la posición desarmándolos antes. Están discretamente vigilados. El
cabo Mohatar da pruebas de buen ánimo pero apenas le obedecen, y
lo cierto es que las ametralladoras están prontas a soltar sus ráfagas
sobre los fugitivos. Tres de los heridos, entre ellos el indígena, han
muerto y han ocupado su puesto nuevos soldados hasta llenar la choza
y una tienda. El médico va y viene sin algodones, sin gasas ya, con un
fusil en la mano y los bolsillos de su elegante guerrera llenos de cargadores. Hablando con los oficiales quiere bromear:

—Vaya carrera brillante la que le espera a uno hasta Annual.

Pero esto es de una gracia dislocada e inaprensible. Han enterrado
en una gran fosa dieciséis muertos y hay ya otros tres cara al cielo en lo
que era cuerpo de guardia. Algunos soldados antes de tumbarse abren
con el machete un pequeño hoyo hasta alcanzar tierra fría, y allí se
acuestan con la mejilla en el suelo. Parece que se cavan su propia fosa.

La noche se presenta incierta. Hay municiones de fusil abundantes y no tantas de artillería. Para las dos piezas unos setenta tiros. ¡Y los convoyes no pueden llegar! El comandante va y viene taciturno. De día apenas sale. Huye del sol sabiendo que no hay agua y sale por la noche al fresco. Quizá también porque los soldados no lean la desgana y el desaliento en su cara.

Viance está con un grupo que se ha acostado hacia el lado de la vaguada, porque al otro se corre el riesgo de ser alcanzado por alguna que otra bomba de mano: latas forradas de alambre rellenas de clavos y hierros, que salen zumbando como enjambres. Duermen allí su sueño pesado y ligero, la conciencia está alerta de sed, de desesperación; las bocas entreabiertas, los labios resquebrajados como cortezas de árbol. Alguien habla palabras incomprensibles por la afonía y porque no logra articular los sonidos. Y casi todos, la mejilla derecha inflamada y sangrando por las encías.

Viance, más demacrado que nunca, con una barba sucia, en la que se mezclan pelos cobrizos y negros tiene la mejilla levantada, como un flemón. El retroceso del fusil, con la culata pegada a la cara y cada vez menos segura contra el hombro por la costumbre o la prisa, le ha abierto las encías y contusionado toda la mejilla derecha, desde el ojo hasta el cuello. Los fusiles al lado con la recámara abierta. Otazu blasfema con la mano metida dentro del pecho, incorporado entre los que descansan, y añade mirándolos de reojo:

—¡Dormís como cerdos, carajo! ¡Pero si criarais los piojos que crío yo desde que estoy en esta lechera posición, ya ibais a dormir, ya!

Más allá está la tierra removida donde han sido enterrados los quince primeros muertos, y la boca negra de la guardia donde están los cadáveres posteriores. Ir a la «prevención» es en R. más trascendental que en el cuartel, puesto que los llevan dejando un reguero de sangre por el camino. Han caído varios amigos de Viance; aquél que quería pasar a regulares porque cobran 2,50 diarias y llevan un fajín azul. El asturiano que daba los consejos para los momentos de la fuga, el andaluz que se acordaba constantemente de un escaparate de comestibles que vio en Melilla y un gallego, el más melancólico de la compañía, siempre preguntando:

—¿Cuándo hay que apuntarse para ir a casa con permiso?

Y también el artillero del aguilucho y dos mozos taciturnos que nunca hablaban con nadie ni pedían pitillos y llevaban algún periódico siempre en las cartucheras. Los demás son de la otra compañía y no los conoce Otazu. Es lo mismo. Un soldado es igual a otro y a otro. Ocho o diez más duermen ya bajo tierra y hay tres «arrestaos» que los enterrarán cuando haya más. La compañía no entra de servicio hasta pasada la medianoche, y los moros parece que aguardan a entonces. Siempre esta compañía ha tenido mala sombra. Bajo la luna, dos camilleros salen de la tienda de los heridos con otro cadáver.

Viance no puede dormir. Los pequeños rumores de la posición le recuerdan, por referencias, ruidos de agua. Al pensar en su casa de la aldea envidia aquella miseria con el cantaral rezumante y la tinaja donde al extraer una jarra de agua cantaban las gotas resbalando. No concibe por qué se marchó estando como estaba el pueblo tan bien abastecido de manantiales. Y luego aquellas nevadas que en el deshielo llenaban los caminos, las calles de charcos. ¿Y el botijo de la herrería, con las gotas de anís en verano pa que el agua no empachara? Era una manía del viejo que está bien.

Algo hay en la noche que prolonga aquella época, que la continúa dando a veces una impresión atormentada y dulce de esperanza. Entonces tenía Viance fe en una justicia que alentaba y vivía detrás de todos sus actos, de todas sus reflexiones. Era una justicia clara y luminosa que estaba implícita en todas las cosas. Esta noche también alienta detrás de todo una fe en la justicia que no se siente implícita en las cosas ni en los pensamientos, pero que está sin duda de la otra parte de las sombras, en una justicia negra, amenazadora, inflexible, eterna, atenta a todo desde la entraña del paisaje.

A su lado duermen ahora los soldados. Aquél de allá, es Martín el riojano. ¡Vaya una memoria! Lleva seis tiros, es decir, seis heridas de un mismo tiro. Debe estar ya en el cuerpo de guardia. ¡Mala suerte! Hacía de cabo interino y se iba a examinar cualquier día. Y el alicantino aquel, oficial zapatero que se sacaba en el pueblo, según decía, quince y dieciocho pesetas de jornal. También en el cuerpo de guardia. El muchacho más prudente de la compañía. Pero... suenan dos tiros.

Los refuerzos se incorporan y buscan sus puestos. Corren los cabos con paquetes. La ametralladora dispara un peine. Ya la han armado. Si esta noche resistimos, mañana hay convoy, nos lo han asegurado los sargentos. El fuego se generaliza. Es más intenso fuera, y los maullidos de los rebotes llenan los intervalos entre cada disparo. Las lonas de las tiendas están acribilladas y cuelgan pingajos por algunos sitios. Qué enorme fuerza expansiva había en el corazón de la noche, de donde surge ahora todo este estrépito. Los moros envían sus descargas cerradas, y el humo de los disparos y de la tierra de los sacos, diseminados por las balas, coronan el parapeto de neblina.

Llega una sombra dislocada, tira el fusil lejos y pasa murmurando. Viance pregunta:

—¿A dónde vas?

—¡Eh! ¿Qué esperas ahí? Van a entrar, coño: me han dado una pedrada.

Señala el cuello, al lado de la oreja, luego va hacia el sector de la policía indígena amenazando con palabras vagas y cae de narices contra las piedras.

Viance ve que le ha manchado de sangre. Un cabo recoge el fusil y lo arrima contra el cerco de la tienda.

Las ametralladoras disparan sin interrupción, y los dos cañones, que parecen cuatro por las explosiones próximas de las granadas. ¡Vienen al asalto, al asalto! Varios cabos acuden. «En pie. Ponerse los correajes con los paquetes. ¿Tenéis los cuatro? Ahí va, Viance.» Se dice todo por señas. Nadie oye, y en este silencio, en esta manera mecánica de entender hay una nueva y sorprendente claridad. Ya formados en dos filas desiguales, un oficial y dos sargentos acuden. Un soldado aparece vacilando, el fusil en la mano. «¡A la fila!» Y el soldado se incorpora, pero de pronto, el cabo le recoge el fusil y le quita el correaje:

—Tú no, hombre. Vete a la tienda.

Lleva un tiro.

A poco aparece otro oficial con un grupo de soldados que distribuye en el sector de la policía, en lugares dominantes. «Vienen al asalto.» Los botes de metralla estallan contra el parapeto, donde una sección más ha quedado distribuida. El resto de la otra compañía, sen-

tados al pie del parapeto entre los refuerzos, esperan. ¿Qué esperan?
¿Quién lo ha mandado? Fuera tiran también con ametralladoras. Un
rumor: han matado al comandante. Lo cierto es que los botes de metralla han abierto un boquete, y que los cañones tiran más cerca. Las
ametralladoras nuestras siguen a todo gas y los casquillos vacíos saltan
en surtidor cantarín, que se oye perfectamente bajo el estruendo.

Se acerca un sargento:
—¿Qué os pasa: estáis heridos?
—No.
—¿Pues qué hacéis?
Se levantan. ¿Quién había mandado que se quedaran así? No re-
cuerdan. Viance, con un gesto habitual, asoma el fusil entre dos sacos,
rompe la tapadera de un paquete de cartuchos que deja en el suelo,
mira al campo y espera. Será hacia medianoche. Oye detrás:
—¿Cómo no tiran de Annual?
Nadie confiesa la posibilidad de que en alguno de los asaltos úl-
timos hayan tomado el campamento. Lleva más de dos horas sin oírse
la artillería de tiro rápido. Viance dice en voz alta:
—Y decían que mañana habría convoy.
Pasa un sargento repitiendo en voz baja:
—En la primera trinchera no hay nadie, no tirar allí.
Pero están colándose por un ramal perpendicular en leves zigzags
hasta esa primera trinchera. Eso lo ve bien y lo han visto los de las máquinas que disparan ahora ráfagas muy cerradas. De Annual comienza por fin el cañoneo. La primera granada, demasiado cerca, ha
roto tres metros de alambrada, dejando pedazos sueltos vibrantes
como cuerdas de guitarra. Los soldados sienten, sin embargo, un
alivio instantáneo. El fuego por descargas se reanuda en las trincheras
y Viance percibe los golpes secos de las balas en los sacos, el silbido de
las que pasan altas y de pronto como un reventón de trapo junto al
cañón del fusil. «¡Ah, cómo afinan!» Alguien da otra orden:
—Los de la tercera, ¿qué hacéis? Sentarse y aguardar.
El de al lado lanza un escupitajo de sangre. Las encías. Viance le
mira a la cara. Tiene una expresión espiritualizada, que sería muy
dramática, si no fuera por las enormes orejas separadas del cráneo.

Hace ademán de hablar, pero no le sale la voz. Se acerca Viance. El otro, con voz congestionada –el aliento quema y sale con secos impulsos– le coge del brazo:

—¡Compañero! Aquí ha pasado algo; acuérdate que te lo digo yo. Aquí ha pasado algo.

Y se calla. Tiene la mejilla derecha amoratada. Después añade mostrando el fusil, que coge de la correa para no quemarse:

—A este paso el cañón se derretirá como sebo.

Las ametralladoras disparan con furia. ¿Cómo tienen tantos cartuchos?, se piensa. Lo menos hay dos toneladas de casquillos en el suelo. Ahora llega el oficial de las máquinas con un cubo en la mano. Se acerca al parapeto y va diciendo a los centinelas, a los del refuerzo, a los que reposan sentados:

—Mear aquí los que tengáis ganas.

Es para refrigerar los cañones de repuesto de las ametralladoras. Viance observa al oficial. ¡Ah, qué hombre más distinto! Como ven ahora en el soldado, no sólo un igual, sino un superior en sobriedad y despego de la vida. Los oficiales de su compañía y, sobre todo, Ruiz, se baten muy bien. Cada vez que el médico se asoma al parapeto dispara al tuntún un par de cargadores. El soldado conserva los nervios serenos, bajo el estruendo, bajo el terror de la noche, y aguarda pacientemente el blanco donde aprovechar un cartucho. No piensa en el agua porque no la hay, ni cree en el convoy de mañana. Cuando le cruza el cuello una ametralladora dice que le han dado una pedrada, y muere creyendo que cae por haber tropezado. Los oficiales lo saben, y en estos momentos lo dan a entender claramente con una callada admiración que Viance rechaza en su interior con un obstáculo en la garganta –el viejo despecho al que dan tardíamente la razón–. Si eso es cierto, ¿por qué han ido aniquilándolo moralmente, negándole siempre la facultad de pensar, de opinar, reduciéndole a una cosa que hay que inventariar en cada revista y tener siempre al alcance del pie? «¡Ah, la Virgen, cuando los oficiales están así!» Ya lo decía un veterano. Se amansan a la hora de morir.

De Annual tiran ahora y hacen mejores blancos; pero las explosiones le sacuden a uno el corazón, y parece que se lo van a sacar del

pecho. Las piezas de la posición callan. ¿Y los áscaris? Es igual que
estén con nosotros o en contra. Ahora vuelve el oficial de ametralladoras con el cubo lleno. Ha bastado esta parte del parapeto; pero los
cabos avisan a todos que no meen en el suelo sino en el plato o en la
cantimplora, y si están en el parapeto que pidan un cubo de ametralladoras. El que no cumpla esta orden será castigado. Los cabos
arrastran unas cajas de municiones; se quedan en el parapeto con
montones de granadas cerca. La artillería de Annual sigue trabajando.
Los soldados de la tercera se alzan y vuelven a emplazar sus fusiles.
Algunos los habían dejado ya con puntería hecha. Los de la segunda
se sientan, se tumban junto al parapeto a dormir.

Viance vuelve a ver el campo rebullir hacia la segunda trinchera
bajo las granadas; pero la transversal no la baten y la ametralladora
sólo domina una pequeña parte donde sigue metiendo sus ráfagas y
haciendo, sin duda, mucha carne. Los que huyen de las granadas en
lugar de retroceder, avanzan. Han venido, a pesar de las ametralladoras, a situarse en la primera trinchera, y sin duda preparan el asalto
porque no disparan, procuran pasar desapercibidos mientras se distribuyen en torno al parapeto. Un oficial coge una piedra y la arroja
con ímpetu por encima de los sacos. Va a caer un metro detrás de las
primeras zanjas. En seguida se distribuyen granadas. Las ametralladoras evitarán que se retiren por la transversal, y si salen de la zanja
los soldados los cazarán a tiros. Las ametralladoras comienzan a tirar
desde la trinchera agrupando mucho los tiros, en busca de las aspilleras[103] de nuestras máquinas. Con gestos de pelele se alzan brazos,
soltando granadas. La ametralladora calla, y disparan por descargas
contra el parapeto. De pronto vuelve a funcionar. Pero nuestros cañones no abarcan sino una parte de este frente, y los de Annual
aunque van acercando las granadas no alcanzan aún la trinchera.

Una de las piezas nuestras se emplaza muy dificultosamente en
el boquete abierto por las granadas de los moros. Más abajo, fuera ya
de la curva de estas primeras colinas, se ven jinetes y grupos de rebeldes a pie, despreocupados. Las manadas de cuervos que de vez en
cuando alzan el vuelo pesadamente denuncian los lugares donde fue
aniquilado el convoy, donde perecieron también las dos compañías
del relevo. Viance ve junto a la alambrada un armazón óseo recubierto

---

[103] *Aspillera*: Apertura en el muro por el que disparan las ametralladoras.

a medias por la piel, con dos grandes zancas[104] lívidas. El herido que regresó el día del relevo y que remataron y desnudaron los rebeldes. La brisa trae, a veces, de la llanura lejana olores nauseabundos. Cuando viene de allá es una verdadera «*bofetá* de mierda», como dice Otazu, que cree que el hedor es precisamente de los moros muertos. «Un cristiano no *pué* ser que dé tanta peste.»

Avizora Viance con la barba pegada a los sacos:

—¡Dios, Dios! ¿Qué habremos hecho pa que nos metan este tiberio?[105] En España nadie sabe lo que aquí pasa. De vez en cuando dicen los periódicos: «Nuestros soldados mueren en África», pa molestar al Gobierno; pero el pueblo y los ministros ya se han *acostumbrao*. ¿Bueno, y qué? Aquello está lejos, y en todo caso es la defensa de la Patria. Oye, tú, muchacho: ¿Sabes qué es la Patria?

El de al lado lo mira desde lo hondo de las órbitas cárdenas y se encoge de hombros. Insiste Viance, obsesionado. El otro habla, por fin:

—El sargento nos lo dijo de quintos; pero no me acuerdo.

Ah, *rediós*; la Patria no es más que las acciones del accionista. Se lo han dicho el otro día unos obreros catalanes que están en la segunda compañía, y con razones bien claras. Pero el compañero no le atiende. Apoya también la cabeza contra los sacos en una posición bastante cómoda. Sin mirarle, pregunta a Viance:

—¿Tienes sed? –Y febrilmente añade–: Yo, no. He bebido orines. Creo que los sargentos y los oficiales los beben con azúcar porque ha *quedao* bastante en el depósito de víveres. Están muy agrios, pero quitan la sed.

Viance mueve la cabeza queriendo decir algo que por fin se calla. No puede dejar el puesto. El compañero tiene llagas en los labios hinchados y de las mangas de la guerrera salen unas muñecas y unas manos flacas, color sarmiento. La cara inflamada, también por un costado. De la comisura de los labios bajan hilos de sangre de las encías. Esta tarde tiró seis paquetes. Un rebote le ha levantado una loncha de carne en el pulpejo de la mano derecha. Lo ha vuelto a acomodar y ha pegado encima un papel de fumar. No es nada. Comenta desde la lejanía de su razón, tan soterrada y oscura: «Un tiro de suerte.

---

104 *Zanca*: Piernas largas de un ave o ser humano.
105 *Tiberio*: Lío, lugar de confusión.

Si se lo dan a un coronel lo ascienden a general y le conceden una pensionada. Parece mentira que lleven tanta cuenta de las gotas de sangre por ahí arriba y que aquí...» No acaba de coordinar. Escupe sangre y pregunta:

—¿Cuándo cumples?

—Seis meses me quedan.

—A mí, dos.

Siguen las descargas. De la trinchera surge una verdadera lluvia de botes de metralla y granadas de mano de las que cogieron en el convoy. Las ametralladoras coronan las crestas del terreno, la base. Los fusiles listos y en la mano dos granadas. El cañón emplazado en este frente tira, y se abren los proyectiles a unos 60 metros. Un soldado se aleja usando el fusil como bastón. Los oficiales andan detrás con granadas. Un resplandor vivísimo, humo de escopeta de caza con olor a salitre, y el teniente F. cae casi partido por la mitad. ¿Una de sus propias granadas o de las de fuera? Apenas consiguen meter ninguna dentro, porque son demasiado pesadas y las tiran desde lo hondo de la zanja. Han matado a tres áscaris. Las heridas son casi siempre mortales. No se asoma más que la frente, y sólo por raras desviaciones hieren las balas en la garganta o el pecho.

Otra nueva orden hace que se sienten al pie del parapeto. Sin embargo, arrecia el ataque; las granadas estallan contra los sacos, en el aire, en el trecho que separa la posición de la alambrada, y a las balas de fusil unen los balines y los pedazos de hierro y lata sus zumbidos de mosquito o de bordón de guitarra. Algunos quieren levantarse, instintivamente; pero los sargentos lo prohiben con un gesto. Nuestras ametralladoras tiran sin cesar; los dos cañones también. Los centinelas cargan y disparan constantemente. Un casquillo vacío le da a Viance en la oreja. Se frota la mejilla hinchada y dice al de al lado, acercándosele mucho:

—*Tiés* razón; aquí ha pasado algo. Ha tenido que pasar algo. ¡Mira, pues, lo del convoy de mañana! ¿Tú crees que vendrá?

El parapeto ha subido poco a poco, y está ahora hacia arriba, horizontal bajo el cielo impenetrable. Los cadáveres de la choza proyectan sus miradas también hacia arriba. Son miradas luminosas, rojas, que colorean la bruma como los reflejos de un incendio.

Primero es un color rosáceo; pero poco después se intensifica, y es ya rojo de sangre. Viance oye decir al lado:

—¡Tengo sueño, *rediós*! Desde que entré en esta posición tengo sueño.

Faltaba esa frase, dicha con perezosa lentitud, para que Viance se sintiera caer muellemente en las sombras. También el abismo donde cae va siendo rojo. Un soldado sin órbitas, vacías las cuencas, con las hilachas y la sequedad de las momias, queda arriba, en la orilla. Esgrime algo, una tibia, o mejor un garrote enorme. También es enorme el soldado, un gigante descomunal, que aumenta por consiguiente la tragedia y el horror de su propia muerte. Lo que lleva en las manos no es un zancarrón,[106] como creía, sino un poste del teléfono. Lo colorean sombras rojas y negras y da saltos inverosímiles hasta que el poste florece en la punta. Llegan truenos horrísonos. Viance sigue cayendo. Al florecer el poste se oyen carcajadas estruendosas, el cadáver ríe, ríen los cadáveres de la choza. Viance ríe también, despertando. Ah, son las ametralladoras.

Al bombardeo de fuera se une un griterío salvaje. Los sargentos siguen recomendando calma. En un intervalo se oye a un áscari de los que se sublevaron en el relevo:

—Comandante, a la orden de usted. Ahí va agua.

Y tira una granada que estalla en la alambrada y tumba tres piquetes. Viance medita bajo el estruendo. Si está escrito que muera, lo mismo da pegarse un tiro. No se imaginaba que habían de quedarse todos aquí; pero al oír al otro con voz ya agonizante, los labios amoratados, inflamados, bajo unas cuencas casi vacías, tiene un instante de pánico. El cabo le deja al lado unas granadas. Al verlo con la cabeza doblada sobre el pecho, la mano en el suelo con el dorso en tierra y la palma hacia arriba, murmurar algo ininteligible, le alza la cabeza de un manotazo:

—¿Tienes sed? Toma.

Le alarga la cantimplora. Viance bebe hasta que se la arrebata el cabo.

—¿Con azúcar? –pregunta el de al lado.

Viance afirma con la cabeza. El otro dice:

---

106 *Zancarrón*: Hueso humano de grandes dimensiones.

—Aunque tenga mejor paladar al final, el azúcar da más sed. Queda curioseando la envoltura de una granada, como si no las hubiera visto nunca. El griterío aumenta. Parece que los moros se han lanzado ya al asalto. Los soldados se levantan, quieren asomarse, hacer fuego; pero los sargentos los contienen. Más granadas contra el parapeto, y una estalla junto a una tienda, en el aire, destrozando la lona. Buena rociada. El compañero dice:

—Sólo hay un sitio seguro en la posición. Aquél.

Y señala la choza donde se apilan los muertos. El sargento mira constantemente a la luna. Viance vuelve la cabeza y ve que una nube avanza lentamente hacia ella. Comprende lo que pasa. Hasta que la oculte, no saldrán los moros de sus trincheras para lanzarse al asalto. No faltan más de dos minutos, y bien tardará media hora en pasar y en hacerse de nuevo la luz. En esa media hora hay que jugárselo todo. Se lo dice al compañero, y éste afirma con indiferencia:

—Entrarán si quieren. ¿Tú has visto la *alambra* tumbada por casi toda esta parte? ¿No la has visto? A pie llano se puede entrar.

Viance se sacude la tierra que las explosiones del parapeto le han vertido y blasfema:

—Por gordo que sea lo que pasa, ellos se lo saben y nadie más. ¡Coño, qué justicia! También lo podíamos saber nosotros, y si no tiene remedio saltábamos al parapeto por detrás y alguno se salvaría.

El otro jura que desde que ha bebido es otro hombre. No podía más, la cabeza le pesaba y el aire estaba espeso, caliente, como el de un horno; pero tiene «una picazón enorme en las piernas». Bajo el estruendo, los sargentos hacen señas con los brazos. ¡Arriba! Se alzan sobre sus flacas piernas, torcidos en garabato. Viance deja el fusil apuntado y espera con una granada en la izquierda.

La luna comienza a ocultarse, se acerca el momento. Las ametralladoras callan, y los cañones gradúan más cerca, casi en la misma alambrada. Abajo, lejos de la trinchera, se oyen gritos de fiesta o de guerra. Por la vertiente de la derecha y por el ramal perpendicular de la trinchera, como un gran surco, siguen nutriéndose las primeras zanjas. El momento de expectación termina al correrse la sombra sobre la posición, y en un silencio absoluto salen los moros y sus siluetas se hacen visibles cerca de la alambrada. Ráfagas aceleradas

barren la oscuridad, el fuego de fusil es incesante, y las granadas estallan en el aire sobre los alambres, junto al parapeto, dentro de la posición.

Tiran nuestros cañones, y los de Annual comienzan de nuevo a
disparar más atrás, impidiendo la llegada de refuerzos. Estampidos
dentro, en el parapeto, sobre las alambradas más atrás. La tierra descubre su secreto ignominioso de odio. Al volverse Viance para recoger
otra granada ve cerca una chilaba con las cortas mangas abiertas en
cruz y un fusil con cuya bayoneta calada un áscari se rasca en el pecho.
Más cerca hay otro, a la izquierda, y otro y otro. Los sargentos, los oficiales, cambian instantáneamente de parecer; les hacen guardar los
machetes y los distribuyen por el parapeto. Dos han caído con la
cabeza abierta y el que está junto a Viance dispara sin hacer puntería,
sin asomar más que lo alto del turbante. Un suboficial le da con la
pistola en el brazo:

—¡Saca la cabeza, tío mandria,[107] a ver si te parten los cuernos!

El aire está preñado de iras, y se arremolina, estalla, lanza tierra y
cascajo. El parapeto tiembla, vibra el suelo y los fusiles apenas se oyen
como no sea los de los asaltantes, que al disparar encañonándonos nos
meten el estampido dentro de la cabeza y dejan obstruidos los oídos.
La posición acumula todos sus medios de defensa. De Annual ayudan
bien. Y a pesar de todo, no se les rechaza por esta maldita oscuridad,
que es el mejor parapeto. Siguen las descargas. Las alambradas, que
antes se veían distintamente, son ahora como un segundo parapeto
denso y opaco de cuerpos humanos destrozados que las granadas de
mano derriban de nuevo y despedazan. El áscari de al lado ha caído,
plegándose sobre sí mismo y arrastrando la cara por el parapeto.
Viance ve al compañero salir cojeando. ¿Un tiro de suerte? ¿Cómo
pueden darnos tiros de suerte detrás del parapeto? Llegan apresuradamente dos sargentos: «Cargarse a los áscaris».

Dentro de la choza de los cadáveres se han hecho fuertes tres indígenas sublevados y disparan sobre nosotros. Los oficiales andan a
tiros de pistola con todo el que lleva chilaba, y los sargentos acuden
con un grupo de soldados y lo fortifican en las tiendas. Se establece un
nuevo frente dentro de la posición; pero los moros son menos y se ve

---

107 *Mandria*: cobarde.

que buscan el parapeto, el laberinto de la puerta para escapar amparados por las sombras. En dos o tres descargas matan a dos oficiales y a cuatro o cinco soldados. Nuestro sargento ha caído también. Viance se aplasta contra los sacos y sigue haciendo fuego.

Las ametralladoras continúan, incansables. ¿Qué pasa dentro? Una de las piezas de artillería calla. Alguien grita: «¡Los cañones!», y se localiza la lucha en el boquete donde se emplazó uno de ellos. Los centinelas indígenas que quedaron en su sector han saltado el parapeto y se han largado. También en este frente, bajo el estruendo, se alzan sobre el parapeto como muñecos desarticulados y corren hacia la alambrada. Nuestras ametralladoras los enfilan y sólo se salvan dos o tres. En el campo ha avanzado una nueva avalancha sobre la posición. ¿Y los cañones? Tiran los dos de nuevo. ¿Quedan áscaris en la posición? A los tres del cuerpo de guardia los han acribillado allí mismo, los demás han caído fuera del parapeto. Ocho o diez habrán conseguido escapar. En el boquete del cañón han matado a dos artilleros. Queda aún un indígena dentro corriendo enloquecido, con el fusil en la mano, de un lado para otro. Al pasar cerca, algunos le hacen fuego; huye y da de bruces contra el cerco de las tiendas, retrocede y sigue sin rumbo, recibiendo tiros de un lado y de otro. El pánico no le deja acabar de orientarse, o es que quiere huir de sí mismo.

Viance vuelve a atender a las alambradas; pero siente la obsesión del loco y oye sus carreras y sus voces en árabe. La locura del indígena es como la levadura de la demencia de todos, el fulminante que hará estallar la razón de los demás. El cabo ya tiene gestos de loco, acciona como los muñecos de guiñol y se hacen cosas tan tontas como ir meando por turno en el cubo de las ametralladoras a medida que el oficial lo pasa. La posición es un corralillo donde se han refugiado doscientos criminales. Fuera está la guardia civil. No hay que dejar uno en pie. Pero dentro había también guardias disfrazados, y ésos lo pagan. El cabo llega y ríe:

—Ese *jodio*… se ha *clavao* él mismo el machete.

Viance ríe también. Sigue riendo cuando se ha marchado el cabo; pero de lejos no se sabría si es que ríe o tose con esa tos pertinaz, seca, nerviosa.

Fuera siguen las ametralladoras trabajando. Ahora el loco cae extenuado, y alguien le pone una pistola en la sien. El arma apenas le roza la frente, da un salto hacia arriba y despide un poco de humo. Luego llevan los cadáveres indígenas a la parte de atrás y los arrojan por la vaguada de uno en uno, para que los rebeldes vean el castigo. Son dieciocho o veinte y bajan trompicando, con gestos grotescos. Viance piensa: «Si les hubieran *dao mulé*[108] hace diez días, ahora aún habría agua», y siente un oscuro rencor. Pero de las alambradas salen algunas sombras, como si los cuerpos muertos se prolongaran por el suelo en tentáculos silenciosos. Y no hay granadas.

El aire es tan denso, que nos asfixiará cuando menos lo esperemos. Esas sombras tentaculares son larvas de la noche podrida, que envía desde más abajo tufaradas nauseabundas. Viance hace fuego con precipitación epiléptica. Le cae por la barba un hilo tibio y los ojos le escuecen. Las ametralladoras alzan tierra a contrapelo unos veinte pasos más acá de las alambradas. Estallan las granadas de los cañones y pasan los balines zumbando. Llamaradas rojas iluminan más cerca cartucheras terciadas, fusiles con el machete calado, muertos boca arriba, zancas desnudas alzándose del alambre espinoso. Y las baterías de Annual divirtiéndose, rompiendo roca sesenta pasos detrás, donde no hay nadie. En el hombro, un profundo dolor de reuma, las cartucheras casi vacías, el cuerpo derrengado contra el parapeto. Se han roto los tentáculos. Las ametralladoras los han inmovilizado. Pero alguno ha podido a lo mejor arrastrarse hasta el parapeto, alzarse, envolverle en sus duras y viscosas ventosas. El machete, lo mejor es armar el machete. Sin saber cómo, se encuentra embarazadas las manos con dos granadas, y las arroja fuera. Una no explota. La otra, sí, a dos pasos. El tentáculo se ha retorcido y despide un olor de socarrín[109] y de aceite frito. Pero llegan otros y no va a haber granadas para todos. Detrás, dentro de la posición, suenan varios estampidos. Una tienda se inclina, con el mástil roto, cae de lado, como un enorme gorro. Y la luna vuelve a asomar. No se ve un ser vivo. Cadáveres en las alambradas, más cadáveres dentro, cerca del parapeto. Las ametralladoras callan extenuadas. Los fusiles también, a excepción de Viance que sigue haciendo fuego contra un cuerpo caído a poca distancia del parapeto, mascullando dicterios, con una excitación enorme. Algunos oficiales se asoman, y uno se acerca a Viance:

---

108   *Dar mulé*: Dar una paliza. Si hubieran acabado con ellos.
109   *Socarrín*: Barbarismo de *socarrina*, acción de *socarrar* o quemar algo al cocinarlo.

—Vamos, muchacho. ¿Estás loco? —¡El cabrón...! —justifica el
soldado señalando el cadáver.

Viance mira con espanto al cielo; pero no hay ya nubes; no es de
temer, por ahora, otro salto. Ni las ametralladoras ni los cañones contestan. Alguna granada y el indeciso crepitar de los fusiles. Los moros
ríen, gritan, amenazan desde su zanja. Tienen un acento victorioso
incomprensible después de esa carnicería. Las baterías de Annual disparan ahora muy cerca de la trinchera, ya borrada entre montones
de tierra removida y hoyos de las explosiones. Dos o tres granadas
caen por casualidad sobre la trinchera perpendicular y quedan a los
costados, tendidos, pedazos de trapo, miembros humanos quizá.

Viance se siente bañado en sudor frío. Tiene náuseas, le duele el
hombro, las encías, y en el cuello cerca de la espalda parece que le han
clavado un gancho de acero. Tarda un rato en darse cuenta de quién
es, y cuando se pasa una mano por la barba, no siente ningún contacto.
Después, sí. Nota como dos asas bajo la piel floja, a lo largo de cada
mejilla y piensa que tan flaco no podrían afeitarle sin hacerle alguna
cortadura. Se sienta. Le asoma por el roto del pantalón una rodilla
seca y magra. A su derecha, hay como cuatro metros sin refuerzos.
«¿A que se han cargado a aquel de la cara tan lastimosa?» Y sin saber
por qué siente por él un desprecio infinito. En el fondo tiene el con-
vencimiento de su superioridad, y lo autoriza un hecho mezquino: el
haber bebido los orines con azúcar mientras que el otro los ha tomado
solos. Comenta en voz alta, con extrañas tonalidades, quedándosele
a veces la voz en la garganta:

—¡Dice que le quedan dos meses! ¿Y si yo quiero decir que he
cumplido ya? Aquí no hay más que hablar y hablar.

Y los demás hacen cara de creerle a uno —otra descarga fuera y
gritos en árabe–; pero si cumple dentro de dos meses es que fue ele-
gidor de cuerpo, y valiente regimiento fue a elegir.

Da un cabezazo hacia atrás y se hiere con un canto; pero no siente
ningún dolor. En los oídos, muy adentro, le zumban los hilos del telégrafo, unos hilos imaginarios. Se pasa el dorso de la mano por los
labios, que comienzan a abultarse.

—¡Dos meses! A mí me quedan seis, y no digo nada: ¿Para qué?

Los cabos reparten para cada tres una cantimplora llena de orina. Fidel lleva, como siempre, una toalla arrollada a la cabeza contra «la serena». Viance le pregunta:

—¿Y el relevo? ¿O es que crees que somos espantapájaros pa estarnos aquí siempre? No sé quién dirige esto.

Cree que habla a gritos; pero la verdad es que no se le oye. Le sale de los dientes sólo un confuso rumor. Fidel se encoge de hombros y dice, pasando con andar inseguro:

—¡Cállate! Hablas como una gallina.

Vienen dos soldados llevando el fusil cogido por la correa, colgando, para no quemarse. Uno, con la cabeza vendada, que parece el muñón nudoso y nevado de un árbol, fuma un pitillo y repite que estuvo en Cuba y se gastó buenos cuartos.

—Por allí se vive como Dios. Y en la Francia también. Allí los soldados van mal vestidos. La primera puesta de un español es mejor que el traje de un capitán francés, y a las ametralladoras las llaman *metrallosas*.

Sueltan los dos a reír. Viance repite al oírlos:

—¡Voceras![110]

Le molesta que hablen los demás, y sobre todo que se rían. Nuevas descargas y de nuevo funciona la artillería.

Algunos se alzan trabajosamente con un aire aburrido, y un sargento se acerca:

—¡Arriba, Viance!

Se quiere incorporar; pero cae y queda arrodillado, con una mano en tierra y la otra apoyada en el fusil.

—¡A la orden, sargento!

No puede alzarse, y al darse cuenta el sargento lo incorpora y lo deja de pie pegado al parapeto, con el fusil dispuesto. Coge otro él y se pone a su lado. Le ofrece la cantimplora.

—¿Están calientes?

—No. Se han enfriado y llevan azúcar.

Viance bebe por segunda vez desde hace tres días. Sed, lo que se llama sed, no la siente. El primer día no podía parar. El segundo ya casi le daba lo mismo, aunque se le aflojan a uno los huesos y salen

---

110   *Voceras*: Charlatán.

ampollas en los labios. Después vuelve otra vez la locura de la sed, y luego una modorra que hace hervir los sesos y las entrañas y que a los cinco o seis días en una tarde de este mes –julio– se lo llevan a uno rabiando como un perro. Viance pregunta:

—¿Hay relevo?

El sargento niega y dispara. Hacia la mañana se podrá dormir un poco.

—Yo lo que quería es partirle el alma a un *áscari* de los que han salvado la piel –gruñe Viance.

Pero el sargento le dice que esté alerta, que podría ser que repitieran el asalto. No sabe por qué, Viance se deja caer otra vez de rodillas, musitando:

—¡Yo también soy un voceras!

Consigue pensar en sí mismo; pero se ve atontado con la ecuánime frialdad con que se ve a un desconocido.

—¿Qué soy yo? Hablo, hablo y no sé para qué, porque aquí nadie escucha. Es igual que grites como que hables al oído. Se ríen y se van. Y si dices que es una injusticia, se están riendo hasta el toque de silencio. Nada, nada, eres, Viance. ¡Voceras, coño, que os hartáis de *meaos* y creéis en el convoy de mañana!

Un silencio. Hacia el rincón, cantan los fusiles y redoblan las ametralladoras.

—¡Buena canción! Si estuviera aquí aquel oficial herrero que bailaba con el ruido del yunque y con el son de las campanas cuando no estaba el patrón, también bailaría ahora.

Vuelve el amigo de la expresión «lastimosa» cojeando:

—¿Y eso?

—El médico nos pone «servicio» a todos los heridos que se pueden tener en pie.

—¿Ya no hay tiros de suerte?

—¡Sí, aquéllos! –y señala el rincón de los muertos.

No le hace caso. Comienza a palidecer el cielo. Se siente un suave frescor. El cabo Fidel llega:

—Los oficiales están con el comandante. Han matado a cuatro, y el teniente X lleva un tiro en el cuello y habla de medio lao.

Tiran las ametralladoras. ¿Para qué? Ganas de armar ruido. El cabo Fidel se asoma al parapeto y cae inmediatamente hacia atrás. El fusil rebota con secos choques. La toalla le preserva de «la serena»; pero, ¡vaya blanco que ha hecho!

Siete

Al amanecer las caras tienen una palidez de cera, acentuada por la sombra troglodítica de la barba. Apenas se alza el sol da en lo alto de una tienda. Siguen todos en el parapeto. Las colinas, limpias; el cielo, fresco y diáfano. La naturaleza ha dormido y aparece con la cara lavada. Lo de anoche ha sido una pesadilla atroz, de la cual quedan estigmas dramáticos, falsos. Esa alambrada con la redada de moros presos. ¿Qué hace ahí? Vamos, levantarse, ya basta. Idos a las cabilas rezando vuestra oración tenaz. La sangre pone debajo, entre los piquetes, su alfombra de un color rojinegro.

Es más pálida la lividez mañanera bajo este cielo casi unánimemente azul. Los soldados son sombras grises que se mueven con dificultad, con indolencia, en silencio. Tres o cuatro van, vienen, sin objeto, hundidos los ojos y apuntando el hocico. Vuelven a ir al mismo sitio, como si olvidaran algo, para regresar sin hacer nada. Hay una obsesión de no saben qué, y ella los impele a las cosas más contradictorias. Viance sigue con los cadáveres de la alambrada:

—¡Hala, *irse* por cabila! ¡Marranos, hijos de puta! Ya sale el sol. ¿No rezáis al Dios grande? ¡*Alá hené*,[111] cabrones! ¡*S'alam alicum*,[112] maricas! ¿No rezáis?

Viance no les quita ojo mientras farfullea. Los muertos, cabeza abajo, colgados por el vientre en las alambradas, se mueven a veces. Otros, boca arriba, torcido el cuello contra el suelo, altas las zancas desnudas, miran su propio pecho con obstinación. Viance no les quita ojo:

—¡Vamos, rezad, que ya ha salido el sol!

El silencio bate su ala sobre la posición. Un coro unánime llega de la alambrada: «Muley ab-el-se-lam...»[113], y sigue en creciente, medio cántico, medio recitado. Viance abre los ojos sin acabar de dar crédito:

—¡Idiotas, idiotas; ahora rezáis! Luego vendréis otra vez a tirarnos y a ver si brincáis la alambrada. ¡Y nosotros, días y días...!

—El que tenga medio chusco que lo migue y coma.[114]

—¡El café! Hace doce días que no lo cato.

---

111 *Alá hené*: Expresión en árabe que significa «Dios está aquí».
112 *S'alam alicum*: Transliteración del saludo musulmán «peace be with you»
113 *Muley ab-el-se-lam*: Santón musulmán de origen marroquí invocado en las oraciones.
114 *Que lo migue y coma*: El que tenga un trozo de pan duro que lo haga migas y coma.

Allá está la cocina de campaña con la chimenea apuntando al cielo como un mortero vengador dispuesto a lanzar su granada.

—¿Y qué? ¿Querrías café? Yo lo que quiero es dormir un buen sueño. En Annual dormíamos algunas siestas.

Hablan de espaldas al parapeto, en la paz momentánea, bajo la algarabía remota de los moros que, a salvo de Annual, trazan su táctica. No se les ve; pero llegan los rumores en la brisa.

—¿A cuántos estamos?

Viance mueve la cabeza:

—¿Qué más da? ¿Lo sabe nadie? Al venir, clavó el sargento en el palo de la tienda un manojo de papeles que dicen: uno, martes; dos, miércoles, con lápiz, y así hasta treinta.

—¿Qué sargento?

—¡Aquél!

Está boca arriba, en las filas de muertos que, rebasando la choza del cuerpo de guardia, sigue hacia la vaguada.

—Dan ganas de mandarles: ¡En... pie! Alguno, por la fuerza de la costumbre, se levantaría.

Viance advierte:

—¿Sabes lo que te digo? Que morirse no es tanto como parece. ¡Te mueres, y ya está!

A formar. Salen. Quedan en el parapeto, aparte los centinelas, unos quince hombres. Los demás, forman. Los sargentos de semana van a pasar lista; pero el capitán –sólo hay uno– manda que se numeren y guarda las listas en el bolsillo. Cuarenta y cuatro, o sea ochenta y ocho soldados, de trescientos que vinieron, sin contar algunos destinos y la sección de policía indígena. Viance comprende ahora por qué no ve caras conocidas en el parapeto. Son casi todos de la otra compañía. Pasan revista de municiones, se hacen cálculos velando la voz. Como nadie aguanta en posición de firmes, se manda «en su lugar» y luego rompen filas y vuelven a sus puestos del parapeto. Algunos, alzando la cabeza para mantenerla en la violenta ficción de estar despiertos, abren la boca y cabecean con los ojos abiertos. Si la ametralladora dispara, es lo mismo. Siguen dormidos.

La posición da una impresión desolada de viejo corral abandonado. Gemidos en la tienda derribada, bajo la lona levantada por un costado para poder pasar. Allí están los heridos, entre las piedras del cerco a medio derruir. La noche, cuando se ocultaba la luna, era negra como las entrañas de un volcán, mucho más negra que en España. El amanecer, cada minuto más luminoso y espléndido, hace la posición destartalada y fría. El suelo está regado de sangre, goterones, pequeños charcos. Sobre el parapeto, sangre también, y en un saco, cerca de Viance, una porción de masa encefálica.

Los soldados rehuyen mirarse a la cara. Tienen un aire extraviado, febril, de locura, el gesto roto, los ojos hinchados, congestionados; los labios lívidos y costrosos. Entre palabra y palabra dan manotazos y se rascan. El oficial de ametralladoras vuelve con el cubo:

—Si queréis –dice–, allá hay orines fríos.

Se ve en sus ojos cierta callada admiración. «¡Claro! –piensa Viance–. Nosotros somos los que en la prensa y en las escuelas llaman héroes. Llevar sesos de un compañero en la alpargata, criar piojos y beber orines, eso es ser héroes. Yo soy un héroe. ¡Un héroe! ¡Un héro-e!» La palabra, al repetirla, pierde sentido y llega a sonar como el gruñido de un animal o el ruido de una cosa que roza con otra.

Sacan el heliógrafo y esperan que se alce un poco más el sol. El comandante está inquieto, nervioso; la expresión inteligente de antes ha dejado el paso a una indiferente estupidez:

—¿Cuántos tiros de artillería?

—Seis para cada pieza.

El sol da en el espejo y el telegrafista gradúa. Comienza a hacer la llamada y Annual contesta. El comandante arranca la hoja de un cuaderno, escribe en ella, y el telegrafista transmite con los ojos clavados en el horizonte: «Imposible resistir. Cuando oigáis el cañonazo número doce, disparad sobre la posición». Luego rompe el papel en pequeños fragmentos. Viance escruta los ojos de su compañero:

—¿Tú crees que habrá convoy?

El telegrafista carga con el heliógrafo y va a guardarlo. El comandante dice:

—¿Para qué?

Es verdad. No hace falta guardarlo, no tendrán que dar cuenta de él. Se recuesta contra el cerco, los ojos idiotizados.

—Pero esto... ¡Ah, no! ¡Esto no puede ser!

El comandante lo mira con severidad y el soldado calla. Tiembla la estrella azul de Annual. ¿Qué dicen? Nada. Acusan recibo. Pero entonces, ¿todo ha terminado? Cuando de Annual no dicen nada es que no hay salvación. ¿Qué ha pasado aquí? No vale pensar en que es inútil la esperanza en que la fuerza de los hechos se impone. Por eso no se resigna uno. No vale desesperar, enloquecer, porque de cualquier modo, en todos los casos, se tropieza con el tope negro de la muerte. ¡Pero no puede ser! ¿Es que todo había de terminar así? El comandante lo vigila y su mirada le reconviene silenciosamente y le recuerda que debe guardar el secreto. Un secreto a la hora de morir. ¡Tiene gracia! ¿Y quién es el comandante ya, sino un cadáver? Los soldados del parapeto también se han levantado de entre los fiambres y vagan haciendo su servicio estúpidamente. Se ríe con sólo la boca, conservando el resto de su rostro una expresión taciturna. Va hacia Viance, y el comandante que no lo pierde de vista acaricia la culata de la pistola. Le va a pegar un tiro. Se cuadra. El comandante le hace bajar la mano:

—Diles que has preguntado cuándo viene el convoy y que esperamos que contesten.

Va hacia el parapeto. Viance le pide un cigarro y el telegrafista saca dos paquetes y los distribuye, quedándose un solo cigarrillo. Fuman todos. El comandante y los tres oficiales que quedan sacan también sus petacas junto a una tienda.

En Annual comienza a oírse fuego de ametralladoras y de cañón y al mismo tiempo se pueblan las lomas contiguas y se inicia la afluencia de rebeldes por la trinchera vertical y por una especie de camino cubierto que han hecho aprovechando los hoyos de las explosiones. Los dos cañones esperan cargados y las ametralladoras preparan sus peines y los enlazan en larga cadena. Los oficiales se estrechan las manos y uno, por la fuerza de la costumbre, sonríe al saludar. El comandante, desde un lugar estratégico, los pies juntos, los brazos pegados al cuerpo, las grises greñas al aire, da la voz de firmes, a la cual todos les soldados, menos los centinelas, se vuelven hacia adentro:

—¡Soldados de España!

Su voz rebasa el parapeto y sale sobre el campo de oro del amanecer:

—¡La Patria, os pide!...

Granadas y ráfagas de ametralladora ahogan su voz. El asalto se reanuda. El comandante grita tres veces epilépticamente: «¡Viva España!», con una embriaguez que lo transfigura. Bajo el tiroteo, entre los cañonazos, contestan a media voz aquí y allá, con afonía de catarro. El comandante arma su pistola y se asoma despreocupadamente al parapeto. Dispara apoyando el codo en los sacos terreros. Viance, viéndolo, siente un estorbo en el pecho, una ternura extraña. Una voz, desde lo más hondo, le infunde ánimo, llenándole de una confianza nueva. El sol brilla en el cerrojo, enciende estrellas al abrir y cerrar la recámara. El telegrafista se ha tirado al suelo boca abajo y muerde la tierra blasfemando. Los cañones tienen una voz más blanda en la mañana de julio que se alza desplegando sus fuertes colores. Todo en paz –en el cielo, en la tierra.

El telegrafista ha contado seis disparos de cañón. Tiran, tiran y no saben... ¡Otro! ¡Son siete ya! ¡Deteneos, compañeros! ¡Ah, si supierais! Se alza y coge un fusil, busca cartuchos, se va al parapeto. Otro cañonazo. Quedan cuatro. La posición forma parte ya de un mundo de recuerdos, fuera del momento que se proyecta sólo sobre la sed, la mugre, la desesperanza, convertida ya en un accidente también físico. Tira sobre las sombras que coronan unos terreros más cerca que las primeras trincheras.

Una lluvia de granadas precede al asalto. Hay en los moros una táctica desesperada. Una ola llega a la misma alambrada y se atrinchera en dos hoyos de granada, con un parapeto de cadáveres. Desde allí las granadas caen ya dentro de la posición y al telegrafista le parten un brazo. Con el otro sigue disparando y el dolor limpia de sombras la razón –el tópico del dolor moral que purifica es exacto en cuanto al dolor físico– y reflexiona. Si fuera una lucha entre ejércitos regulares, se entregarían y pasarían a la situación de prisioneros; pero aquí, después de lo que todos han visto –el martirio del oficial aviador–, no hay esperanza ninguna. Las granadas acaban de destruir la tienda de los heridos, derriban el parapeto por un lado y hieren a varios soldados. Viance tiene un balín clavado en la rodilla. Al alzarse los moros sobre las alambradas, las ametralladoras hacen un alarde vano y los cañones disparan un tiro, luego otro, muy espaciado. Vacilan los asaltantes y, por fin, avanzan decididos.

Viance mira a ambos lados. No hay granadas de mano; ve el suelo sembrado de nuevos heridos, de los que estaban en la tienda, que mueren con la nariz aplastada contra el suelo, sobre un charco de sangre viva y roja, y que han huido arrastrándose al ver que se les venía encima el cerco de piedras. Están demasiado cerca para no acertar. Ocho o diez han calado machete y aguardan en dos alas, a los costados de las puertas. Otros, dos pasos más atrás del parapeto, también con el machete. Uno ha tirado el fusil y corre en todas direcciones dando alaridos siniestros, y un herido asoma entre la lona de la tienda derruida y al ver que Viance le mira, saca una carta del pecho y grita:

—¡Haz favor! Si entra el convoy, dásela al cabo cartero.

Cree que todo ese estrépito es del convoy que llega ya. Viance recoge la carta del suelo y se la guarda. En el sobre, las iniciales tenían unos extraños adornos y una flor dibujada encima. El herido apoya la mejilla en tierra.

Por el sector de los áscaris han saltado varios indígenas y atrincherados en el cerco de la primera tienda disparan a salvo contra las ametralladoras. Sólo trabaja ya una. El cañón dispara el último tiro y el telegrafista se apoya la boca del fusil bajo la barba y sacando el pulgar de la alpargata aprieta el gatillo.

Viance ve alzarse una chilaba sobre el parapeto. Ha calado machete y avanza, acumulando todas sus fuerzas. La bayoneta tropieza con algo enormemente duro, se clava, ladea el último saco y lo tira hacia afuera. La chilaba vuelve a alzarse y en ese instante los oídos se llenan de gritos humanos. Dolor, alegría, rabia han sucedido al aire quieto de la mañana, al estrépito de cañones y granadas.

No ve Viance en el aturdimiento de tanta sorpresa; pero a través de la neblina de voces y gritos, entremezclados con secos restallidos de mauser, advierte sobre la curva de la loma, cerca de las trincheras, grupos de jinetes moros.

El aire se desgarra en violentos jirones. Ráfagas poderosas llegan al rostro y sacuden los faldones de la guerrera. La atmósfera se desgaja sobre la cabeza como las ramas de una selva, y saltan pedazos de saco, piedras, mangas de tierra caliginosa. Las baterías de Annual disparan sobre la posición. El parapeto ha desaparecido en un largo trecho. Llegan nuevas avalanchas de moros y se acuchilla, en una horrible confusión, el aire y cuanto aparece ante los ojos. Quince, veinte granadas estallan aquí, allá.

Viance, herido en una mano, no puede sacar el fusil con la otra de un extraño revoltijo de arpillera, tierra y chilaba. Entre el humo, la sangre, el ruido –los estampidos son densos y corpóreos y echan a uno atrás–, Viance salta, retrocede. Huye, no de los asaltantes, a los cuales no ve, sino del universo que afluye sobre la posición y salta en pedazos a ras de las cabezas. El aire llega a sus espaldas en olas violentas con cada explosión. Corre sin armas, con la sensación de que deserta, de que los abandona a todos en la catástrofe final y también de que se deja en R. una parte substancial de sí mismo. La sensación de los supervivientes es la que podrían tener los muertos si pudieran alcanzar la conciencia de que acaban de morir. Cae. Se levanta; vuelve a caer. ¿Y el fusil? ¿Dónde se dejó también el gorro?

Se encuentra poco después bajando la loma, sin armas, con las cartucheras vacías. Queda detrás, arriba, la posición esplendente y ensordecedora, con un cinturón de tierra inquieta y el ímpetu contenido de un volcán. Ahora se oyen mejor las baterías de Annual. ¿Y el comandante? Le ha visto pegarse un tiro. Han saltado por otros sitios un sargento y seis u ocho soldados; pero de éstos lo menos tres han caído en seguida. El sargento conservaba el fusil y era Armisén, el de la segunda. Otras baterías disparan fuera, y una granada cae a unos treinta metros.

Viance se alza y sigue bajando trabajosamente. Le impulsa una fuerza sobrenatural. No siente la sed, el dolor de la rodilla, de la mano. Los estampidos que deja atrás acentúan el brillo de sus ojos abiertos y fijos en el lejano campamento, hacia el cual tiende un camino demasiado largo. «¡Ah, Dios! No se ha salvado nadie, nadie!» Viance se incluye a sí mismo en esa declaración. También él morirá antes de llegar a Annual. Otra granada cae más cerca, hacia unas trincheras vacías. Tras ella, cuatro o cinco, con zumbidos agudos en varios tonos. Arriba no debe quedar ya piedra sobre piedra.

Ha huido de su propia sepultura; pero siente la impresión de haber quedado allí muerto y de ser desenterrado por las explosiones. Si anda es porque, al salir de la fosa, el campo está en declive y la brisa le empuja. Procura no caer, y para esto evita con un rodeo o alzando desproporcionadamente los pies, las piedras fijas. Si cae, no se levantará más. Una potencia intuitiva nueva le dice que el cansancio, el sueño de varias noches —¿ocho, diez, doce?—, la fiebre, la sed, le caerían encima como losas de plomo y no le dejarían ya levantarse. Andar, andar.

Quiere ver sus heridas en un instante de serena prudencia. Se desvía más hacia una hendedura con el fondo poblado de cardos y zarzas. Varios cuervos brincan tomando aire para alzar el vuelo y salen en bandada. Olor de carne descompuesta, zancas descarnadas bajo las hilachas de un pantalón. Se oculta, aunque sin tomar precauciones. Le extraña verse compadeciendo al Viance que ha quedado arriba. Se sienta al socaire de unas rocas y con la pierna rígida examina la herida de la rodilla. Mucha sangre; pero el balín no ha profundizado y la articulación funciona. Si consigue llegar a Annual, no es nada. Allí le espera el agua, la seguridad; quizá la enfermería, si lo dan de baja, y quién sabe si la evacuación a Melilla, a los hospitales, donde hay camas como en España y tíos con batas blancas que se ocupan de uno.[115]

Cadáveres a medio desnudar, casi cubiertos por las moscas. Llevan el correaje y alguno conserva el fusil. Va registrándoles las cantimploras. De una sale zumbando una mosca azul. De otra, tierra. Hay cartucheras llenas y un fusil está en buen uso. Pasa a las suyas los cartuchos, coge el arma. ¡Ah, el peso del correaje y la responsabilidad extraña del fusil cambian el rumbo de sus sentimientos! Oye arriba el estruendo, se encoge de hombros y dice una frase de indiferencia cuartelera. Luego mira los números del cuello: «42,42,42,42,42». Son del último convoy. Va a reanudar su marcha hacia Annual. Puede llegar allí dentro de dos horas. Pero al abandonar el barranco se siente de nuevo sobresaltado por sus cartuchos, su fusil. «Sin embargo —piensa—, en Annual me acogerán como a un buen soldado, y si no conservo todo esto, si lo dejo aquí, la verdad es que no lo mereceré. ¿No? Pero el mismo hombre soy antes y ahora.» Entonces... Vacila

---

115   Hasta este momento el narrador es un compañero de Viance, pero al abandonar la posición Viance la voz narrativa se desdobla convirtiéndose en un narrador omnisciente. Esta multiplicación del punto de vista desde el que se narra la novela va a intensificarse a medida que Viance avanza hacia Annual.

aún. Y puede que haga buen papel todo esto para poder llegar allá. Sale y sigue hacia Annual, desviándose mucho de la zona por donde pululan las fuerzas rebeldes. El sol le da de lleno. Deben ser las ocho, las nueve quizá, y bajo el insomnio, los ojos impacientes, cargados de sangre, muy abiertos, escuecen y destilan. Se palpa la mejilla inflamada, y continúa por el pequeño declive que se acerca ya al llano. El peso del armamento empuja hacia abajo.

De repente, al doblar una sinuosidad, ve a una vieja y a un niño indígenas. Los dos llevan a la espalda un grueso cántaro esférico de barro lleno de agua. Se han detenido un momento y el niño asegura las trinchas de esparto. Rebulle el agua y las vasijas tienen un brillo de humedad, de rezume. Viance se ha ocultado instintivamente, sin perderlos de vista. Un ciego impulso le hace comprobar si está cargado el fusil y echárselo a la cara, encañonando a la vieja. El agua sigue sonando a cada movimiento. Con la violencia de quien refrena a una hiena, se contiene. La alarma puede costarle la vida. Pero no hay necesidad de disparar. El machete no hace ruido y puede ensartar dos personas en un cuarto de minuto. ¿Y si gritan? Los rebeldes no están más lejos de un par de kilómetros y, sin duda, les oirán fácilmente.

El glú-glú de agua sigue sonando y exacerbando la sed. En esos cántaros grandes, esféricos, está el secreto vivificador. Los árboles, las plantas, los animales todos tienen derecho al agua, a deleitarse con ella. La sed la siente ahora en los labios, en la boca, en las sienes, en la mugrienta piel. Si de pronto echara a llover absorbería el agua por los poros, como una esponja. Prepara el machete en la mano. La sangre lo ha recubierto de una especie de mica negruzca que despega contra la alpargata. Siente una alegría feroz y un alivio de frescura en la garganta. Avanza a cuatro manos hasta la tangente de la colina, se levanta y avizora a sus víctimas. El niño se inclina ahora con dificultad y coge un casquillo de fusil. Sopla en su abertura, produce un pequeño silbido y se le ilumina el rostro de alegría. Viance abre los ojos desmesuradamente. Hace rato que lleva una mosca en la comisura de los labios. Queda paralizado por esa alegría inocente del muchacho, que reanuda ya la marcha dejando atrás con el glú-glú una estela de promesas.

Viance, cuando quiere darse cuenta, se ha quedado demasiado lejos. Siente un sopor vago y profundo, las piernas le pesan mucho

más. Se levanta alarmado, recordando los cadáveres del barranco, y
reanuda su camino incierto hacia Annual. La sangre se ha coagulado
en la rodilla, en la mano.

Jinetes con ropas de fiesta, mujeres tatuadas con una estrellita azul
en el mentón y otra en cada mejilla. Brisa y espuma de ese tul blanco,
un poco tosco y como endurecido con almidón, que hay en todo traje
marroquí. Los jinetes, los de a pie, llevan un fusil terciado; se saludan,
ríen, ausentes al parecer de la tragedia de R. Hay zoco,[116] y éste es el
camino obligado.

Viance deduce que es jueves, porque corresponde todos los jueves
el zoco en Jemis. Se oculta como puede y espera, abrumado de impaciencia, de miedo y también de un vago sentimiento de inferioridad
sugerido por la alegría feliz y despreocupada, por la lozanía física y
la armonía de movimientos de los indígenas. Se sorprende a sí mismo
balbuceando palabras de traición. Recordando al aviador despedazado, a los muertos del barranco, se contiene; pero con un terror en
el que no podría hallarse el menor vestigio de odio. Se inmoviliza en
una posición incómoda. El sol y la quietud lo amodorran.

Después de un intervalo de silencio, las baterías de Annual
vuelven de pronto a tirar furiosamente sobre R., ya lejana. Al estruendo, los grupos que van y vienen al zoco miran arriba y aceleran
el paso, abandonando rápidamente este sector. Viance, al sentirse res-
paldado por nuestros cañones, recobra el odio contra los moros. No
reflexiona, no piensa. Todos sus sentimientos se producen con completa autonomía del espíritu: reacciones químicas o fisiológicas puras.
El odio le hace balbucear: «¡Hijos de puta! ¿Voy a secarme aquí?»

Se levanta y continúa, esta vez corriendo para atravesar el llano
desierto. A los pocos pasos se detiene y sigue ya despacio, sintiendo
que el corazón se le va por la garganta, con respiración estentórea.
Tropieza, cae, y la herida de la rodilla vuelve a sangrar. Las baterías
aflojan el fuego y Viance quiere salir de esta zona antes de que apa-
rezcan de nuevo los indígenas. Intenta correr; pero de pronto las alpargatas se han convertido en losetas de plomo y hacen también un
ruido seco y profundo en el suelo. El pecho jadea como un fuelle viejo
y los latidos producen un ruidillo acelerado al chocar el metal de una

---

116   *Zoco*: Mercado al aire libre que se celebra con regularidad cada semana.

trincha rota con un botón de la guerrera. Sin embargo, se lo juega todo en estos instantes, y el pánico le hace dar dos saltos y luego otro, y después ya no puede dejar de correr. Va cuesta arriba, completamente descubierto, hasta llegar a un pequeño barranco que, terciando como una banda la enorme colina, sube hacia Annual. Se propone arrojarse dentro y subir por allí hasta acercarse más al campamento.

El sol quema ya y el silencio del campo bajo los cañones es un silencio de camposanto, sagrado y supersticioso. Se detiene sentado sobre los talones. Un saltamontes abre un abanico y vuela con algo de saeta y de flor. Le pasa cerca del pecho y le asusta. Viance gruñe algo ininteligible. Va a reanudar la marcha midiendo con los ojos la distancia hasta el barranco. Avanza a cuatro manos, se levanta, corre de nuevo.

Qué odioso este sol de media mañana, tan claro, tan luminoso, con esas sombras negras junto a cada tomillo, a cada arbusto. La indiferencia del sol convierte la tragedia en una cosa tonta y vulgar, sin sentido. Dan ganas de reírse.

Otra vez el olor a sentina, a carne descompuesta. Debe haber cadáveres. Ya en el fondo, los matorrales secos hasta la rodilla, sube siguiendo la hendedura. Jirones de guerrera, manchas negruzcas y de pronto algo ligero terroso y vivaz. Un chacal. No tarda en repetirse el espectáculo. Dos cuerpos desnudos, clavados con un mismo piquete de alambrada, que los atraviesa por el vientre. El chacal almorzaba. Descubre que los muertos desnudos no hacen impresión. Debe ser el traje, la apariencia grotesca de la vida que les dan las vestiduras. La naturaleza nos tiene inmunizados contra el miedo a la estampa exterior de la muerte, y un cadáver en cueros no sobrecoge el ánimo. Viance lo percibe sin reflexionar y sigue adelante, bandeando como los marineros.

La zanja sigue hacia arriba, repitiendo de vez en cuando el mismo espectáculo. Cuerpos desnudos, mutilados; uno con las piernas cortadas sobre la rodilla y las insignias de oficial en la boca abierta. «¡Cabrones!» Dos silbidos altos. ¿Balas? ¿De dónde tiran? Al querer asomarse fuera, oye distintamente las ametralladoras de Annual. Se siente agotado e inmediatamente se levanta con gesto de autómata y se apoya en el fusil. Tiene miedo de detenerse entre estos muertos, en la zanja convertida en larga fosa común. El sol está alto, ya no hace sombra. Cerca, sobre unos herbajos secos, zumba un enjambre de moscas azulinas. ¿Otro muerto? El zumbido múltiple hace un ruido metálico, de resol, de podredumbre. Al pasar ve entre los cardos y las hierbas una piltrafa ya casi desecada y sigue adelante, sin reparar en nada. Hay una angustia de osario en este silencio bajo el cierzo mortal que se oye en lo alto, y que a veces rastrea también con ímpetu diabólico entre los tomillos y los romeros asomados sobre el barranco.

Arriba, tiran. ¿Quién? ¿A dónde? Y ahora, los cañones. Hay juerga en Annual. Pero Viance no establece ninguna táctica, no puede ya planear su defensa, su fuga, aclarar los acontecimientos. «¡Dios, cuánto difunto!» Antes los llamaba «fiambres»; pero ahora, en esta soledad, viendo limitados los horizontes a una franja de cielo en lo alto, le ha entrado un súbito respeto. Huir de sí mismo para dar de narices en los muertos ya corrompidos entre aletazos de cuervos y acercarse al campamento sin noción de su propia situación, creyendo a veces que lo van a arrestar por no llegar al toque de fajina y pensando de pronto que no va a salir nunca del barranco y que sus huesos se calcinarán al lado de ése o de aquél.

Se asoma hacia afuera para orientarse. La colina donde se asentaba R. ha desaparecido. El campamento no se ve, porque lo impide la configuración de la loma; pero debe estar muy cerca. Ha conseguido dar la vuelta casi completa a Annual; pero, ¿habrá trincheras por este sector? Las ametralladoras vuelven a oírse a corta distancia. Cuatro cañonazos y las granadas siembran su metralla cerca también, aunque bastante desviadas. La fusilería restalla como si el campamento fuera una enorme hoguera de ramas verdes. No se atreve a salir ni a continuar andando.

Cuando se da cuenta, está sentado con los ojos fijos en una raíz que sale como una serpiente y vuelve a meterse en tierra. Así transcurre una hora, otra, esperando que cese el fuego, sin el valor de afrontarlo. Los ojos siguen clavados en la raíz obsesionados, y en la garganta, en la nuca, siente el zumbido de un bordón o de un abejorro. De vez en cuando parten del occipucio dos ráfagas luminosas y, cada una por su lado, dan la vuelta a los sesos, bajo el cráneo, para ir a reunirse en la frente sobre el arranque de la nariz. Al mismo tiempo se adormece aterrado; pero antes de que las varillas se junten da un respingo y sacude la cabeza. Tiene la seguridad de que si llegasen a establecer contacto entre las cejas caería muerto o por lo menos dormido, que en estas circunstancias sería igual.

El fuego no cesa. La sombra comienza a levantarse sobre la margen frontera y sólo aparece iluminada la mitad de la raíz. Los muertos tienen en la sombra otro color y otra postura. No son ya hombres inertes, cadáveres individuales, sino un conglomerado de instrumentos de la muerte, que le rodea y le amenaza. Cada vez que siente de nuevo en los parietales el avance del aro luminoso, sacude la cabeza e intenta enderezarse. Las ametralladoras han callado, las baterías suenan con tiros espaciados en la otra parte de la colina y vuelven a callarse también. Viance pierde poco a poco la noción física de sí mismo, le hormiguea la sangre en las piernas, le palpita bajo el correaje el corazón con una angustia de asfixia. Un escarabajo le pasea por los dedos del pie; pero no siente el contacto de sus patas.

Annual. Está muy cerca del campamento general, donde todo se acabará: el sueño, el hambre, el cansancio. Allí habrá agua, pan o galleta y bastantes tropas para de vez en cuando echar una buena siesta. Los sentidos se solazan en la esperanza. Annual, Annual, lugar de redención. Annual, dormir, agua..., y dormir y dormir... Pero estas sensaciones se producen en el aire, fuera de su voluntad y de su materia. Para adquirir la conciencia de sí mismo tiene que acordarse de R., donde todos han sucumbido seguramente, hasta él mismo. Esta idea de su propia muerte no le abandona. Pero es duro que la muerte no sea como el sueño, sino que prolongue la zozobra, el dolor.

La soledad del barranco es más profunda que toda soledad; huele, densifica el aire, le va ligando el corazón con bramantes, como una pelota. Tiene miedo de no haber muerto, de que todo esto sea cierto y quede aún la necesidad horrenda de morirse.

Un rumor próximo le hace preparar el fusil, ya sin miedo, mecánicamente. Un perro blanquinoso se ha detenido repentinamente a unos diez pasos y clavado en el suelo vuelve la cabeza con los ojos inyectados. Flaco, el pelo arremolinado y húmedo de sangre, la silueta se desdibuja en espeluznos.

Viance lee en sus ojos una airada desesperación. Recuerda las apariciones del diablo que le contaban de niño en la aldea y su sorpresa se convierte en curiosidad. El perro avanza, no de frente, sino en diagonal y muy despacio. Viance coge una piedra, va a gritar; pero se le quiebra la voz. Arma el machete y espera.

Por el cauce del barranco llega un rumor de muchedumbre y el perro escucha un momento y sale brincando por una ladera.

Viance se alza, quiere huir, defenderse; luego corre sin conseguir correr, se parapeta para hacer fuego y siente el tropel ya encima. ¡Son los nuestros, son tropas de Annual! ¡El tanque del agua, quizás el hospital! Se acercan; al frente, un oficial y un sargento:

—¡A la orden! ¡A la orden! Soy de...; ¡a la orden!

—¡Eh! ¿Qué hablas?

El sargento lo aparta y le dice que entre en la columna. Los soldados tienen el mismo aire macilento y visionario.

—¡Agua! ¿Tienes agua?

Alguien le da una cantimplora y hasta que la ha agotado no se entera de que son también orines. Estos soldados son de San Fernando.

—¡Eh, 42! –le dice uno–. ¿Vienes de R.?

—¡Sí! Y voy a Annual. Ya debe estar cerca.

—¡Ah, *rediós*! Annual ya no está en ningún sitio. El general S. se ha levantado la tapa de los sesos,[117] y los que quedaban del 42 han salido hace poco en guerrilla escalonada pa proteger la evacuación de heridos. No ha quedado ni uno. Hay quien no parará hasta Dríus, y nosotros... no nos van a dejar desplegar siquiera. Aquí venimos tres compañías.

Viance mira hacia atrás. Son unos sesenta hombres... ¿Tres compañías? ¿Tres compañías? Pero entonces...

Se interrumpe para devolver parte del líquido que acaba de beber y un sudor frío le cubre de grises goterones los pelos de la barba. Corre empujado por los de atrás, zarandeado por los de al lado, y la pequeña columna pisotea miembros humanos, cadáveres, bajo una neblina de polvo infecto y de moscas azulinas.

Lejos suena un cornetín de epopeya con dejo triste, con cierta melancolía de granadinas.

---

117   El suicidio del general Silvestre no pudo nunca documentarse, pero es cierto que murió en el ataque a Annual.

Ocho

El cielo no está arriba, sino enfrente. La raya del horizonte ha descendido y ha pasado bajo los pies como si se saltara con ella a la comba. ¿Qué es esto de volcarse de pronto el mundo sobre el azul matinal fresco y húmedo y quedarse uno así, cara al infinito? No. Todo está como debe estar. Lo que ocurre es que Viance está tumbado boca arriba en lo hondo de un barranco que amarillea a la izquierda, en unos estratos. Esto es todo. Pero, ¿qué hace ahí, con la cabeza en el suelo, las piernas tendidas? ¡Ah, sí! Huía de algo, de alguien. Corría. Es infamante eso de correr; pero la verdad ante todo. Corría desalado,[118] sin aliento, y los demás también; quizá caían de cabeza, como los conejos, y daban vueltas cuesta abajo.

El cornetín de un regimiento cualquiera tocaba llamada a batallón con la contraseña del 42. Pero no era el 42, y lo hacía para que no se viera cuál era el que chaqueteaba. ¡Menudos maulas! ¡Llamada a batallón! El segundo, hecho cisco[119] al bajar de Annual; el tercero, aniquilado entre R. y el relevo del primer día. ¿Quién iba a acudir? ¡Y el corneta, dale con la contraseña del 42! Los muertos, ¿acuden a formar, son plazas en rancho, hacen servicio? ¡Pues entonces! El primer batallón, destacado por Afrau, ¿cómo va a oír la contraseña? «¡Ah, Dios! ¡Así va todo!» Aquel capitán de San Fernando, gritando a la guerrilla: «¡Alto! ¡Alto!», y amenazando con la pistola. ¡Buen caso se hace de la pistola! Hasta que le han dado un tiro. Y las dos últimas compañías del 42 habían quedado en la pendiente de Annual, retirándose en dos alas. Una guerrilla sacudía de firme y la otra se retiraba. Luego ésta hacía alto y se retiraban detrás de los otros. Pero allí han quedado todos. La columna se ha desbaratado sin desplegar. Dos camiones han salido arreando a toda marcha hacia Dar[120] Dríus. ¡Se había matado el general S. y aún había quien quería resistir! ¡Voceras! Un hombre es igual a otro, salvo la inteligencia, y el general ha visto que ésta no iba a servir ya de nada y se había metido una bala

---

[118]   *Desalado*: Ansioso, acelerado.
[119]   *Hecho cisco*: Destrozado.
[120]   *Dar*: denominación de las estructuras domésticas más comunes en Marruecos, típicamente sin ventanas. Habitualmente están rodeados en patios pequeños al aire libre, bordeados por paredes altas y gruesas.

en los sesos. A Dríus, a Dríus, y el que llegue lo contará, si quiere y le preguntan.

Intenta incorporarse y a duras penas lo consigue. ¿Dónde estará? ¿Qué ocurrirá fuera de esta vaguada? Por la altura del sol, calcula la hora. Siente en la espalda la piel contraída, reseca y tirante y un dolor sordo arriba, hacia el hombro. Con la otra mano tantea y toca una gran costra de barro duro adherida a la guerrera y a la piel. En el hombro, por delante, la guerrera está empapada en sangre. Esa costra debe ser también sangre y tierra mezcladas. Va a quitársela; pero instintivamente la deja, por el miedo a agravar el daño, cuyas circunstancias ignora. La mano ha cesado de sangrar, y la rodilla. Del pantalón le queda sólo, en el lado izquierdo, media pernera; ha perdido las polainas. Va descalzo y con las plantas de los pies abiertas. Está de pie con dificultad, porque, además, se le han anquilosado las articulaciones. La soledad y el silencio son absolutos. Tose y siente la tráquea en carne viva, como si hubiera bebido un ácido. Pero no escupe sangre. Menos mal. La herida del hombro no le ha alcanzado los pulmones.

Se asoma, subiendo por una rampa, afuera. Una llanura gris, desierta, poblada sólo por manchas alargadas que a veces forman racimos de tres o cuatro. A la espalda, las crestas de Tizza. Esto ayuda a formar juicio. Allá está el desfiladero donde cayeron tantos de San Fernando y del 59. Sí, está camino de Dar Dríus. Ha andado unos treinta kilómetros a la espalda de Annual. ¿Cuándo? La altura del sol señala poco menos de media mañana. Ayer fue ayer, sobre medianoche. Se perdió en la llanura, cayó al barranco quizá al recibir el tiro. ¿Cómo ha andado tanto? ¡Ah, la sed; otra vez la sed! ¿Y los moros? ¿Dónde están, que esto parece abandonado hace un siglo? ¿Se habrán ido al interior con el botín? Allá está el teniente N. en cueros, con las insignias clavadas en el hueso del antebrazo. Y un poco a la derecha, hacia el camino, lo menos treinta cadáveres, tres mulos de ametralladoras despanzurrados, ocho o diez cajas de municiones vacías y abolladas y el armazón de un auto incendiado.

La llanura pertenece a un planeta que no es el nuestro. Un planeta muerto, aniquilado por las furias de un apocalipsis. Silencio y muerte infinitos, sin horizontes, prolongados en el tiempo y en el espacio hasta el origen y el fin más remotos. La tierra, blanca; los arbustos, escasos y secos; llanura cruzada por mil caminos invisibles de desolación. Moros muertos, españoles despedazados. La soledad grita al sol en mil destellos sin eco: «Tú irás por Occidente; yo por Oriente, y al final nos encontraremos en un lugar de desventura». Sin un rumor de brisa, sin un pájaro, en el silencio que ahonda la mañana hasta la lividez de la última mañana del universo.

—¿A dónde vas?

Con tres grandes piedras un soldado se ha hecho su apostadero y desde allí avizora en todas direcciones. Tiene el pelo completamente blanco. Un fusil recostado sobre el parapeto y tres cargadores, quince cartuchos.

—No te fíes. Aunque parece que se han *largao*, están por ahí cerca y cuando menos lo esperas te manejan las ametralladoras y te dan pa el pelo. Yo hago lo mío. ¿Ves ésos? Todos son moros que he *matao* yo esta noche. Si te asomas allá, a la vuelta, hay más de doscientos.

—¿Quieres más cartuchos? –ofrece Viance sin comprender.

—¿Para qué?

Viance se lo queda mirando y le propone:

—Ven conmigo a Dríus.

El otro suelta a reír con carcajadas opacas, sin abandonar su expresión de taciturnidad:

—¿Yo? No puedo andar, voy pisando con los huesos. He venido de R. brincando por las vaguadas.

Tiene un pie deforme, inflamado, con la planta desgarrada.

—¿Se gastan las alpargatas? Pues lo mismo pasa con los pies. Si vas tú a Dríus diles que no tengan miedo, que aquí estoy yo de protección de carretera.

—¿De qué quinta eres? Pareces muy chivani.[121]

—Chivani como tú. Veintitrés años. *Examinao pa* cabo y una propuesta de ascenso, cuando salga esto en la orden.

Viance quiere recordarlo. En su compañía, en R., había uno que «le daba un aire». Pero no recuerda, y el esfuerzo de memoria le produce un gran cansancio. Mira orientándose en su torno. Más allá la llanura está limpia. Los cadáveres son casi todos de los nuestros.

---

121 *Chivani*: Joven.

Ladra un perro lejano. Hacia Dríus amarillean las lomas y de pronto una cresta azul oscuro corta ese otro azul claro del cielo. Va a seguir andando.

—¿Tienes agua?

—¿Crees que soy un quinto o qué? Treinta meses en estos secarrales. ¿Yo, agua?

Vuelve a reír. La risa no le llega a los dientes, se le queda en el pecho entre los harapos caqui, y le vierte por la comisura de los labios un poco más de barro.

—¿Quieres cartuchos? –insiste Viance.

—¡Bueno! Dame uno. Sólo uno. Por la noche esos moros se alzan y vienen aquí. No te fíes, aunque parezcan fiambres, que aquél de allá es el Gato y los gatos tienen siete vidas.

Viance le deja un cartucho, sin comprender bien las palabras del loco. Luego, desganadamente, sale andando hacia Dríus. Puede llegar allí al atardecer. No tiene hambre, no siente el estómago. Si el sol no aprieta mucho, la sed lo dejará llegar al campamento. Apenas ha andado unos pasos vuelve y dice en voz baja al loco:

—¿Sabes lo que yo pienso? Aquí ha ocurrido algo gordo.

El otro dice con suficiencia:

—¡Qué va a ocurrir! Eso es una chaladura.[122]

—¡Bueno! Al tiempo.

Y Viance se va con un molesto resquemor.

Muertos, muertos por todas partes. La estadística dará luego cifras: doce mil. No huelen tanto como los del barranco de Annual; pero hay que tener en cuenta que aquí el aire «se expansiona». Mira los cadáveres como si nada tuvieran que ver con él, como si formaran parte de los accidentes naturales del terreno. El sol fustiga en las espaldas, y Viance anda, anda, usando el fusil como bastón, la cabeza descubierta. ¿Dónde perdió el gorro? Y una vejez, una senectud agobiadora en los huesos. La costumbre le hace tomar cautas medidas y no avanzar sin descifrar la menor sombra, el menor desnivel propicio.

La vista va despejando el camino con anticipación de un kilómetro. Y allá hay alguien que se ha sentado en una peña, junto a un arbusto de esos tan pegajosos. ¿Lleva armas? No. Y tiene la traza de

---

122 *Chaladura*: Locura.

un soldado. Su aire tranquilo confirma que no hay riesgo en este sector. Aquí el peligro ha agotado ya todas las posibilidades. Desde luego, el silencio es absoluto, no se oyen tiros por ningún lado. ¡Ah, Dar Dríus! ¡Si llega a Dar Dríus! ¡Caerá abrumado por la miseria, por la sangre perdida, por los piojos, tan inquietos como la fiebre y el sol, y para todo habrá un remedio al alcance de la mano.

Al llegar cerca del soldado éste se levanta; le muestra una pistola vacía. Tiene los ojos preñados de llanto y una alpargata ensangrentada. Le alarga una cantimplora casi llena de un líquido ocre que Viance apura con delicia.

—Esto no es orines.

—No. Cerveza.

Viance lo mira asombrado. Lleva una guerrera de soldado, sucia y descolorida a trechos; pero el pantalón es de corte irreprochable.

—¿De qué batallón eres?

—Soy oficial.

—¡A la orden de *usté*! Vengo de R. ¿Dónde debo presentarme?

El oficial se encoge de hombros y luego balbucea:

—Búrlate si quieres. Ya da lo mismo.

Viance observa que lleva un pie destrozado. El oficial no debe pesar mucho.

—Lo llevaré a cuestas mientras pueda.

—¡De ningún modo! Tú también vas herido. Iré andando o esperaré que avancen de Dríus.

Viance se lo queda mirando con fijeza. El oficial, al hablar de Dríus, ha señalado en dirección opuesta. Viance advierte con súbito mal humor:

—Dríus no está allá, sino hacia este lao. ¡Pues sí que llegarás a Dríus por ahí!

Lo tutea deliberadamente, con esta fraternidad de la tragedia. Descubre ahora en el oficial la desesperación que apenas lograba contener y que desborda al sentirse tuteado. Suenan tiros lejanos y suelta a llorar en silencio. Viance, repuesto por la cerveza, se indigna:

—¿Un oficial? ¿Tú un oficial? ¡Una mierda eres! Te has *quitao* la guerrera *pa* que no te vean las insignias. ¡Confiésalo, hombre!

Raudo, inseguro, fantasma, un automóvil a velocidad increíble

llega por el camino de herradura dando tumbos. De pronto frena y
Viance corre a su encuentro. El oficial acude cojeando muy lentamente, con una luz de esperanza en los ojos. El vehículo para y Viance
sube al estribo.

—¡A la orden, mi comandante!

Un jefe, joven aún, con una expresión taciturna, casi siniestra. Dos
oficiales miran a su lado recelosos. El comandante pregunta con un
gesto y Viance se aturde:

—Soy de la tercera del segundo y vengo de R.

Le ataja con un gesto. Se oyen tiros más próximos:

—¿Qué hay por aquí? ¿Dónde son esos tiros? ¿Y el general S.?

—Su Excelencia el general se ha matado.

El chófer está impaciente. El comandante y los oficiales llevan la
pistola amartillada. Viance asegura sus manos en el borde de la ca-
rrocería y apenas logra balbucear informes arbitrarios. El comandante
dice:

—¡Bueno, está bien! –y le empuja hacia afuera, mientras comienza a arrancar el coche.

Viance suplica, con los ojos balbucea:

—¡Hay una plaza junto al chófer; llevo tres tiros, mi comandante!

Pero éste sigue empujándole, y al ver que Viance continúa en el
estribo con la culata de la pistola le golpea los dedos furiosamente. El
oficial blasfema a sus espaldas. Viance, con un dedo roto, suelta las
manos y cae junto al camino. El coche, otra vez raudo y desvencijado,
corre dejando atrás el resuello acelerado del motor. El oficial, ira-
cundo, desesperado, le quita el fusil a Viance y hace tres disparos
contra el vehículo, que acelera más la velocidad. El oficial vomita in-
jurias. Viance, intentando jugar los dedos, le pide el fusil, se encoge
de hombros y se va pensando: «El comandante escapa y va a lo suyo.
Tampoco yo debí entretenerme y perder el tiempo con este idiota».

La llanura sigue hacia Dríus estrechándose un poco para dejar
avanzar unas lomas a la derecha, se funde con una lejanía verdeoscura
de higueras y de setos. Son las cabilas, los aduares, donde los indígenas
saborean la satisfacción de la victoria. El camino de Dríus está señalado por los cadáveres, por los postes telefónicos, encaperuzados

con el charol de los cuervos. Queda detrás la cresta de Tizzi Asa con sus fumarolas de guerra.

Viance quiere concentrar la imaginación, recordar cómo logró atravesar las montañas; pero hay en él una resistencia enorme a volver sobre el pasado. Todo lo empuja hacia adelante, todo se encamina instintivamente a prever el peligro, a presentir la dificultad, y con esa atención tensa, superior a sus fuerzas, los pies avanzan bajo el cuerpo vacilante con una firmeza y una seguridad extraordinarias. No quiere volver la mirada, desdeña al oficial, cuyas voces, cansadas y confusas, no entiende ya. Pero aguza el oído y consigue ordenar algunas. Le suplica que le dé un tiro, que lo mate:

—¡Bah!

El cielo se encapota con nubes blancas, que cubren el sol, pero aumentan la luz y la tiñen de una lividez lunar. Ciego, sordo, adormecida la conciencia bajo un aluvión de sensaciones nuevas, anda sin cesar, sin cansancio, los pies a medio desollar, un peso enorme en el hombro. No importa. La cerveza distribuye ahora su frescor benéfico y comienza a sentirse también en la piel, con el sudor.

La llanura sigue en una paz mucho más honda que la simple soledad, porque la paz absoluta, la soledad insondable e infinita, le salen al paso constantemente en los ojos de los muertos. A veces corre, y siente que, en el silencio, sus pasos y los graznidos de los cuervos son la expresión viva de la llanura. Se acerca a un blocao que preside este sector sobre el camino. Más cuervos arriba, en las alambradas, rotas; un cadáver sostenido de pie contra un poste de teléfono por un piquete de hierro que le atraviesa el pecho. Algo baja, rebota entre las piedras, cae por la pendiente. Dos cuervos lo persiguen a ras de tierra, y ese extraño objeto o animal cobra más ímpetu, bota sobre una piedra y queda inmóvil sobre el camino. Una cabeza humana segada a ras de mandíbula, tan porosa que no parece de carne. Los cuervos, con verdadera maestría, le hallan los ojos y salen con sendas piltrafas. Viance evita tropezar con ella y sigue su camino.

Al doblar la loma aparece, en la lejanía, Dar Dríus. La llanura poblada de arbustos se alza lejos, en un gran escalón, y encima, un poco a la izquierda, se ven blanquear los barracones, algunas tiendas. Hay algo inesperado y sorprendente, como si hubiera tenido que resistir la

noche anterior uno de esos ciclones que arrancan las tiendas y levantan los techos de las barracas. Su ansiedad se señala ya un objeto,
y su miseria una meta. ¡Qué dulce ver hechos materia viva los sueños!
Pero la llanura, tan lívida bajo este sol filtrado, no se abarca bien. Hay
demasiado matorral. Hay también protección de carretera. Pero los
caballos llevan el rabo caudaloso y largo, hasta las corvas: son árabes.
Ve muy cerca dos camiones incendiados en medio del camino, rodeados de sombras humanas tendidas. Aquí, allá, suenan tiros sueltos.
Es imposible seguir avanzando; está todo poblado de moros, y en el
aire se ventea, con las orejas, ese cierzo tan frío de las balas perdidas.
Viance sale del camino, se ladea hacia unos accidentes donde negrea
la tierra entre rocas, y, escondido, avizora. El tiroteo aumenta abajo.
Algunas granadas salen de no se sabe dónde y abren globos y más
globos grisáceos a ras de tierra.

Los moros se hacen claramente visibles; van poblando la llanura.
Los jinetes tiran sus fusiles al aire y los recogen galopando. Se oyen
voces árabes cerca, y Viance, alarmado, contiene el aliento. Son dos
moros de unos cuarenta años, con el fusil en bandolera, que andan
presurosos cogidos de la mano. Van agarrados, no porque se estimen,
sino para tranquilizarse sabiendo que ninguno de los dos será robado
por el otro en un descuido. Viéndolos hablar, comedidos de modales,
amables, sonriendo a menudo, difícilmente se advertiría qué felina
crueldad ocultan. Uno se detiene, saca de la enorme cartera de cuero
un tubo de pasta dentífrica, la extiende sobre un pedazo de pan y come
con deleitosa voracidad. Viance, con el dedo anular en el gatillo,
aguarda para disparar en caso de sentirse descubierto.

Desaparecen camino de la montaña. Dentro de una hora estarán a
la vista del oficial, y poco después podrá el loco encañonarlos cómodamente. Viance no se atreve a salir. Una guerrera ensangrentada
aparece sobre un romero. En el cuello sólo queda un número de metal:
el 2; pero al lado se ve la huella del 4, no descolorida aún. Tiene la
mañana tintes desvaídos. Es natural. Ha perdido tanta sangre, que no
podrá ya curarse nunca esta anemia, recuperar una apariencia de salud.

En el reposo, Viance coordina recuerdos, sugestiones viejas. Está,
de momento, lo bastante tranquilo para reflexionar y las horas son

lentas. Terminado todo en R. y en Annual siente un vacío desganado e indiferente y la cabeza le da vueltas, mezclando y confundiendo sucesos, nombres, cosas. ¿Qué más da morir? Quedar tumbado en el camino es lo de menos. En realidad, ha muerto dos veces ya. Cuando entró en filas murió el joven animoso, confiado, de las vastas intuiciones universales, y a éstas sucedieron las pequeñas minucias, las preocupaciones mezquinas y una sensación de acoso y de animadversión en lo demás. Tampoco era ya el mismo. Los superiores, a excepción de los cabos, lo miraban —¿por qué?— como a un delincuente, con despego, sequedad y una resistencia a la familiaridad y a la confianza. Dudó de sí mismo, llegó a sentir la obsesión de su inferioridad, de su indignidad.

Un año tardó en acomodarse a la vida de cuartel; pero al fin se sintió identificado con la esclavitud, con la torpeza, con la simulación y con la pequeña maldad. Tenía amigos, enemigos, como en su vida anterior, y a la angustia de la vida sin sentido de la disciplina incomprensible —¿para qué todo aquello?— sucedió una blanda e insípida atonía, que se le antojaba, en último recurso, la mejor arma contra el tiempo. De pronto ve aniquilado lo invulnerable; y en lugar de volver a ser el de antes se queda vacío e inánime ante la llanura, poblada de cadáveres.

La fiebre golpea en sus sienes y va volviendo a sentir dentro del cráneo un zumbido de hilos de telégrafo, la cabeza vacía y caldeada. La llanura sigue muerta y viva con raros contrastes, algo de cementerio y el bullicio y la animación de los zocos. Han improvisado tiendas de té bajo los toldos rayados en colorines. La tarde transcurre lentamente. El cielo ha ido cubriéndose, y las nubes blancas se vuelven pardas y grises. Viance ha intentado reanudar la marcha al ver que los jinetes, las tiendas moriscas, han desaparecido; pero quedan muchos grupos dispersos. Le sorprende que desde Dríus no hagan fuego sobre la llanura. Podían haber matado a mansalva centenares de rebeldes. Es éste un enigma que quiere descifrar. Sólo de tarde en tarde se oyen tiros agrupados en una lejanía inconcreta; los cuatro o cinco cañonazos que hacia mediodía han disparado desde no se sabe dónde apenas han merecido una curiosidad alarmada que ha desaparecido en seguida.

El viento llega cálido, huracanado, y no trae sonido de cornetas, sino esa voz, lejanías que canta de noche la angustia interplanetaria.

El aire, más caliente y pesado bajo las nubes, dificulta la coordinación
de ideas. El cansancio, la sed —otra vez la sed— y la sensación de nuevo
acentuada del peligro, imponen a las ideas una rapidez escueta, aérea,
sin contacto con el buen sentido que dirige y orienta. Y en la rodilla,
un escozor de quemazón, que le impide adoptar una posición cómoda.
¿Por qué no tiran de Dríus? ¿Es que los moros vacilan en el campamento antes de iniciar la ofensiva? Ahora entran por el parapeto, con
el fusil a la espalda. Son moros, sin duda, aunque no se les distingue
bien. ¿Están parlamentando? «No os fiéis, que os traicionarán. ¿Acaso
no veis aquí, en medio de la llanura, esos dos camiones incendiados,
rodeados de muertos?» Quizá estos son moros de la Mejala,[123] con-
centrados para contener el avance de los rebeldes; pero en ese caso,
¿por qué han disparado antes aquellas misteriosas baterías?

Todo se le ocurre, menos que hayan asaltado el campamento.
Queda todavía una fe en la fuerza, en la Orden de la zona y en las
guarniciones de los campamentos. Una vaga impresión alucinada le
hace aceptar, sin embargo, la posibilidad de que el torrente va avanzando delante de él con una gran fuerza devastadora, y que ha pasado
ya por Dríus como había pasado por Annual. ¡Ah! Pero esa idea lo
hunde bajo una presión inmaterial en la media luz del atardecer. Es
el terror, el saludo de camaradas de aquellos cadáveres agarrados epilépticamente al piquete o a la estaca que los clava por el pecho, por el
vientre contra el suelo. El campamento ha sido abandonado también.
Dríus tiene el mismo aspecto inánime, sombrío, de Annual. Lo comprende a esta hora indecisa de los pesimismos, de las turbiedades de
la razón y de los golpes intuitivos, certeros. Detrás de Dríus las nubes
enrojecen. El sol se pone más a la izquierda; no es el crepúsculo, sino
un incendio. Hacia la derecha, mucho más lejos del campamento, un
trazo de luz como una pequeña ciudad iluminada. Es que el fuego se
ha corrido por los arbustos, por la hierba seca.

Truenos largos, opacos llegan desde la lejanía indefinible. ¿Las baterías de Tistutin?[124] ¿O es que comienza la tormenta? Porque el cielo

---

123 *Moros de la Mejala*: La Mehala es el ejercito regular marroquí bajo control del Majzen.
     Se trata de soldados marroquíes controlados por el Sultán y, por tanto, bajo control del
     Protectorado.

124 *Tistutin*: Una de las poblaciones junto a la línea ferroviaria que transportaba viajeros
     hasta Melilla. El ferrocarril fue construido por la Compañía Española de Minas del Rif
     con el objetivo inicial de explotar los yacimientos de San Juán de Minas. Los continuos
     ataques a esta línea fueron el detonante de los enfrentamientos de 1919, y motivaron
     también el interés del General Silvestre de avanzar hacia el noroeste marroquí.

amenaza con todas sus furias, desde el negro carbón del horizonte, borrado y prolongado por unos dedos sucios, hasta el dosel que sobre su cabeza van colocando unas nubes veloces y granujientas como humo de locomotoras. ¿Y la llanura? Quedan diseminadas las mismas sombras largas, lívidas o negras que antes no se apreciaban bien en el tumulto.

Viance se siente inmovilizado. Rumores lejanos de tropel le hacen contener la respiración y aguzar el oído. No consigue identificarlos y tumbándose en tierra aprieta la oreja contra el suelo. Son caballos al galope. Un estrépito de triunfo conmueve la tierra y se transmite por los tensos nervios. Sobre el aire quieto, casi inmóvil, que ahonda el silencio y abre en torno a los cadáveres sus hornacinas de vidrio sucio, ese tropel trae violencias gallardas y lo precede una brisa de espuma y hierro. Hierros ágiles, victoriosos. Ese rumor lejano lo traen los triunfadores, los poderosos. Ni moros ni españoles. Seres superiores, ángeles, demonios, todos ellos con sus corazas y sus espadas de fuego.

Muy confortado, intenta salir y reanudar su camino. Treinta kilómetros más, hasta Tistutin. Puede hacerlos, con buena marcha, durante la noche. Pero es temprano aún. Hay demasiada luz; todavía pululan sombras sospechosas. Las tinieblas van llegando de las lejanías, de prisa, cercándolo, estrechándolo cada vez más, y llega un momento en que se detienen, en que no avanzan más; es ya de noche. Queda la llanura hundida en un doble misterio, y al alzarse y querer avanzar, las sombras retroceden. El tropel llega, se acerca. Una brisa caliente agita las greñas de un muerto y luego las de Viance. Se estremece, siente más aguda esa pesadez muscular de reuma en el hombro.

A la vuelta de una colina aparece inesperadamente el tropel. Jinetes doblados sobre al arzón, patas de acero redoblando y arrancando chispas de las piedras. Viance, cuerpo a tierra, no alcanza a averiguar quiénes son, de qué se trata. Al frente alguien alza el brazo, y resollando paran y siguen al paso. No hay nadie en la llanura. Sin duda esperaban cargar y llevarse por delante una multitud. Surgen como latigazos tiros de aquí, de allá. Un fardo cae a tierra con pesadez, y un caballo suelto corre en la oscuridad. El tropel reanuda la marcha al trote y cuando Viance quiere darse cuenta ha desaparecido y la llanura vuelve a su silencio. Arrastrándose se acerca a la sombra que yace en el suelo inquieta, balbuceando. Es uno del escuadrón de A., que habla:

—¡El caballo! ¿Quién eres tú? Anda a buscar el caballo.

El caballo se ha perdido en las sombras. La cabeza, dura, maciza, engrasada por el sudor, se vuelve hacia Viance:

—¿Aún quedan del 42? Sois como las lagartijas: os parten en tres pedazos y seguís coleando. Más de trescientos han quedado detrás de aquella loma.

Viance se entera de que Dríus está abandonado y de que el escuadrón vaga sin rumbo, haciendo lo que puede. Quedarán unos sesenta hombres, y llevan más de treinta horas en la silla. Los animales caen reventados, cubiertos de espuma. No quiere el teniente coronel retirarse; pero aunque quisiera, sería igual.

—Aquí ni Dios se entiende. Yo creo que se ha *armao* la revolución en España y que se han ido a hacer puñetas el rey, los duques y los obispos. A mí me da igual, porque esto se acabará al amanecer. ¿Cuánto dura un cristiano con un tiro en la tripa? En un hospital, quizá; pero aquí, seis horas –se palpa el vientre y frota el pulgar con los otros dedos–. No sale ni sangre ya.

Se arrastra hacia unos matojos y apoya en ellos la cabeza. Viance lo mira en silencio.

—Si te salvas busca a quien tenga la culpa y sacúdele. La vida ya ves tú lo que es. Sólo vale la pena cuando hay un poco de justicia encima de toda esta mierda. Si no la hacen ellos, la hacéis vosotros. Toma este cartucho tan limpio. Lo guardaba pa romperme la sesera; pero se está aquí bien. Guárdalo tú y hazme caso. Busca a quien tenga la culpa y sacúdele, que si hay un Dios ahí arriba Él te ayudará a tomar puntería.

Viance lo recoge y se lo guarda. No acierta a coordinar ideas. Le ha quedado fija la idea de la revolución. ¿También el duque de su pueblo se habrá ido a hacer puñetas? Ríe. El otro pregunta:

—¿Qué te ríes? No es para reírse esto. ¿O es que estás majareta?

Viance se va refunfuñando y el otro lo llama:

—Soy Benito; de Torres del Guadiana.

Se encoge de hombros Viance: ;

—¿Y qué?

—Si sales con vida, podías escribir esto al pueblo. ¿O es que vamos a morir sin que nadie se entere?

Se hace un ovillo sobre sus rodillas, da un ronquido largo. Viance no sabe qué contestar:

—Si hubiera agua por aquí te traía una cantimplora.

—Pa encontrarla tienes que andar dos horas y otras dos para volver. ¡Vaya un remedio! Además, aquel agua está llena de sangre y sesos. Van a beber y los aguardan en una emboscada. A tres del 42 se lo he advertido; pero podía más la sed y allí han quedado, de hocicos en el charco. Han muerto bien hartos, eso sí.

Lo dice comparando su sed con la saciedad de los otros y envidiándoles esa última delicia. Añade, con una ira febril, con una exaltación momentánea de actor mediocre:

—Yo voy a reventar. ¿Oyes? Pero si creen que después nadie va a acordarse de nosotros, se van a llevar buena sorpresa. Te juro que sí. ¿Has venido de Annual? Desde más allá de las montañas todo está *sembrao* de hombres con las cabezas rotas, con las tripas al aire. Cada uno tiene su familia, sus amigos, y esa sangre traerá más sangre; acuérdate que te lo dice un veterano. Si vas hacia allá, de aquí a Dríus *pues* contar los muertos por docenas, y de Dríus abajo, por centenares. Tú y yo seremos pronto dos más, no te hagas ilusiones; pero no se va a acabar esto aquí, ni en Tistutin ni en Melilla. Eso querrían quienes yo sé. ¡Ah, la hostia, cómo se equivocan! Tengo veintitrés años. ¿Está bien morir como un perro a los veintitrés años, abandonado de toda esa gentuza? Mi teniente coronel, pa salvar la buena fama de los oficiales que se arrancan las insignias y salen corriendo, está con el escuadrón por ahí día y noche, cazando a los moros a sablazos, chorreando sangre. Los caballos están rabiosos, muerden y cocean, pero las sombras también muerden y te cogen *bocaos* en el cuello, en la tripa. Todos sangran en las rodillas, porque la silla del caballo muerde también, y caen del cielo pájaros que te pasan la cabeza de *lao* a *lao* con el pico. Te jodes. Ceriñola.[125] Si no hay agua es porque los camiones se han quedado en el camino. La gasolina es mala, y con todo se la beben en intendencia. Pégale fuego y verás. Allá hay tres cabrones soltando cohetes y divirtiéndose; pero no vayas, porque el al-

---

125   *Ceriñola*: En referencia al regimiento 42 de Ceriñola al que pertenece Viance.

calde te pondrá multa. ¿Qué haces ahí? ¡Tira hacia la derecha, que ahora llega la vieja con unas tenazas calientes!

Un silencio con respiración fatigosa, de sopor. La noche, cerrada, suda bajo la sucia estopa del cielo y huele a mugre. Viance se inmoviliza bajo las voces. Las sombras muerden, es verdad. Ve al otro andar a cuatro patas, gruñendo y cayendo de lado para alzarse después y seguir sin rumbo, como un triste animalejo. Tropieza con unos cuerpos y vuelve a gritar, pero apenas se le entiende. Más allá se agitan las sombras, y Viance retrocede de espaldas, y luego, ya a todo correr, huye hacia Dríus. Se siente contagiado de la fiebre del agonizante, pero una fiebre activa y dinámica que le produce casi el vigor de una borrachera. Pisa algo blando y rígido y sacude el pie en el aire sin dejar de correr. Detrás oye un alarido y unos golpes secos de hacha cortando algo blando y duro: las piernas del herido para llevarse las polainas y las botas a lugar seguro. Lo vio hacer ya otra vez con un oficial muerto, al bajar de Annual.

El horizonte, hacia Dríus, está iluminado con una raya de oro que fulge en la noche como una instalación de tubos eléctricos. Viance, ya asfixiado por la fatiga, acorta el paso. Un débil relámpago lo ilumina todo y recibe la impresión de haber quedado ciego. Esa luz espectral ha servido para revelarle que, en la vaga inquietud de las sombras, todo sigue igual que durante el día. El trueno es débil y lejano, pero ahonda la soledad y descubre la gran desolación de esos campos sobre los cuales llega. El miedo es ya un miedo metafísico, bajo el cual desaparece el hambre, la sed, el dolor físico de las heridas y caldea el cráneo y lo llena de vagas luces de alarma, de ruidos incomprensibles. Otro relámpago y tiros sueltos. Dos balas pasan altas, con un agudo silbido.

Viance teme a los relámpagos, se cree descubierto y aceleradamente retrocede, cambia de dirección y va a dar en una pequeña eminencia a cuyo pie se deja caer, ocultando el fusil bajo el vientre. El dorso de las manos, la mejilla, los pies desnudos –con una sola alpargata– dan en la tierra. En la inmovilidad, Viance siente feroces impaciencias. Los labios rozan una piedra y el aliento retrocede en ella y le quema la piel. Oye de nuevo un trueno, caen gotas y la llanura se

puebla de rumores. Vuelven a oírse tiros próximos en sucesivas descargas. Son los moros, pero nadie les contesta. Las balas no se oyen
pasar y la noche las recoge en su entraña de algodón. Una gota ha
hecho un ruido metálico contra una lata, ahí al lado.

Al silencio del desierto sucede, con el agua, un rumor de selva. Las
primeras gotas caen como proyectiles sobre Viance, que se encoge,
tiembla, querría incrustarse en la tierra. Pero algo sustancial y, al
mismo tiempo etéreo y fluido, se eleva sobre él y llama la atención de
los mil ojos de la noche. Sobre el cuello le pesa un pie descarnado y
una voz resuena contra la bóveda del cráneo: morir, morir, pasar a esa
fría inercia de los muertos, formar luego en la caravana de los recuerdos que nadie recuerda y que vagan solos en hileras de nubes
monstruosas. Y el tropel que llega de nuevo, velocísimo, en las
sombras, con una resistencia mecánica, un impulso frenético, midiendo la profundidad y la soledad de la noche. Un relámpago vacilante ilumina los caballos de cuellos tensos, las siluetas rígidas de los
jinetes, agrupados en un galope uniforme.

Más descargas. Caen algunos; sus huecos se vuelven a ocupar y el
galope arrastra a los heridos y los remata bajo la polvareda. Rostros
secos, macilentos, con sombras duras de calavera bajo la greña o el
casco o el tozuelo rapado, los hombros esquinados y los pechos hundidos. Sombras que han pasado ya el umbral, han dejado atrás la luz
para no volverla a ver y vagan sostenidos por la disciplina, que sobrevive a la fe, a la razón, a la esperanza; los rostros ensangrentados,
las tibias rotas, las frentes partidas no impiden que obedezcan los
sables, las carabinas, que las rodillas opriman la silla. Las leyes bioló-
gicas fracasan contra estos iluminados, que al dormir el sueño mortal
prolongan su vida en terrible pesadilla. Las sombras aúllan, gritan.
Un estrépito infernal, sin apenas sonar un tiro, tiende sobre la noche
su red de ruidos agudos, afilados. Las sombras trituran entre sus col-
millos esqueletos vestidos de caqui, del azul de las chilabas y, de vez
en cuando, al morder las cartucheras, estalla, con ruido soterrado,
algún cartucho. Gritos de angustia, de ira. Descargas.

Viance calcula que todo sucede a medio kilómetro. Un relámpago
lo confirma y en él se rehace el escuadrón y se le oye ya atropellar, ga-
lopar, despedazar. Viance, sin saber lo que hace, ha disparado tres veces

contra un grupo de fugitivos, la tercera ya a oscuras. Luego, aterrado de sí mismo, se alza y vuelve a marchar hacia Dríus, con celeridad desorientada. Ahora su imaginación descansa, sus miembros obedecen a un primario instinto y corre sintiendo que las sombras se arremolinan a su espalda, que todo le estimula, que la llanura brama y tiembla bajo los truenos y que el agua, al caer, dilata la tierra mojada y hace que el camino ideal trazado por el instinto se prolongue angustiosamente.

No tarda mucho en detenerse; pero el campamento está ya más cerca. ¡Hay tanto que andar aún hasta rebasarlo y cruzar el río, seco casi en esta época! Pero el río sólo será el primer peldaño para llegar a Tistutin y sólo con un esfuerzo sobrehumano podrá alcanzar este campamento a retaguardia, siempre a retaguardia, antes que amanezca.

Se han apagado las rayas luminosas del horizonte. Llueve allí también, por lo visto. Pero la tormenta, tan aparatosa al principio, cede, aumenta el calor y la lluvia desaparece cuando comenzaba a hacer sentir su caricia lujuriosa. A medida que se acerca al campamento aumentan las sombras largas, con traza humana, diseminadas aquí y allá. Algún chacal brinca, aúlla y desaparece con un rumor ligero. Pasada medianoche, a la altura ya del campamento, las sombras se agrupan y forman una procesión de siluetas. Doce o quince soldados, descalzos, sin armas, con absurdos vendajes en la cabeza, en las piernas, desnudo el torso o mal cubierto con pedazos de camisa, tiran de dos cañones cuesta arriba, hacia el campamento. Viance ha vuelto a aplastarse en el suelo, conteniendo la respiración, con los ojos clavados en la extraña comitiva de moros que, con el fusil colgado, rodea los cañones con alborozo. «¡Arria, arria!», grita alguien, y al ver que se atascan, tira dos o tres pedradas, que suenan profundamente en las espaldas. Dan con uno en tierra. Otro moro comienza a dispararles a los pies, procurando no herirles, y al ver que el caído no se levanta, le hunde el cráneo de un culatazo. Los demás soldados hacen un esfuerzo supremo y las dos piezas suben sonando estrepitosamente. El muerto ha quedado atrás en la misma posición, con la cabeza increíblemente torcida. Viance siente que la simplicidad trágica de todo esto ya no impresiona, que es como un juego infantil en el cual se mutila y martiriza a unos cuantos insectos cuya vida tiene sin cuidado al universo. Es natural que ocurra porque Viance, que podía haber disparado sobre los moros, no se ha atrevido. Una fuerza cósmica establece el derecho del más poderoso, y sólo éste, nadie más que éste, posee la ley y la lógica. No se atreve siquiera a completar mentalmente una injuria maquinal, estúpida, y contiene también, bajo el influjo supersticioso de la noche, una blasfemia.

Cuando se cree seguro reanuda la marcha, pasando a un tiro de honda del parapeto. Ha subido ya una rampa hasta la planicie donde se tiende el campamento, y ahora va dando un largo rodeo para evitar las posibles guardias del frente principal. Hay una serie de muertos como una larga guerrilla cuerpo a tierra. Cuando ha conseguido rebasar el parapeto comienza a buscar el declive que cae sobre el camino, hacia el paso más fácil y más vigilado también del río. La sensación de fracaso es enorme al tener que protegerse de los centinelas del campamento y huir de lo que un día fue su refugio y defensa. Aprovechando la inclinación del terreno, acelera el paso, vuelve a correr a trechos. Lejanos han quedado, a la espalda, débiles relámpagos que iluminan a medias las nubes. Ya está camino de Tistutin, del campamento adonde podría llegar esta misma noche. Siente un íntimo alivio y el optimismo choca y se estrella contra las sombras en el estrépito de unas descargas de fusilería. Arrastrándose alcanza unas rocas bastante desviadas. Las descargas siguen desgarrando en jirones el aire quieto, con profundos intervalos de abismo.

Viance no ve, no oye, ignora dónde está; pero presiente la proximidad de un vallado de rocas, que inspecciona; descubre una oquedad providencial y se dispone a plegarse en ella como un gusano. Las sombras se corporizan, ahoga un grito. Algo rebulle y quiere avanzar sobre él, huir, bajo un murmullo de ropajes bíblicos. Viance alza el fusil sobre sus hombros y lo deja caer furiosamente, haciendo presa con la bayoneta. Un gruñido de cerdo y dos exclamaciones. Las sombras gimen en el fondo, articulando alguna palabra:

—¿Quieres mi dinero, piojoso?

Viance conoce la voz. Es un viejo cantinero de Dríus. Se ha vestido de moro para poder huir; pero, acosado, ha venido a este refugio con sus ahorros, que guarda en una bolsa de trapo contra el pecho. Viance calla, sorprendido.

—Matas a tu hermano, Caín, hijo de puta.

La oscuridad delinea ya la silueta confusa, dura. Bajo un brazo, la bolsa de los cuartos. Con el otro, plegado y encogido, también esconde algo. Se hace un garabato sobre sus costillas. Se ve que guarda con más fe el dinero que la sangre. Viance sigue callando y el viejo sale, se arrastra hacia atrás y, alzándose sobre una estaca, retrocede murmurando:

—Te he visto el 42 y avisaré a tus jefes; los avisaré.

Siguen las descargas en direcciones opuestas, desgarrando las sombras aquí y allá. El tropel vuelve a oírse, y en el lejano fulgor de los relámpagos aparece una docena de jinetes con el mismo teniente coronel al frente. El escuadrón ha quedado reducido a la décima parte; pero sigue trotando, galopando, precipitándose de pronto sobre un burujo de sombras y chascando sables y correas mientras las descargas se multiplican. De cada refriega salen uno o dos menos, caen los caballos o corren enloquecidos para romperse la crisma contra un altozano, contra el esqueleto de un camión abandonado. Y la lluvia vuelve y da a la noche una desolación nueva.

El viejo huye encogido, con menudos pasos, de la muerte, que ya le ha agarrado por las costillas; de las sombras y del rumor del campamento, donde ruedan aún dificultosamente los cañones. Un caballo corre, con la cabeza vuelta hacia un costado, da un brinco inverosímil al ver al viejo cantinero y galopa en otra dirección. Viance siente como un cerco de hierro espinoso, cuyas púas se acercan silenciosamente. Ve todavía al viejo bajo las patas de la patrulla, despedazado, flotantes los jirones de la chilaba. Las balas, agrupadas en lo alto, son como bandas de grullas que lanzan su chillido al unísono y se van. La llanura, con su honda y dilatada lobreguez, se deja penetrar por la lluvia, y Viance chupa las piedras mojadas, arrastra su nariz por el barro. El rumor del tropel ya es sólo el de una pareja de reconocimiento que enfila a todo correr el camino del río. Viance se levanta espoleado por la sensación de fuga de los otros y corre también. Si esos dos jinetes se alejan, va a quedar solo en la llanura hermética de sombras, de nubes, de muertos.

Nueve

Ha corrido tanto durante la noche que ha logrado rebasar Tistutin. Cuando vio el campamento sintió la alegría del animal acosado que alcanza la puerta de su guarida. Todo el camino corriendo, cayendo y levantándose, acuciado por los trallazos de un extraño domador de circo que cabalgaba sobre las nubes y cuyo látigo restallaba aquí, allá a ras de tierra. Las patrullas de moros son más frecuentes, y desde el Boquete hasta Tistutin el suelo está materialmente cubierto de cuerpos mutilados. Contactos blandos bajo los pies, ronquidos siniestros. Y ningún cadáver en actitud de reposo, sino interrumpidos en un movimiento de avance, de lucha, de protesta.

Ha tardado mucho en darse cuenta de que también este campamento está en poder de los moros. Comenzaba a amanecer cuando vio junto al parapeto destrozado las alambradas retorcidas, levantadas entre piltrafas y miembros humanos; la paz de dentro, una paz de descanso bien ganado, sin precauciones, bajo las altas rocas que emergen como vigías cenicientos casi rozando el poblado, hacia la montaña. Aquí la catástrofe ofrecía más contrastes, no tenía la cruda y primaria monotonía de Annual, de Dríus. Aquí había un poblado, había cierta vida civil reflejada, aunque débilmente, por la actividad civilizada de San Juan de las Minas. Había también polvo rojizo, ferruginoso, en el suelo, en la cara y en las ropas, y merced a él algunos cadáveres de obreros españoles tenían buen color.

Viance sintió, a la vista de todo aquello, cierta alegría sádica. San Juan de las Minas,[126] el ferrocarril con la espina dorsal levantada más arriba, atravesada de palitroques; aquella vía de juguete que se podía plegar y llevar a casa, y que de pronto, sin saber cómo, aparecía al volver una loma y se perdía entre los arbustos y volvía a aparecer. El polvo rojizo, ennegrecido por el agua, aumentaba un poco más abajo. Muelles de embarque en la plaza, operarios, cargadores y mineros casi de balde; dos trenes de mineral diarios hacia el puerto: todo gracias a nosotros. A ver dónde están ahora esos trenes cargados, esas vagonetas

---

126 *San Juan de las Minas*: Yacimiento cercano a Melilla conectado con la ciudad por línea ferroviaria.

y esos hormigueros de «tíos en cueros». Todos los amaneceres esti-
mulan el ánimo con cierto ímpetu de comienzo y punto de arranque,
al revés que los atardeceres mohínos y cansados.

Viance llega a sentir cierta satisfacción maligna y vengativa. Se
ha sentado en una piedra. Preside el paisaje la cresta de San Juan de
las Minas. San Juan Bautista debe ser. Ahí está el anacoreta de los millones, el místico de la industria pregonando la virtud, la abstinencia,
el ayuno y bautizando al indígena con el polvo rojizo del mineral.
Bautismo de esclavitud, de vasallaje. Prostitución del trabajo impuesto y mal pagado. Nada de jornadas establecidas ni jornales mí-
nimos. La procesión de encapuchados, cubiertos de polvo rojizo y de
piedra manchada por la entraña sangrante de la montaña, hormi-
gueaba de la mina al tren, del tren a la mina, silenciosa, aguardando
la caída del sol y los seis reales.

Civilización de Occidente, trenes mineros, sociología de piedad
cristiana y, detrás, el ejército, la vida joven y poderosa con tres palabras vacilantes en los labios: patria, heroísmo, sacrificio. Más abajo
de la cresta minera, rocas blancas enhiestas, agrupadas, superpuestas:
el hueso mondo de la montaña. Todavía más abajo, blancas losas calcáreas, donde la lluvia, la erosión constante, ha dibujado columnas y
encasillados de arriba abajo. Una tabla de cotizaciones de Bolsa. Y al
pie... Al pie se han refugiado algunos para morir. En este sector, la
gran losa calcárea es un área feroz y primitiva.

La luz grita y empuja. Viance se levanta y sigue andando, sintiendo la garganta abrasada y el vientre aplastado entre las caderas,
inmóvil ya el hombro derecho, con la gran costra en la espalda convertida en mosquero bajo el sol. Dos días y dos noches andando, sin
otro alimento que el trago de cerveza que le dio el oficial le han hecho
perder ya por completo la conciencia del peligro, la noción de lo que
le rodea, el horror de los muertos. Siente, en el fondo, que ha acabado
la esclavitud. Ahora tiene una libertad bárbara e implacable, más dura
que la peor disciplina, una libertad de cosa inorgánica, de piedra o
de árbol, enorme e inútil. Sus cavilaciones se resuelven en el vacío
como cabezazos contra un ataúd.

Cuando se da cuenta ha perdido de vista Tistutin y se enfrenta con la llanura, cuyos reflejos le llegan a la médula con oleadas metálicas. ¿Y los muertos? Ahora hay una tregua. La llanura aparece desierta. Algún mulo descubre los dientes amarillos y largos bajo el hocico alzado, los ojos muy abiertos contra un azul que ya no logran reflejar. Se forman de pronto largos fantasmas sobre la cal con las manchas rojizas y verdosas de los arbustos, y el sol los vivifica y les prende el fulminante en la recámara. Hay cabilas hacia la izquierda, en las estribaciones montañosas, y un aeroplano las encontraría. ¿Qué hacen los aeroplanos? Da un salto, se agazapa con un miedo cauteloso. Ha sonado un tiro.

La llanura sigue desierta. Un caballo trota cerca y se para. Es a su espalda. Sin atreverse a cambiar de posición, va deslizando el fusil, cala el machete y volviendo apenas la cabeza mira de reojo, con la boca entreabierta. Más atrás se alza un soldado del suelo, oprimiéndose con una mano el brazo herido. Luego saca un cuchillo del ceñidor y retrocede, encogido, hurtando el cuerpo, hacia el caballo. Va a buscar el mosquetón que cuelga de la silla. Otro disparo, sin hacer carne. El soldado, con una cara toda hocico bajo menudos ojos enrojecidos, llega ya al arzón, cuando otro de un brinco se alza entre las matas. Mira primero a su alrededor, temeroso de que los tiros atraigan a los rebeldes, y después avanza decidido. El jinete le sale al paso con el cuchillo, y en el choque algo se quiebra con un chasquido metálico y el de los hocicos se tambalea y cae en silencio. Después gime, mira con desesperación al caballo que acaba de perder y el vencedor corre y se apodera de su presa. El animal retrocede de costado, gira; a una amenaza y un puntapié del otro contesta con un fuerte cabezazo hacia atrás.

Tiros espaciados, agrupados, encienden en seguida una lejanía próxima. Viance sale y corre, mientras el otro, creyendo quizás que es su contrincante, le dispara un cargador en vano. Viance oye los tiros, ve brincar la tierra, las esquirlas de piedra, diez pasos delante. La llanura es ahora blanca, pelada, lisa.

Hay otra vez muertos recientes. Y un grupo lejano de soldados atolondrados, perseguidos y cazados a golpes de alfanje por unos cincuenta jinetes moros. La llanura amenaza por todas partes. Una polvareda no muy lejana denuncia la presencia de más jinetes. No hay el menor accidente donde guarecerse; el sol cae sin otras sombras que las de unos cadáveres y la de un herido, que con las piernas inmóviles, quebrada quizá la columna vertebral, intenta en vano levantar la cabeza y el pecho apoyándose en los brazos.

Hay otra sombra mayor, más propicia. Un caballo despanzurrado, la cabeza increíblemente torcida y atrapada bajo el cuello con una actitud de caballo de ajedrez. A cuatro manos se arrastra Viance y cae junto al animal. Era un hermoso caballo de tiro. ¿Quién hace a estos pobres animales responsables de la impericia o de la imprudencia del mando? ¿Cuál es el deber cívico de los mulos, de los caballos? Viance advierte luego: aunque nosotros, como los mulos, sólo tenemos deberes cívicos, no derechos: el deber cívico de morir. El Estado nos autoriza a morir para sostener el derecho cívico de unas docenas de seres que son la historia, la cultura, la prosperidad del país, porque el país comienza y termina en ellos.

Estas reflexiones no las resuelve Viance; pero las plantea oscuramente y quedan iniciadas en la subsconciencia, otra vez alerta. Hacia la derecha, las patrullas moras avanzan, se acercan persiguiendo a unos soldados sin armas que gritan, caen, más desvalidos, más infantiles, bajo las grandes masas de los caballos coronadas por el revuelo de chilabas y albornoces.

Viance, arrastrándose pegado al caballo, da la vuelta y se sitúa al costado opuesto, entre las patas. Por primera vez siente la repugnancia de la muerte en el ovillo de intestinos que asoma entre las patas traseras, en los ojos del animal vaciados por los cuervos, y en los hocicos comidos por los chacales. Por la grupa, el animal estaba intacto; pero por el vientre muestra enormes desgarraduras y tiene el pelo y el cuero quemados.

En este sector la alarma es también rápida y creciente. Despierta la llanura y con ella comienzan a agitarse bajo el sol los moros como los piojos por una camisa. Viance se ve descubierto. También allá se cazan los soldados que huyen desorientados, despavoridos, a manotazos de caballo y golpes de alfanje. Cuatro infantes, ya sin sus municiones, se agrupan, y con las bayonetas aguardan un grupo de jinetes lanzados, que al ver que se les hace frente se detienen y requieren las carabinas, sin desmontar. Fuego graneado. Al dispersarse los soldados caen, se arrastran y los jinetes vuelven sobre ellos y los pisotean, tirando al aire los fusiles. Luego avanzan haciendo alardes con los caballos, que saltan, retroceden, se encabritan. A la otra parte suenan gritos árabes. Viance, aterrado, oye palabras sueltas: «Mlej... farruco... *Seriniola*» y risas colectivas. Repiten mucho la palabra «Ras Arruit» y «Mont Arruit». Y se acercan. Viance se pega al mulo, contiene la respiración. Dos jinetes, de pronto, giran y quedan frente al caballo muerto. Disparan al aire y arrancan al galope, saltando sobre el cuerpo inerte. Ruido de cascos, relinchos.

Viance siente contactos viscosos, fríos, en las manos, en los pies. Está dentro del vientre del caballo, y una abertura entre dos costillas hace de atalaya y de respiradero. Huele como en las carnicerías y los muladares. A medida que avanza el sol, el olor es un hedor de sentina espeso y fétido. Pero el calor no es excesivo; los contactos con el cadáver son más bien fríos. De cerca, la tragedia tiene crueldades tan espantosas, tan innecesarias, que casi resultan inocentes. No ve más que en una dirección; pero le basta, porque el oído suple la deficiencia y porque a veces parece que gira la llanura como un disco para presentarle todos sus frentes.

Ha desmontado la bayoneta para no herir al caballo con súbito respeto, casi filial, y los tiros de la llanura suenan remotos a través de paredes de luz, de sueño atrasado y de húmeda oscuridad.

Siente sus propias palpitaciones en las costillas del caballo.. ¿Es que quizá su vida trasciende a las vísceras muertas y las anima de nuevo? Siente también que su materia es igual a la que la circunda, que hay sólo un género de materia y que toda está animada por los mismos impulsos ciegos, obedientes a una misma ley. Le invade una vaga ternura, el deseo de hacer el bien y de encontrarlo todo dulce y bueno.

Un escozor en los ojos y lágrimas en las mejillas. Hace rato que llora. El deseo de llorar es superior a su cansancio, a su sed, al hambre y a los dolores de las tres heridas. Y al mismo tiempo, esos dos pequeños regueros luminosos parten de la nuca y corren por debajo de los temporales para unirse en el entrecejo, obligándole a estremecerse para evitar esa conjunción. Le teme como a la muerte.

Poco a poco, a medida que sube el sol y el calor de Viance se transmite a las vísceras muertas, los contactos fríos desaparecen, aumenta el hedor y Viance se siente hundido en una conciencia nueva de sí mismo, del dolor, de la vida. Ésta es un accidente físico. No es cierto lo que poetas y clérigos quieren demostrarnos. Son ganas de no comprender la sencilla grandeza de este accidente, que nos equipara a algo tan sereno y milagroso como las piedras y los árboles. Viance, que no puede hacerse estas reflexiones, intuye, sin embargo, la razón por la cual el contacto con el caballo muerto no le produce asco. Se siente momentáneamente reconciliado con la materia. Las impresiones morales han sido tan fuertes, tan vivas, que esa manera sentimental de reflexionar que constituye para la mayor parte de los hombres una apariencia engañosa de entendimiento y de talento, ha quedado aniquilada, y sólo queda el instinto, más agudo cada momento, más poderoso cada día. Y el instinto sano y aguijoneado por la tragedia le hace sentir una ternura sin límites por ese penco despanzurrado que le sirve de guarida.

Llegan moros a caballo y a pie. Alguien da una voz y miran todos en la misma dirección. Viance contiene el aliento. Están muy cerca, a menos de quince pasos. Siguen sonando entre la jerga marroquí las palabras de Arruit, Ras Arruit. Uno se lleva el fusil a la cara, y otro se lo retira de un manotazo y le advierte algo. Luego llega, danzando torpemente y cantando una canción sin sentido, el soldado del pelo blanco, con el correaje sobre la piel y los calzones rotos.

—¿Cuántos estáis? ¡Ciento y la madre! ¡Si el capitán os pillara aquí con las máquinas!

Los moros lo miran atentamente con un aire severo o meditabundo.

Alguno se lleva a la boca las palmas de las manos, y hay en todos los ojos un respeto supersticioso. El loco ríe y la risa hiela el aire a su alrededor.

—¡Maulas! –grita a los cadáveres–. Si llega el cabo con el cinto en la mano veremos si os levantáis.

Echa a andar muy decidido, lamentando algo con gestos de cabeza. Luego se vuelve a los moros:

—Allá he dejado la guerrera, porque si entro en la plaza me llevan al despiojamiento y luego me la dan toda arrugada y mojada. ¡El testamento de un veterano por una perra chica! Los calzoncillos que dejé en una zarza se fueron solos desde Annual a Segangan. Y luego te pones la guerrera, te han *dao* un buen *lavazo*, han puesto la ropa en agua hirviendo, te han *pelao* al cero y, antes de formar, otra vez piojos.

Vuelve a reír con ruido de tablas poderoso y seco. Echa a andar de nuevo balbuceando:

—¡Morancos de la hostia!

Pero retrocede al punto de partida precipitadamente, se pone a danzar muy serio, con una tozudez animal y avanza así, en silencio. Los moros continúan su camino haciéndose a un lado para no tropezar con el cadáver del caballo. Respetan a los locos, en los cuales ven una ventana abierta a la superstición del más allá.

Viance quiere salir, pero la luz de la llanura es como una inmensa cuchillada de verdugo que le segará la cabeza en cuanto aparezca fuera. De nuevo los regueros luminosos avanzan bajo el cráneo, vacilan, vuelven a avanzar y se unen ya sobre el entrecejo. Sin embargo, se oyen todavía en la sombra muelle y suave algunos estampidos.

Cuando despierta, el caballo se sacude en leves estremecimientos. Hay fuera un resol de oro, le laten las sienes y le arden los labios. El caballo se estremece de nuevo. Viance asoma la cabeza con cautela. Hay un silencio profundo y acogedor. Deben ser las siete y media o las ocho. La naturaleza, joven a pesar de todo, sigue atenta a sus necesidades, y aunque Viance se siente con la cabeza pesada, las sienes atenazadas, los pies inseguros, sin duda ha dormido. Va alzándose para atalayar el sector opuesto de la llanura y la sorpresa lo inmoviliza. Con los ojos desencajados levanta el fusil cogiéndolo por el cañón y va a descargar un culatazo en la cabeza de un anciano árabe que lleva un gran manojo de herraduras y que de pronto se ha incorporado, muy sorprendido, con un pedazo de machete en la mano. Viance lo mira queriendo penetrar con los ojos en esa vejez de barba nevada, solemne y grave. El viejo contesta con una sonrisa:

—¡Ah, muchacho! Cálmate. Vengo a arrancar las herraduras de los caballos para venderlas en el zoco. Pienso sacar cuarenta céntimos que son los que me faltan para comprar unos dientes nuevos de laya.

Como soy viejo ya no puedo manejar la azada; pero la laya sí, porque no hay que doblar los riñones.

Viance quiere hablar, en vano, y el viejo añade:

—¿Qué dices?

Repite Viance y el viejo sonríe y calla. Ve al soldado mirar, inquieto, por la llanura y lo tranquiliza.

—No te preocupes. Están todos en Monte Arruit. Por aquí sólo verás algún viejo como yo o algún chiquillo.

El soldado calla y vacila. El viejo añade:

—Déjame que arranque esta última herradura, y si tienes confianza en mí acompáñame y te daré pan de cebada y agua. ¿De dónde eres?

El soldado dice su pueblo y el viejo añade:

—¿Cómo te llamas?

Vacila Viance; mira al cielo, se lleva una mano a la frente, hunde la mirada en el suelo y la deja vagar.

—No me acuerdo.

El viejo comienza a arrancar, despreocupadamente, la herradura rompiendo con el pedazo de machete el casco. Viance ve salir un clavo, un largo clavo, que le arrancan a él de las entrañas. Vuelve el respeto y la gratitud filial por ese esperpento ya hinchado y fofo. En la frente, al secársele algo, se le encoge la piel. Sangre y humores del caballo. Va a repetir el viejo la misma operación en una pata donde queda todavía media herradura y un clavo. El acero rompe el casco y desgarra la zanca. Viance protesta:

—¡Salvaje!

—Pero si está muerto ya.

—¡Deje usted al animal en paz!

El viejo sigue manipulando sin hacerle caso. Viance se abalanza sobre él y agarrándole las barbas le obliga a retroceder mientras le amenaza con el machete. Hay una incoherencia de palabras y movimientos que ya tenían al viejo sobre aviso.

—Muchacho, ¿qué haces?

Viance, mirando sombríamente a otro lado blasfema, suelta al viejo. Éste enhebra la última herradura en un alambre, encima de treinta o cuarenta más, suspira mirando la llanura con la desespe-

ración fría y resignada del que ha llegado, como siempre, a recoger
lo que los demás han desdeñado por inútil.

—¿No te acuerdas de tu nombre? –insiste.

Viance vuelve a reflexionar; pero se pierde en un laberinto, no de
ideas, sino de sugestiones materiales, vivas, de luz y voces y ruidos.
Disparos, carnes amarillas, violáceas, un sueño confuso y remoto en
España y el tope eterno del mañana. Quiere penetrar por un dédalo
cuyo primer camino se le va. Y sabe que al final está escrito su nombre.
Se encoge de hombros:

—¡Coño, no me acuerdo!

Se confía al viejo y éste se lo agradece en silencio «¿Vas herido?»
Afirma Viance y el anciano promete curarlo. «Es ahí cerca.» Pero
Viance apenas puede andar y el viejo quiere recogerle el fusil. Hay
una alarma súbita en Viance:

—Usted es español; no me extrañará, sin embargo, que intente
usted matarme. ¡Hostia divina!, ¿cómo me va a extrañar ya nada?

Pero antes ha vaciado la recámara. Avanzan. El viejo anda entre
los muertos con una especie de familiaridad. A veces ladea un cadáver
y mira debajo:

—No es raro encontrar cerrojos de fusil y trinchas y hasta algún
paquete de cartuchos, que luego se venden bien.

—¿Qué ha sido esto, viejo? ¿Usted sabe qué ha sido esto? Dos días
y dos noches huyendo y tropezando con muertos por todas partes. Es
lo que yo digo, aquí ha pasado algo y alguien tiene la culpa.

El anciano suspira y se rasca en un brazo.

—No tiene la culpa nadie ni ha pasado nada –y añade con los ojos
perdidos en el horizonte–. La humanidad ha sido siempre así... ¿sabes
por qué? Yo soy muy viejo. Vine el año 60 a la otra parte de la morería, a Tetuán. Muy viejo. Pero por eso... –vacila como si se conven-
ciera de lo ocioso de sus palabras, y añade–: vosotros, los jóvenes, sois
los únicos que aún no estáis envilecidos, que tenéis la conciencia sana
y creéis en la justicia, en el bien; Dios os ha señalado la obligación de
decir la verdad y de meterla, si es preciso a golpes, en la sesera de los
viejos. La verdad es la vuestra, no la de ellos. La cabeza de los viejos
que mandan allá y aquí, y en todo el mundo, no tiene más que va-

nidad y miedo. Ni una idea humanitaria, ni un sentimiento puro. Y los intereses sembrados alrededor, que son como barrotes de una cárcel. Los jóvenes podíais haber evitado esto defendiendo a su tiempo las ideas que sólo vosotros sentís sinceramente y que son la verdad del mundo aunque nadie quiera verlo. Pero habéis preferido someterlo todo a esta maldad y a esa vileza, y el cielo, que no perdona tan fácilmente como dicen, os castiga y aún os castigará más.

El viejo tiembla, enrojece. Luego se arrepiente. Viance piensa si estará loco, aunque en el fondo reconoce que tiene razón. ¡Pero hace falta estar un poco majareta para soltar ese discurso aquí en este momento! El viejo añade, después de un silencio:

—Nada. Esto, todo esto, no es nada. Ha sido así siempre y seguirá siéndolo. Yo no sé si soy español o no, pero estoy por los moros. Esto lo han hecho los jóvenes de acá porque los viejos hacen el saludo militar a los cabos españoles. En cambio vosotros, los jóvenes españoles, os sometéis, ofrecéis lo mejor de vosotros mismos a cosas caducas, inútiles y malvadas.

Siguen andando. La voz del viejo golpea a Viance monótonamente en la cabeza, llena de resonancias. Después de un silencio, el viejo añade:

—¿Es hermosa España, verdad? Hace cincuenta años que no la veo. Antes subía a las montañas y cuando hacía claro veía entre las nubes, muy lejos, las crestas de Sierra Nevada; pero ahora la vista no me rige y las montañas están muy altas. ¿Es hermosa España, verdad?

El viejo insiste y Viance responde por fin:

—Sí, es hermosa.

Piensa con fruición en el sol dorado, en la campiña verde y en las mañanas del domingo en la aldea, decoradas con los pañuelos estampados de las mozas y con su risa franca. Olvida que todo esto que le rodea, el aire fétido, los muertos, el comandante que le machacó los dedos con la culata de la pistola, la entraña sombría de esta noche de injusticia y de horror, es también España. En la sombra se tantea los dedos lesionados, dos de los cuales se han inflamado de tal modo que nos los puede doblar. Duda; ideas contradictorias luchan un momento en su torpe cabeza cansada. Sin venir a cuento repite deteniéndose, con extraña energía:

—¿Sabe lo que pienso? Que a pesar de todo, no hay tierra como España.

Unos minutos de tregua en el sordo martillear de la muerte sobre la imaginación. «Cincuenta años –dice el viejo– han pasado. ¡Habrá que verla ahora!» Habla de España como de una niña que no se ha vuelto a ver desde muy pequeña y que estará ya hermosa y crecida. Viance le explica:

—Ciudades grandes con trenes debajo de tierra, y buenas iluminarias.[127]

—¿Y los carlistas?

—Ya no los hay. Parece que aquello se acabó. Ahora lo que hay es mauristas[128] y romanonistas[129] que arman buenas escandaleras en el Congreso. Y el rey.

—¿El rey?

—¡Sí, el rey!

—¡Ah, el rey!

Los dos han querido en vano explicar algo repitiendo esa palabra con distintas inflexiones de voz, pero no saben qué decir en concreto. Viance afirma muy convencido:

—Habría que traerle a ver todo esto. –Una nueva pausa y añade–: ¿Sabe? Ya no quedan casi reyes en el mundo.

—¿Por qué?

—A unos les han dado mulé, cosa que no la veo bien. Otros han dimitido.

Un silencio pautado por el ruido de los pies en la sombra.

—No se debe matar a nadie –dice el viejo.

—No; aunque sea rey –contesta Viance.

Han bajado, han vuelto a subir y por fin al torcer una nueva depresión del terreno aparece la boca de una choza, metida como una cuña entre las vertientes muy acentuadas de dos pequeñas colinas.

Una zanja abierta en un costado y tierra movida al lado. El viejo explica:

—He enterrado a más de treinta y esta noche seguiré la faena.

---

127 *Iluminarias*: Faroles.
128 *Mauristas*: Seguidores de Antonio Maura que estaban en contra del rey Alfonso XIII y del sistema caciquista que representaba.
129 *Romanonistas*: Seguidores de Álvaro de Figueroa y Torres, Conde de Romanones, político liberal que ocupó varios ministerios durante el primer cuarto del siglo XX. Fue un ardiente promotor de la colonización de Marruecos por España movido por los intereses económicos de su familia y de otras personajes importantes como el Conde Eusebi Güell y el Marqués de Comillas.

Deja el manojo de herraduras en el suelo. La laya la quiere para seguir enterrando cadáveres. Cuando Viance esperaba una justificación humanitaria, el viejo pone un comentario sencillamente humano:

—Dan demasiada peste.

Ya dentro de la choza, al lado de una manta de soldado, hay un gran puchero de agua. Viance lo agarra con avidez epiléptica y se lo lleva a los labios. Bebe sin respirar el agua fresca, dulce, y se atraganta, tose sin dejar de beber. El viejo, alarmado, le quita la vasija. «Puede hacerte daño, has bebido lo menos dos litros.» Pero Viance se la arranca de las manos y lo derriba de un empujón. Sigue bebiendo hasta agotar el agua. Rezuma la piel, la ropa se empapa de sudor. Luego levanta al viejo sin disculparse. Siente una energía nueva:

—¿Qué es eso?

Hay junto al camastro un cráneo descarnado color marfil.

El viejo responde:

—Recuerdo de una persona querida.

—¿Hombre o mujer?

—Mujer; mi mujer.

—¿Murió ya?

El viejo se encoge de hombros. Su rostro inmóvil, sereno, tiene una placidez desconocida, nueva.

—¿No lo ves? Murió ya. Era de Tetuán y la mataron sus parientes por escaparse conmigo. Como me perseguían, también me tuve que venir aquí. Esa calavera es de ella.

Mientras habla ha sacado el viejo una lata con vinagre y unas hierbas. Lava las heridas de Viance, las venda como puede.

—Bueno, ¿y pan?

El anciano le da un pan negro, de cebada, blando, húmedo y arcilloso. Le advierte que la herida de la espalda no es profunda y le ofrece alojamiento y guarida. Insinúa que a él no le ha ido mal y que los moros son gente humanitaria y tratable. Viance niega, aterrado:

—Lo matarían a usted y a mí.

El viejo reflexiona y le da la razón. Ya en la puerta, le aconseja.

—No entres en Monte Arruit y procura desviarte todo lo posible a la izquierda del camino. Si no ha caído Monte Arruit, caerá al fin.

Tú, sigue, sigue andando de noche y procura llegar a Melilla. Si estas cosas que ves no te aniquilan serás un hombre cabal. Le has visto los dientes al lobo. Yo se los vi también a tu edad y me perdí porque la poca fortaleza que me quedaba se la llevó esa mujer. Pero lo que es ahora... Haz como yo. No reflexiones nunca sobre esto porque te volverás loco o idiota. ¿Sabes cuál es la única consecuencia que saco de esta catástrofe? Mírala.

Le muestra las herraduras y un montón de clavos que saca de debajo de la chilaba. «Cuarenta céntimos quizá, quizá, si tengo suerte, nueve perrillas.»

—Claro, está usted *chalao* –y después de un largo silencio–. ¿Qué es eso de guardar la calavera de su mujer?

—Aunque te explicara no me comprenderías. Eres muy joven.

—Lo dicho. Está usted *chalao*. Y en España le meterían preso por esa chaladura.

—Gracias a ella voy viviendo feliz, cosa que tú no conseguirás.

—Por mucho que sintiera *usté* su muerte...

—No –le ataja el anciano–. Yo no sentí su muerte. Me había dado ya lo mejor de sí misma, habíamos sido muy felices. ¿Para qué seguir viviendo? Ella o yo teníamos que cansarnos, que asquearnos. Así fue mejor.

Una pausa. Viance frunce el entrecejo.

—La mató usted.

El anciano lanza su mirada contra la sombra infinita.

—De cualquier forma –dice para sí mismo–, la vida es lucha, todo es lucha, el amor es un combate. Uno sucumbe siempre para que el otro viva.

Mira a Viance. Le está hablando a un cadáver, es como si siguiera hablando para sí mismo. Añade:

—Si no hubiera muerto me habría matado ella a mí más despacio, con una agonía de cuarenta años. La quería demasiado. Así es otra cosa. Yo le he sido absolutamente fiel, y ella desde lo hondo de esos agujeros de la calavera sigue haciéndome feliz. Todo en el mundo es combate, y lo de menos son estas catástrofes con sangre y muertos y artillería. Esto no es nada.

Ríe, vacila y añade:

—Todo en el mundo es lucha. En cambio, yo inventé un pacto que nos hizo a los dos felices. Ese es el único pacto que en la vida se puede hacer con los demás. No lo olvides. Con las mujeres, con los hombres, con las sociedades. Rendirlos, destruirlos, aniquilarlos cuando se tiene la suficiente voluntad para serles después fieles toda la vida. Los que carecen de esa voluntad no tienen derecho. ¡Je, je, je! Pero tú no me entiendes. Sólo me entenderás, quizá, cuando tengas en los ojos el último reflejo de luz o en la boca la última bocanada de sangre. ¡Je, je! En todo caso, si te salvas, acuérdate alguna vez de este viejo.

Viance entrevé algo nuevo que pone brumas lejanas más allá de la posibilidad de salvarse y de volver a España; las sepulturas próximas, la zanja abierta y el olor pestilente le hablan ahora más al cerebro que al corazón. Presiente algo inconcreto. No sabe qué. Pero lo que sea le deja una impresión confusa y amarga, más dolorosa que el balazo que lleva en el hombro.

Al doblar el recodo de la colina, cara a la gris llanura –gris plomizo salpicado del blanco o del amarillo tumefacto de los cadáveres desnudos–, la soledad le sale al paso y lo rodea, prolonga las perspectivas en una dimensión nueva, llena de asechanzas, de misterios, de peligros, de hados y duendes. El miedo es aquel antiguo miedo de la infancia que da a las cosas una expresión humana y a las personas una categoría tonta de cosas. Siente mareo, sudor frío; esto no es miedo, sino exceso de ese agua que le hincha el estómago y que suena al andar como si la llevara en una barrica. Vomita, sigue sudando y vuelve a vomitar. Ha devuelto más de la mitad y en seguida se siente aliviado, con un bienestar que hace tiempo no conocía. Ahora las cosas llegan a él con la impresión normal, y por lo tanto, a, la precavida indiferencia de antes sucede un terror desolado y frío. Quiere hacer cálculos. Ha andado unos 70 kilómetros y le quedan todavía más de 50, a los cuales la muerte ha trasladado su aduana infranqueable.

Anda en la noche con el fusil colgado en el hombro sano, tranquilizado por las palabras del viejo desertor. Hace un frío penetrante y húmedo. Está más próximo el mar. El cielo, de un negro abismático, está poblado de inquietas luminarias que lo hacen mucho más hondo. Hay una paz sedante, con aliento de eternidad.

Viance piensa que cada estrella es un mundo como el nuestro, o un conjunto de mundos sin principio ni fin. La vida de un ser vale menos que el vapor acuoso de una gota del mar evaporada bajo el sol. Y, sin embargo, se considera el centro y eje del universo y cree que las estrellas sólo existen para que él pueda orientarse y saber qué hora es. Si no hay luna es porque así él se encubre mejor en las sombras. Pero, ¿qué absurda conciencia de sí mismo es ésa? Viance ladea la cabeza, lamentando: «¡Un voceras soy!» Ignora la siniestra armonía que lo preside todo, que hace que en los momentos de peligro pierda la noción de sí mismo y se salve; que en los momentos de seguridad y de paz, con la sed calmada, bien dormido, pueda hacer reflexiones, si no confortadoras que, por lo menos, lo conduzcan lejos de la desesperación.

Es la guerra. Esto es la guerra. La banderita en el mástil de la escuela, la «Marcha Real», la historia, la defensa nacional, el discurso del diputado y la zarzuela de éxito. Todo aquello, rodeado de condecoraciones, trae esto. Si aquello es la patria, esto es la guerra: un hombre huyendo entre cadáveres mutilados, profanados, los pies destrozados por las piedras y la cabeza por las balas.

Suelta a reír. Tanta es la risa que tiene que sentarse en una piedra para seguir riendo. De pronto, calla. Unas sombras han pasado raudas, sin pisar apenas el suelo. Eran tres y han partido cada una de los tres cadáveres que se advierten a la derecha. Si no supiera que son chacales creería que se trataba de los espíritus de esos muchachos. Sigue andando, ya con el sobresalto del miedo. A unos cincuenta pasos, los chacales, detenidos en la sombra, lanzan sus voces de agonía rojas, templadas, agudas, mucho más humanas que las de los hombres.

Viance anda desentrañando con los ojos las sombras que lo bloquean a tres metros de distancia en un cerco plomizo. Las voces de los chacales van apagándose. Callan, por fin. Han vuelto de nuevo a sus cebos.

DIEZ

Después de andar toda la noche, sin otro accidente que el de su pugna con las sombras apelmazadas alrededor, llega a la llanura de Monte Arruit. Sabe que al final, la primera prominencia es la colina, no muy alta, de suaves laderas, de Monte Arruit. Encima, la posición. A la derecha, el río; a la izquierda, la estación del ferrocarril, pequeña, blanca, con ventanas ajimerezadas,[130] mitad fortín y mezquita. Y en medio, la cerca de alambre espinoso, de sacos terreros. El campo del amanecer comienza a levantar su alarma. Una cogujada[131] brinca entre los mulos, las cajas vacías, los muertos, de una sección de ametralladoras.

Viance se queda atrozmente sorprendido. No había visto un pájaro desde su salida de R. Siente una compasión inexplicable por ese pájaro color de tierra que vuela en cortas ondas, piando. Esta tierra es como la de los demás países –piensa–, como la tierra de España. No sólo se siembran balas y se cosechan muertos. Hay cogujadas, como allá y podría haber plantíos y árboles. El amanecer dilata las perspectivas y Viance se siente dentro de un inmenso fanal[132] de vidrio que va ensanchándose. Huele a cera quemada, a grasa, y de vez en cuando vuelve el olor denso a cloaca. La luz grita a su alrededor llamando al peligro, a la muerte. Su voz viene con ecos repetidos desde una lejanía de niebla, que puede ser mar o nubes o la vegetación de un país fantástico. Su sombra es larga, y pasa acariciando las vísceras rotas de un caballo.

La mañana de Monte Arruit es indiferente, como todas las mañanas, a la locura y al terror de los hombres. Cañonazos no muy lejanos le recuerdan el asedio de R. «¿Otra vez?» ¡Monte Arruit, Monte Arruit! Más tiros de artillería y explosiones blandas de granadas. El terror de volver a empezar, de ver nuevamente desgajarse el cielo, hervir la tierra en cien pequeños volcanes. Huir, huir. Salvar la vida por un torpe capricho de la Providencia, que ya se acoge con recelo. «¿Qué ignorado destino me aguarda? Si me salvo, no me salvo yo,

---

130   *Ajimerezadas*: Un ajimez es una ventana dividida en dos partes iguales por una columna central.
131   Cogujada: Tipo de pájaro similar a la alondra.
132   Fanal: Campana de vidrio que cubre un farol o una lámpara.

sino un pobre animal cansado, sucio, con el alma apagada.» Lo más auténtico de uno se queda por ahí, cara al cielo, muerto y podrido también. ¿Dónde? No se sabe. Quizá prendido en la mirada sin expresión –o terriblemente expresiva– de esos cadáveres.

Viance se siente acosado, desamparado, con deseos de correr en cualquier dirección. Cuatro días y cuatro noches con la imagen de la muerte siempre delante, renovada en mil formas distintas. Viance no piensa, no razona; sólo sabe que hay que huir y que los pies le sangran, los pulmones protestan y tose terriblemente en cuanto corre un poco. Tras de un desnivel que anticipa un grotesco horizonte color rosa –el amanecer–, se oyen pasos apresurados, voces. Viance quiere desaparecer, parapetarse. La llanura está demasiado descubierta, no hay tiempo para nada, y una poderosa turbación le embaraza los pies como en los sueños terroríficos. De pronto, alguien le sacude el brazo:

—¿Qué haces, *pasmao*?

Es Rivero, uno de su misma compañía, que al oír el estrépito cercano lanza una mirada en torno y echa a correr. Viance le sigue. Rivero explica gritando:

—Son de los nuestros; pero hay que huirles, porque tiran ya sobre todo Cristo. Les pasa lo que a los caballos heridos, que ven visiones y hay que apartarse y dejarlos.

Se tiran a tierra. Aunque el terreno parece llano, hace una leve comba y a veinte metros los oculta por completo. Rivero conserva la entereza de ánimo tras de la máscara huesuda, casi redonda, mal poblada de pelos rubiáceos. El fusil, en sus zarpas, es más bien la tranca del bosquimano:

—¿Cómo es eso? ¿No estabas en R.?

Se extraña de que haya salvado la piel. Viance confirma:

—¡En R. estaba! Pero no es hora de contar cuentos.

Hay cierta altanería en su voz. Rivero dice con un oscuro despecho:

—Hablas como un *examinao pa* cabo que tiene ya *compraos* los galones. ¡Pero te jodes! Aquí somos todos *examinaos pa* fiambres.

—¿Eh? Yo no he *pensao* en ascender; ahora bien: si salimos de ésta... ¡ya es fácil!

—¡*Examinaos pa* cadáveres y *aprobaos*!

Ríen los dos y cada uno siente escalofríos al oír la risa del otro. Rivero añade:

—Yo estaba en Annual, no fui a R. Estoy en la plantilla de Estado Mayor, como corneta, y le tocó ir a otro. Me quedé con la banda en el campamento. Hasta ahora he salido con un tiro en la tripa, de refilón, que no ha hecho mucha carne. El bandullo[133] sano, se caga sin *novedá*. ¿Y tú?

—¡Coño, qué pelma! ¡No es hora de cuentos!

Viance avizora el perfil de la onda de terreno. Vagan los soldados con ruidos indecisos. Rivero explica:

—Aquí estamos mal. Hay patrullas moras a caballo y a ésos los van buscando. ¿Oyes los «pacos»?[134] Deben picar a cincuenta pasos de aquí, delante del recuesto.

Se alzan encogidos y corren dando con las rodillas en el pecho. Viance sigue a Rivero. La luz, ya plena, les persigue; la sombra de sus cuerpos les sobresalta a veces. Un niño moro aparece de pronto. Seis o siete años, moreno, asombrado, en una túnica que descansa sobre los pies desnudos. Viance se detiene al oírlo gritar; pero Rivero avanza y su gruesa bota claveteada se hunde en el vientre del pequeñuelo, que rueda sin sentido. Los dos, instintivamente, se separan, con la táctica de la guerrilla, esperando hallar algo más. Suben un pequeño repecho. Otra vez cuerpo a tierra. Rivero se arrastra, asoma la cabeza con cautela y retrocede rápidamente.

Huele a estiércol fermentado. Hay en esta rampa una súbita cortadura, y abajo, a dos metros, varios cadáveres, que dos viejas desnudan con presurosa habilidad, mientras un moro, ya entrado en años, fuma su pequeña pipa de kif. A su lado, alineados, dos fusiles. Rivero ve que ninguno de los dos tiene el vástago del percutor hacia afuera. No están cargados. Viance espera órdenes de Rivero, y éste le indica por señas que esté alerta. Hay en sus caras una contracción animal, de fieras. Las aletas de la nariz ventean la sangre todavía en las venas del indígena. Da Rivero un salto y cae sobre éste, que quiere alzarse y aletea con la chilaba azul en fuertes sacudidas. Chillan las viejas y Viance dispara sobre una de ellas, que cae junto a los fusiles. Rivero aplasta con un pie las fauces del indígena para sacar la ba-

---

133   Bandullo: Las tripas e intestinos.
134   Pacos: Onomatopeya referida al sonido que hacían los mosquetones de las guerrillas rebeldes.

yoneta del pecho; pero cuando Viance va a encañonar a la otra vieja, ésta ha caído sobre Rivero con un puñal de los de la Mejala y después de herirle huye gritando. Viance la caza de dos tiros; todavía se arrastra, y Rivero corre hacia ella sangrando por la espalda. Ha dejado su mosquetón con el machete en la herida y esgrimiendo uno de los fusiles abandonados acumula todas sus energías y descarga un formidable culatazo, que esquiva la vieja. Se parte el fusil contra el suelo en dos pedazos, por la garganta. Rivero vuelve, encogido sobre un costado. Viance ha saltado abajo y hace un tercer disparo. ¡Tres tiros para esa miserable bruja! Rivero palidece. Pregunta Viance:

—¿Te ha calao hondo?

Se vuelve Rivero de espaldas, advirtiendo:

—Mira a ver, creo que sí.

Contiene el aliento y sale por la herida una espuma roja abundante.

—Esto se acaba. Pégame un tiro en la cabeza y vete hacia allá, lo más lejos posible de la vía, sin perder de vista Monte Arruit y el camino de Zeluán. Por ahí te salvarás, muchacho, si escapas igual de moros y de españoles. Pégame un tiro en la cabeza. Pero antes remata a ese cabrón, si no va a alcanzar el fusil.

Viance vuelve de un salto. Se encuentra con la expresión de horror del moro, que lo mira con los ojos desorbitados y que vomita, con la mejilla en tierra, sobre su propia mano. Viance le arranca el machete y se lo vuelve a clavar en el cuello, interrumpiendo una frase temblorosa del indígena, que han terminado los labios, ya sin voz:

—Estar amigo...

Rivero apenas habla; pero su voz tiembla, sin debilitarse, fuerte y seca:

—¡Pégame un tiro en la cabeza, Viance!

—Puedes curarte, hombre. Otros casos se han visto.

—¡Anda, muchacho! Si me estimas, pégame un tiro. Esto se acaba, y no querría pasar más angustias. Si te preguntan por mí, ya ves lo que ha pasado. Yo he sido siempre bastante templado de genio. No digo que los demás sean unos maricas, aunque yo he *llevao* a cuestas a uno que se había *torció* un pie y lloraba en el boquete. Tenía aún dos cargadores y la pistola en la mano. Pero, ¿qué más da? Se lo han cargado también y nada hay que decir ya. Dios lo perdone, si es que perdona a los maricas.

La voz se ha ido debilitando y Rivero pierde el conocimiento. Viance cree que ha muerto y sale otra vez cara a la llanura, reponiendo sus cartucheras con las del compañero. Pero la voz de Rivero se vuelve a oír y Viance se detiene, regresa a su lado, atraído por algo indefinible y molesto. El herido se incorpora y ruge:

—¿No me matas? ¿Te duele matarme? Entonces, llévame contigo. No hace falta que me lleves a cuestas, sino que te acomodes a mi paso y me dejes apoyar.

No puede levantarse, es inútil. Pesa la luz como oro fundido sobre las costillas. Y la herida quema. Galopan caballos en una lejanía vaga; suenan tiros, descargas cerradas. Rivero se incorpora, se arrastra y coge un fusil:

—¡Anda, lárgate! Corre sin parar hasta aquellas chumberas, [135]y cerca de allí puedes esconderte hasta la noche. Yo te respondo que llegarás.

Viance sale y su compañero se arrastra, asoma por fin arriba su silueta aplastada. No se le ha oído un lamento. Viance le oye hacer fuego con intervalos regulares, rápidamente. Algunas balas pasan altas y otras pican cerca. Tiene la sospecha de que dispara sobre él; pero al volver la cara lo ve de espaldas tirando contra un grupo de jinetes. Las balas de éstos, que van dirigidas a Rivero, pasan de largo. Siente una súbita gratitud y dice, accionando como un borracho: «Todos piden lo mismo. ¡Un tiro en la cabeza! Eso no es *pa* pedirlo a un hombre».

Lleva en el bolsillo de la guerrera un cartucho limpio, brillante, pulido y dorado como una joya. El tiro en la cabeza se lo dará él. Si le entregaron aquel cartucho para «el que tenga la culpa», no hay que discurrir demasiado, Viance tiene la culpa, como Rivero y como Otazu y Piqueras. Todos son culpables, porque un hombre es igual a otro hombre, y si uno dice que sí el otro puede decir que no. ¿Y qué? El caso es que todos han dicho que sí, sin saber lo que decían y ahora van pidiendo un tiro en la cabeza, que no les sirvió a su tiempo para hablar palabras razonables.

---

135   Chumberas: Cactus también conocido como nopal.

El galope se oye más próximo, se ha desviado del camino de las balas y así, sin verlas hincarse en tierra, sin comprobar de donde vienen, sin oírlas pasar, oye sin embargo los estampidos espaciados y cree ver cómo llegan los escuadrones moros, tan ligeros, y cómo resuellan ya los caballos. Siente en la espalda la angustia de unas manos aferradas al correaje, otra vez el gancho clavado en la nuca de través, y brinca con ímpetu salvaje, con un aliento profundo, el corazón dispuesto a salir a pedazos por la boca entre chorros de algo que sabe como a lejía.

Corre ya sin rumbo, aunque el instinto le hace desviarse de la llanura sin conciencia de sí mismo, brincando y acelerando la marcha por resortes ocultos, cuya existencia nunca hubiera sospechado. Rivero ya no dispara. Los jinetes lo habrán despedazado con esa voluptuosidad sádica que les suele lucir en los ojos que Viance sólo ha visto antes de ahora en los de algunas beatas españolas edificadas[156] ante una imagen de Cristo en la cruz.

Se ve a sí mismo en la sombra largo, desmadejado. Correr es cobardía. Rivero era valiente. ¿Qué es eso de la valentía? El miedo a correr; pero, ante todo, el miedo a correr un ridículo. Estas tres palabras, miedo, correr, ridículo, se enlazan ya como el trepidar vario y monótono de un tren. Corre, corre, llega a una cortadura y sin ver lo que hay en el fondo salta y cae, arrastrando la cartuchera de la espalda por la pendiente. Abajo, sombra propicia, los cuervos hartos —¡siempre los cuervos!— y un cerdo que huye gruñendo, con medio antebrazo humano en la boca.

Los moros y los judíos no comen cerdo; pero aquéllos los alimentan ahora con carne humana para venderlos; después a los proveedores del ejército o a los batallones directamente. Debe haber cabilas cerca y Viance quiere salir del barranco, subir, escapar. A la vista del cerdo ha sentido una necesidad de aire fino y de luz mañanera. Morir aquí abajo y ser comido por los cerdos es un destino que sólo puede caber en la imaginación tormentosa de uno de aquellos posesos a quienes el cura les quita los demonios del cuerpo.

El barranco lo acoge como una cárcel. Se oscurece el pensamiento y el ánimo; se ahoga uno en esa hendedura y el cerco de imposibles

---

156   Edificadas: Inspiradas por la imagen del Cristo.

de allá fuera se ha solidificado en las vertientes grises escarpadas y duele ya como un vendaje de acero sobre el corazón. Teme además que se desplome una parte de la ladera y lo aplaste, que se junten las dos vertientes y lo entierren vivo. Tiene extraños temores de topo y cuando buscando un lugar de acceso ve que, más arriba, el barranco se estrecha y las laderas se yerguen verticales, grita y retrocede espantado.

Al asomarse, por fin, a rastras sobre la llanura, ve unos soldados sin armas que corren hacia Monte Arruit, animados por la lejana mancha blanca de la estación y las siluetas esquinadas de las cantinas entre ese edificio y la posición. Hay en torno a la colina como un gran zoco: tiendas moriscas, cobertizos improvisados junto a la estación y grandes masas inquietas –caballos, cañones– a salvo de los tiros de Monte Arruit. Van a morir esos fugitivos; pero la última visión de Monte Arruit, todavía guarnecido y defendido, les confortará. Quieren morir cara al campamento español para engañarse creyendo que ofrecen su juventud inútil por algo y por alguien. Huyen, se dan de bruces entre sí, tropiezan y retroceden y siguen huyendo enloquecidos.

Junto a la vía, más allá, en la carretera casi paralela, se hacinan los muertos. Surge de entre ellos en la confusión de las distancias el olor pestífero y una música densa y lenta de pandero y chirimía.[137]

Viance vuelve a cuatro manos al barranco, la rodilla herida en el aire, con cojera de perro, y se deja caer por la pendiente. Ahora tiene este barranco cierta cordialidad de refugio. Se oculta como puede en un socavón de las aguas del invierno. La tierra es seca y está cubierta con un polvillo fino. Se cansa ya. Quiere reflexionar en vano. Entrevé como una promesa de luz en la cerrazón de su cabeza y la muerte llegará sin que esa luz ilumine tantas vagas revelaciones presentidas.

Se palpa la cara abotargada, hinchada aún la mejilla y las encías resentidas del retroceso de la culata, cubierta la frente de la tierra, de barro; contactos de corcho, fríos, entre los dientes, que no acaban de juntarse, porque algo lo impide en la articulación de la mandíbula. El agujero, breve, vertical, le permite ocultarse sentado. El barranco, en medio de la llanura, que lanza a lo largo ecos intermitentes de lucha, es la incisión por la cual se avizora la armonía que guarda en sus entrañas la tierra, tan agitada en la superficie por las pasiones humanas.

---

137 Chirimía: Instrumento de viento similar al clarinete de uso frecuente en Marruecos donde se conoce como ghaita.

Vivimos –piensa Viance oscuramente– sobre la paz de los muertos. La tierra es el polvo de los que murieron y esto sólo lo han comprendido bien los anacoretas. Vivimos sobre los recuerdos y las tradiciones, y prolongamos una serie demasiado simple de las pasiones, de los muertos, sin atender su silenciosa enseñanza, esa sabiduría que da la tierra y que es toda la sabiduría del mundo. El hombre débil se convierte ante estas reflexiones en un maníaco de la negación; el hombre fuerte ríe a pleno pulmón y se hace un ideal noble a la medida de su temperamento. Y más tarde procura imponerlo por ese medio infalible del amor.

Viance, en la vaguedad de esas intuiciones, siente el amor a la tierra como antes la gratitud al caballo muerto; pero un amor que es la afinidad natural, cósmica, de la tierra por la tierra. No odia a nadie: a los moros ni a los españoles causantes de esta catástrofe. Ha aprendido durante las noches pasadas, bajo la indiferencia armoniosa de las estrellas, que es necesaria esa armonía indiferente para poder afrontar y asimilar sin riesgo la substancia de las pasiones que rigen el mundo, para poder señorearlas sin dejar de sentirlas en torno y de vivirlas. Ignora el alcance de sus intuiciones, y por eso no puede sentar conclusiones generales.

Pero golpean en su cerebro y tratan de corporeizarse y erguirse.

¿El sueño? ¿Otra vez el sueño? Pensar en lo inconcreto, formar abstracciones, es atraer bajo la sed el hambre, el dolor de las heridas, ese sopor tan parecido al sueño y a la muerte.

—¿Quién eres?

Alguien pregunta tres o cuatro veces sobre su cabeza:

—¿Quién eres? ¿Ya no sabes quién eres?

Transcurren unos minutos:

—Tendré que decirte yo mismo que eres Viance, de la segunda del tercero y del 42.

Viance quiere abrir los ojos. Pasa un cometa, que luego se convierte en una girándula[138] de fiesta pueblerina:

—Sí, soy Viance; pero no he hecho nada. Yo... –intenta disculparse.

—No te preocupes. Los que se comen a los cadáveres son los cerdos; ya lo he visto.

---

138   Girándula: Rueda de cohetes de fuegos artificiales.

—Y tú, ¿quién eres?

—Dios. Yo soy Dios. ¿No lo ves en mi chilaba nueva, en el albornoz blanco?

—Dios es español.

—Me he pasado a los moros. Dios está siempre del lado del que
puede más.

—¡Mientes! Eso no es cierto.

—¡A mí no se me habla con ese desenfado! Te digo que me he
pasado a los moros. ¿Quieres hacer un pacto?

—¿Cuál? ¿El que decía el viejo de las herraduras?

—Naturalmente. Si no tienes papel de oficio, no importa; yo traigo
de todo.

—¿En qué condiciones?

—Tú tienes que morir forzosamente. Ahora bien: España te será
fiel. Te incorporará a la legión de los soldados muertos en el cumplimiento de su deber.

—¡Mierda!

Dios se rasca por encima del turbante y gruñe:

—¡Para ti!

Despierta Viance y a poco vuelve a sentirse deslizar por el plano
mullido del sueño. No importa, ya no teme caer fulminado por el contacto de estas dos corrientes magnéticas bajo el entrecejo. El amor a
la tierra le ha dado nuevas intuiciones, entre ellas la del sueño. El
sueño o la muerte. Cualquiera de estas dos cosas es lo mismo, en definitiva: rehabilitación humana de la materia en la química activísima
de las cosas inertes. Sueño. Muerte. Huida hacia un infinito diáfano,
lejos de los hombres.

Comienza a aletargarse cuando oye pasos y voces. Llegan barranco
arriba, dos soldados. Uno, descalzo; el otro con una bota enorme negra
y otra, pequeña, color cuero. Éste cojea. Hay en los rostros, mal bar-
bados, una blandura indecisa y variable bajo las cuencas hundidas y
la máscara amarilla, a trechos roja. De los pies a la cabeza son dos
manchas enormes de barro seco con enlaces metálicos entre las correas. Hablan sin mirarse, sin oírse,

—Zeluán lo han *tomao*, y Nador. Yo me voy hacia Cabo de Agua y allí me paso a las islas. ¡El general N. faltaba en la posición! La segunda compañía se ha quedado hacia la aguada. El capitán lo he visto yo trompicar en las piedras y quedar de narices contra un cardo. ¡Y el general, dentro, dándose cuspe[139] en el pelo! ¡Que te parto el alma! ¡Que te rompo la crisma! ¡Que eres un hijo de puta! ¿Es ésa manera de hablar cuando todos llevamos el alma en los dientes?

Uno se detiene y se sienta:

—Oye, tú, ¿a dónde vamos? ¿Se sabe, por si acaso? Andar, andar. Además, esta bota me viene pequeña.

Saca de la negra bota, sin cordones –bota de clown de circo–, un enorme grumo negruzco y amoratado. El pie. De un agujero casi insignificante extrae hilachas de alpargata que entraron con el proyectil. Vuelve a levantarse con la cara contraída por el dolor y pasea nerviosamente:

—Si se me enfrían los huesos ya no podré moverme.

—La pierna la has perdido ya –advierte el otro con una expresión estúpida–. Te se correrá la gangrena.

—¡Calla, calla! Barruntas la muerte.

—¡Barruntarla! ¿Quién no la ve ya por todas partes? Asómate a lo alto.

Con cierta reflexiva lentitud, responde el otro:

—¿Morirse cuando voy a ir con permiso? Ya tengo el pasaporte por Espelúy.[140] Una noche de barco y tres de tren. Mira la guerrera que he *mercao*. De cuatro bolsillos. Un paquete de la Rifeña,[141] dos sellos y media lata de las de petróleo. Eso me costó.

Extiende la guerrera sacándola del zurrón, donde iba arrollada. Un proyectil la ha atravesado y ha abierto un orificio en cada doblez. Treinta y seis agujeros. Es su ruina económica y la decepción de sus aspiraciones de elegancia. Vuelve a plegarla y añade:

—Me ofrecieron otra a cambio de la lata, de un sello y dos pedazos de suela pa remiendos; pero aquella guerrera no tenía más que dos bolsillos.

—¡Dámela! Yo tengo hilo y aguja y tú no la emplearás ya, porque la gangrena te llegará al corazón y te morirás de un *paralís*.[142]

El otro, con los ojos desorbitados, la rasga en varios pedazos.

---

139   Darse cuspe: humedecerse el pelo con saliva para alisarlo.
140   Espelúy: Pueblo de la provincia de Jaén. El soldado tiene permiso para volver a su pueblo.
141   La Rifeña: Existieron y existen varias compañías alimentarias bajo el nombre de La Rifeña.
142   Paralís: Término coloquial para referirse a una parada cardiaca.

Después se lo queda mirando, de pie. Echa a andar, decidido, barranco arriba, abandonando a su compañero. Este lo llama con un corto y penetrante silbido; pero no hace caso. A la cuarta vez se vuelve y con los ojos aún fuera de las órbitas hace un corte de mangas, sin hablar, y sigue andando, arrastrando penosamente la pierna.

Viance avizora al otro sin querer descubrirse porque teme que en esta desbandada sangrienta dos se han de defender peor que uno solo. Las furias invisibles que agitan el aire en torbellinos o barren la llanura, peinándola con veloces púas de acero, caen sobre los grupos implacablemente y, sin embargo, respetan o desprecian a veces al soldado fugitivo, seguras de que él mismo se aniquilará en el terror. Pero el soldado busca una madriguera donde ocultarse y descubre a Viance:

—¿Qué haces aquí? ¿Te han *enterrao* así, *sentao*, o no has *estirao* aún la pata?

Ríe y de pronto contrae los músculos; se lleva ambas manos al vientre.

—¿Te han *dao* en la tripa? –pregunta Viance.

Afirma el desconocido y añade, dejándose caer sentado:

—Sí, hace poco; pero el otro no lo sabe y cree que sólo él va herido. Aunque no creas. En resumidas cuentas, también puede ser que él muera por la gangrena.

—O a lo mejor te salvas tú y revienta él –dice Viance queriendo halagarlo.

Niega el otro, se palpa las heridas, oprimiéndolas, y huele los dedos:

—¡Me han sacudido bien!

Se miran los dos en silencio. Viance explica que sus heridas no son mortales; pero el otro, con un oculto resentimiento, advierte:

—¿Quién sabe? ¿Y la gangrena? Quédate aquí, que éste no es mal sitio *pa...* ¡Porque allá arriba los caballos pisotean a los muertos! ¡Eso es lo último!

Lleva los pantalones enrojecidos, como si orinara sangre. Se aparta un poco. Se suelta el cinturón y se pone en cuclillas. Sangre intestinal, roja y espesa. Luego se alza mucho más amarillo y con los pantalones caídos muestra el vientre desnudo, reconoce él mismo la herida. Viance ve en él una imagen grotesca de la tragedia, con los órganos sexuales descubiertos bajo el vientre destrozado. No quiere mirarle. Cuando le oye desplomarse, cierra los ojos y se encoge en su madriguera.

Arriba, en la llanura, corretean caballos y pasan por encima ráfagas perdidas de ametralladora. Cuando abre los ojos ve en los del herido un odio profundo, carnicero. Si tuviera a mano el fusil no vacilaría en disparar sobre él, sobre Viance, que no lleva aún heridas mortales. Pero ya no puede moverse, arrastrarse. Está hecho un nudo sobre el vientre. Todo queda en el mundo joven y florido para Viance, para otros como Viance. Y arriba arrecia la tormenta. Hacia la derecha, Monte Arruit crepita. El herido sonríe y mueve la cabeza, no se sabe si afirmando o lamentándose.

Cascos de caballo contra las piedras, tiros como latigazos y de pronto la tierra arrancada sobre las laderas y algo enorme que cae abajo con ruido de trapos, de correas, de roca desmoronada. Viance tarda en descubrir que se trata de un caballo con su jinete, aquél despanzurrado y éste inmóvil junto al herido. Tiene el jinete la piel grasienta adherida al cráneo, que muestra todos sus relieves con repugnante obstinación, como una momia frotada con aceite. Al estrépito de la caída sucede un silencio profundo. El herido anterior llama al jinete:

—¡Muchacho, eh, muchacho!

Los ojos del agonizante se clavan en el cielo. El caballo lo ha cogido debajo y sólo asoma una parte del pecho y la cabeza.

—Yo, en la tripa. ¿Y tú? Esta caída no hay quien la cuente.

Viance ve que se acerca, descansa la cabeza sobre el caballo y se dispone a morir con una extraña serenidad. Son dos los que agonizan. El de las tripas rotas no muere solo en la desolación sucia del barranco. Ha encontrado, por fin, con quién morir. El estertor doble ayuda, en el silencio, a conciliar el sueño, y Viance lo recibe como una muerte más dulce, sin estertores y sin sangre.

Al despertar hay dos cerdos hurgando bajo el caballo con los largos hocicos. Viance los aleja a pedradas. Debe haber alguna jaima[143] muy cerca. Por la sombra, calcula que es mucho más de media tarde. Los dos soldados han muerto, y al de la herida en el vientre le falta un pie.

El silencio es hondo y la luz ya no cala las cosas, sino que se detiene débilmente en su superficie. El cielo está mucho más alto. La so-

---

143   Jaima: Tienda de campaña árabe.

ledad del barranco recuerda la tierra meteorizada, rojiza y triste de las fosas abiertas. La llanura duerme arriba. En el silencio llegan algunos rumores como graznidos de aves de rapiña. Repta por la ladera y asoma arriba. Una larga columna de viejas regresa a los aduares con el botín, vigiladas por algunos moros. Viance vuelve al barranco, registra a los cadáveres. Junto a la silla del caballo hay una cantimplora, y dentro canta el agua su promesa. Bebe con frenesí y reconoce en seguida el sabor de los orines. Vuelve a subir.

Palidece el cielo por Oriente y la paz es una paz preñada de iras y poblada de ojos acechantes. La llanura, hasta Monte Arruit, no es tan blanca, tan calcárea y seca como la de Tistutin. Hay muchos arbustos y matas bajas. La ruda monotonía de antes comienza a desaparecer del paisaje como una promesa de salvación. Bajo la pesadez de la fiebre que llega de nuevo, del cansancio muscular, de las heridas –la de la rodilla demasiado inflamada–, se deja sentir en el estómago la sequedad esponjosa del hambre. Viance lanza la mirada a ras de la llanura, abriendo el camino imaginario más seguro. Rodeará la estación hacia la izquierda, podrá aprovechar más adelante el terraplén de la vía para resguardarse y correr sin temor hacia Zeluán y Nador.

ONCE

Al hombre encerrado, encarcelado, la imagen más exacta de la libertad se la da el viento. Para Viance, perdido en el dédalo[144] de su angustia bajo el cielo, sobre la llanura sembrada de cadáveres, la libertad es el mar, que ya presentía en las sombras, cerca de Nador, por un olor fresco y denso de ribera y a veces por el rumor de selva, de hojarasca, que arrastraba la brisa. Las olas chascan a la espalda de la casa donde se han refugiado algunos en la desbandada de Nador. Un viejo, paisano; algunos guardias civiles y hasta veinte o treinta soldados de varios cuerpos.

Las ventanas y las puertas, sin maderas, dan al edificio un aspecto desolado. Ha sido saqueado antes de que esta corta guarnición se hiciera fuerte en él. Viance llegó cuando la mañana comenzaba a clarear y fue a dar la vuelta para penetrar por una ventana baja. Ya dentro, se encontró en un desván con las paredes y el suelo manchados de sangre y rotos por impactos de fusil. La soledad y el silencio le impresionaron.

Cuando oyó pasos en el piso de arriba se sintió acompañado. Había oído al escalar la ventana una canción española, quizá la jota valenciana o algo que lo parecía. Cantaban con un acento distraído; pero con esa finura de voz que da el no haber dormido. Había en el cuarto una puerta sin maderas que daba a plena luz, y por ella asomó Viance la cara con precauciones. Un corralillo. En un rincón dormían, o se descomponían, tres cuerpos inertes. Al otro lado, un soldado en cuclillas desmenuzaba estiércol de caballo y separaba cuidadosamente los granos de cebada sin digerir. Al ver a Viance se levantó:

—¿Por dónde has *entrao*? ¿De dónde vienes?

—De R.

—¡Carajo, no mientas! Allí no ha quedado una rata. ¿Has *pasao* por Monte Arruit?

—Sí.

Un silencio. El otro vuelve a ponerse en cuclillas y se rasca la

---

144 Dédalo: Laberinto.

pierna. Después levanta en la planta del pie una loncha enorme, encallecida, como las branquias de los peces. La deja, se lleva a la boca un puñado de granos de cebada de los que ha apartado y pregunta:

—¿Traes de comer? ¿No? Entonces, ¿a qué vienes? Sube arriba y preséntate al sargento.

Le ofrece una cantimplora, que Viance agota. El otro añade:

—Es por esa escalera. No voy yo contigo porque estoy de puesto.

Hay un fusil recostado en la pared. Viance mira en torno:

—¿De puesto?

—Sí, en esa ventana por donde tú has entrado. Pero ¿qué hacen en Monte Arruit que no se retiran? Nosotros resistiremos aquí hasta que pase esa columna pero ya no tenemos qué llevarnos a la boca y los cartuchos se acaban.

Viance sube sin escucharlo. En el segundo tramo se detiene y dice volviendo la cabeza:

—Si aguardas a que se retiren... ¿Por dónde se van a retirar?

Pero el soldado ha cogido el fusil y ha ido, masticando, a su puesto en la ventana. Sigue subiendo. A mano derecha, en un cuartucho que recibe luz por un boquete interior, oye gemidos. Un cuerpo tumbado sobre el costado izquierdo, con la mitad inferior de la cara destrozada, inflamada, con grandes flemones superpuestos sobre un charco de sangre. Cierra los ojos y sigue su camino. Otros heridos, algunos de pie, andando como borrachos.

—¡A la orden!

Le señalan sitio para la defensa. Viance está sorprendido de todo, sin coordinar bien lo que era antes y lo que es ahora y las razones por las cuales está entre muros, andando sobre baldosas. No es una impresión de seguridad, sino una vaga sensación de encarcelamiento. Antes, el campo le ofrecía mil caminos en cada caso para huir, para escapar. Ahora, la habitación, los pasillos, el choque con la ordenanza militar, han venido a cuadricular, a geometrizar el miedo, la desolación, la desesperanza, a encasillar las posibilidades de salvación. La estepa ha sido interrumpida por un asomo de civilidad; pero Nador, como todas las ciudades recién saqueadas, da a la tragedia tintas más fuertes. En plena naturaleza, la muerte no tiene tanta importancia. En el campo, bajo el cielo, la muerte está implícita y sobrentendida en todo, serena y dulcemente. La ciudad, en cambio, llena de atributos de vida, creada precisamente para vivir, resalta lo tenebroso y fatal de la muerte. Viance tiene más miedo que antes y se siente encerrado en él como en una jaula.

Los tiros de fuera apenas se oyen. De cuando en cuando cae con estrépito algún pedazo de yeso de la pared. Aciertan a meter las balas por la ventana. Ha preguntado algo –no se acuerda bien– y un guardia civil le explica:

—Ese que has visto al *lao* de la escalera es un herido que ha *llegao* a rastras esta noche y lo hemos podido meter adentro. Los moros le han *machacao* con piedras las mandíbulas pa sacarle el oro que llevaba en la dentadura. No tiene boca. Todo es un amasijo de carne y huesos rotos. Lo conocí en Zeluán y era cabo cartero. Yo voy a venir voluntario para las operaciones que se hagan después, porque se la tengo jurada a unos cuantos bandidos de Nador que pasaban por amigos nuestros y yo los he visto en la iglesia crucificar los soldados igual que a Cristo, contra una pared. Yo vendré voluntario.

Viance se encoge de hombros. El guardia insiste:

—¿Que no? Aunque lo pierda todo, porque buena carrera sí que llevo y estoy muy *considerao* por los superiores; pero yo vuelvo voluntario con cualquier regimiento y dejo mis setenta y cinco duros y me lleno otra vez de hambre y de piojos.

Viance se acerca a la ventana arrodillado y avanza el fusil. El guardia advierte:

—Ahora no hay cuidado después de la juerga de esta noche. Han *llevao* lo suyo y están curando los heridos o rezando la oración de salir el sol. ¿En cuántos combates has *estao*? Yo en cuarenta y siete, sin contar más que por uno los tres o cuatro asaltos de cada noche. Creo que me darán otra cruz pensionada; pero una cosa me preocupa. Una cosa me quita el sueño.

Tiene el guardia en medio de todo un aspecto sano y fuerte, buen color. Está más que robusto, casi gordo. Detrás de sus palabras hay como una seguridad en el porvenir que ofende:

—¿Qué es lo que le quita el sueño?

—¡Hombre! Ni el tiroteo ni los gritos de los heridos me desvelan

cuando me toca descansar. Pero comienzo a pensar en todo este gali-
matías y no doy en quién ha de hacer las propuestas de ascenso y de
condecoración. ¿Quién va a añadir todo esto en la hoja de servicios?
¿Quién lo va a sacar en la orden? ¿En qué orden?

Se va dando zancadas, con la guerrera limpia bien ajustada a la
grupa. Viance se incorpora sobre lo hondo de su miseria y de la ab-
yección moral en que se siente sumido para blasfemar por primera
vez desde que salió de R. Cuando estaba solo en las llanuras, en los
barrancos, un miedo supersticioso se lo impedía.

En el cuarto de al lado tienen su puesto el guardia, y un sargento
grueso, de largas patillas, con huellas demacradas de hambre e insomnio. Este habla sin cesar y a través de la voz se siente su cara congestionada. Repite con tenacidad monótona la frase «ya ves» supri-
miendo la «s» final.

—Y yo le dije al *ofisiá* de *intendensia*: «*Hasen farta quinse dosena
de galleta* para los que vamos a la fábrica de harinas», ya ve. Pero él
quería un vale *firmao* por *er* capitán. Y *er* capitán, ya *ve*: la había *diñao*.
Entonse le dije que empeñaba mi paga *pa* sacar esa galleta y unos kilos
de *azúcal* y café. Ya *ve*, lo necesario. Y los moros llegando. Y *er ofisiá*,
que no. Luego, ya ve, hubo que salir por pies y *to lo vívere* se los ha
jamao la morisma.[145]

—¿Quién era ese oficial? –pregunta el guardia con el aire de
querer imponerle un correctivo.

—Es lo mismo. Lo ha *pagao* ya con la *pié*, y ya *ve* tú. pero aquí lo
que, *pa* entre *nosotro*, te digo *e* que esta *retirá* ha *sarvao* a *mucho in-
tendente* de *prisione militare*. ¡Borrón y cuenta nueva! Y yo sé, ya *ve*; a
mí me costa, ya *ve*, que *má* de un *ofisiá* de *intendensia* ha *venío* con *er*
culo tapao con *er Telegrama del Rif*, y ahora tiene tres casas que le
rentan un Perú. Ya *ve*.[146]

Hay un hambre acumulada de tres días; pero un hambre total, absoluta, sin atenuantes. El peligro acecha. Se suceden, de noche, los
asaltos. Sin embargo se tienen aún conversaciones indiferentes y se
hacen comentarios tan ajenos a la realidad inmediata que se piensa si
están locos o se trata de un sueño lleno de incoherencias.

Viance no repite ya aquella acusación favorita que tan bien iría
ahora. Esta casa, falso hogar entre fábrica, cuartel, y prisión –ya tiene

---

145 Se los ha jamao la morisma: Se los han comido los moros.
146 El soldado se refiere a los tratos corruptos de los oficiales de intendencia que inflaban
     los precios de los víveres para sacar provecho económico.

la certeza de hallarse otra vez preso, cercado–, acaba de desorganizar su pobre cabeza. Guardias civiles, artilleros, paisanos e infantes mezclados, con los restos de la disciplina que ha saltado hecha añicos en los campamentos, tienen que trazar una nueva epopeya, cuyo comentador más adecuado sería el trujimán[147] de las ferias andaluzas o el pintor de aleluyas.[148]

El día ha transcurrido muy lentamente. Hay agua; pero no queda nada que comer. Viance ha permanecido junto a la ventana esperando algún moro sobre quien disparar. En vano ha pedido que se le dejara dormir un par de horas. Están de servicio día y noche. Se dispara poco, porque aunque llegan los proyectiles en nutridas series contra los muros biselando las aristas de las ventanas, ya redondas, los moros sólo ofrecen blancos de tarde en tarde. Al oscurecer parten de las lomas que se alzan enfrente, al otro lado del camino y del ferrocarril, furiosas descargas que redoblan con ruidos blandos en torno a cada hueco.

Organiza el sargento «ya ve» los servicios de la defensa de la planta baja. Fuera varias ametralladoras encienden estrellas diversas sobre las lomas. Algún cañonazo da en la casa sin estallar la granada las más veces. Viance dispara a bulto, pero de pronto ve que sólo lleva paquete y medio –75 cartuchos–; suspende el fuego, se sienta al pie de la ventana y calla, atento a los estampidos. Cada tiro de los de dentro hace temblar las paredes y hay un momento en que la casa parece crujir bajo un huracán que golpea furiosamente todas las puertas interiores.

Viance calla y se adormece. Recuerda la visión nocturna de Monte Arruit. Soldados fugitivos le han hecho confidencias escandalosas sobre el mando. Tenían prisa de decirlas entre blasfemias antes de morir. Dos salidas suicidas a la aguada, sin resultado; la cantinera que vivía fuera de la posición iba y venía entre los muertos, de noche, y llevaba dos, tres cántaros diarios. Naturalmente no eran nada para más de mil hombres. «Y eso –había añadido alguien– para sostenerse hasta que se entreguen. Porque se entregarán.» Los soldados querían hacer salidas con el machete armado, sin otra finalidad que ver la manera de dejar aquel triste corral donde se calcinaban vivos y al ha-

---

147   Trujimán: Intermediario en los regateos en las ferias.
148   Pintor de aleluyas: Pintor de estampas religiosas de tradición popular.

cerse de noche salían hacia Zeluán pequeñas guerrillas que luego, en el llano, eran desmenuzadas entre las patas de los caballos, bajo las sombras densas. Viance no quiso detenerse; pasó lejos y de largo. El fuego de las ametralladoras de Monte Arruit era ya lento y como cansado, y las máquinas se atascaban a menudo. En cuanto a los moros, esperaban; se limitaban a esperar que salieran los más decididos y que, en definitiva, salieran también todos para ir cazándolos cómodamente. Cantaban, gritaban. Voces viriles poblaban la llanura, apostrofando al general N. y burlándose por haber ido a encerrarse en Monte Arruit, rehuyendo el combate y dejando sembrado de soldados el camino. Viance oía las voces de los moros, claras en la noche, desde las lomas de la izquierda del ferrocarril y reía o afirmaba según el tono de las que dirigían al general N. Sin darse cuenta, se sintió identificado con los moros en cuanto al general N. se refería. Lejos del campamento, algunas ráfagas de ametralladoras pasaban combadas ya hacia abajo. Hablaba con un herido que se había sentado a descansar, y éste recibió un nuevo balazo en el pecho y se desplomó con la palabra en la boca. Viance se levantó y siguió andando. Las mismas ametralladoras de Monte Arruit los mataban. Era tan trágico y tan sencillo aquello que ya no había por qué alarmarse ni correr como antes. No llegaría a Zeluán, y menos a Nador donde, según decían, los moros lo habían saqueado e incendiado todo. Siguió andando, con las últimas palabras del herido en los oídos:

—¿Por qué? ¿Quién tiene la culpa? ¿Tú, yo, aquél? ¿Estos muchachos aplastados contra el suelo como alacranes?

Era un cabo. Entonces vio que era un cabo. Viance añadió:

—¡Cabo, somos fuertes y tenemos buenas armas! ¿Por qué nos han de poder esos piojosos? Yo sí que lo sé. Porque ellos tienen la razón y eso pesa mucho. ¡Si nos pusiéramos todos de parte de ellos y fuéramos a Melilla!...

—Estás loco. Yo no puedo tolerar que un solda...

Sin gritos, sin aspavientos, se desplomó, y allí quedó cara a las estrellas, con los ojos abiertos. Las ráfagas picaban cerca. Viance se echó a andar huyendo de la dudosa trayectoria de las balas, que sin duda partían del campamento y le buscaban el bulto. Delante de él, corrían, en grupos apelotonados, más de veinte soldados. Esperó Viance para no reunirse con ellos, y pronto la algarabía, tan familiar en Monte Arruit, volvió a oírse bajo el redoblar de centenares de cascos de caballo. En lo alto de una loma tres o cuatro áscaris desertores cazaban, sentados cómodamente, a los fugitivos, y una bandada de viejas caía sobre los cadáveres y los desnudaban con una celeridad de maestría, sin romper un botón, manchando lo menos posible de sangre las ropas. Después arrimaban una linterna a la boca del herido o del muerto, y si llevaba oro en los dientes comenzaban ágilmente su trabajo, quebrándoselos con piedras.

Viance pudo llegar a Nador no sabe cómo. Montó un caballo que tuvo que dejar a poco porque estaba loco, y cerca ya de la población pequeña, nueva y simétrica como un balneario americano, vio cadáveres colgados de los postes, clavados contra las puertas, tendidos por tierra. Tuvo que dar un grande y lento rodeo, y cuando llegó a la orilla del mar sintió la tentación de tirarse al agua y nadar hasta las costas de España, esas costas lejanas perdidas tras la remota comba del agua.

Pero se metió en la fábrica de harinas. Viance miraba al mar. Ni una ayuda, ni un auxilio por pequeño que fuera: una barcaza blindada, un avión... De pronto circuló el rumor: «Viene un tren blindado». ¿Y las vías? ¿No están levantadas las vías? Porque si es así tendrán que repararlas al mismo tiempo que el tren avanza, y en ese caso, ¿quién va a llevar a los zapadores? Pronto se pesan los pros y los contras. El tren puede venir, porque la vía está sin levantar hasta cerca de Nador; pero los moros tienen cañones en las estribaciones de Gurugú,[149] sobre la vía. Son diez kilómetros de vía dominada por las crestas que se alzan al lado, hasta Melilla. Y a la otra parte, el mar. Si una vez aquí el tren blindado, los moros levantan detrás la vía no puede volver. Hay que pensarlo todo. ¿Y los barcos de guerra? No hay fondo hasta más allá de Mar Chica y no pueden navegar. Pero aunque la lógica descarta la posibilidad del tren blindado, queda en el aire, fascinadora, la idea de ese socorro y se oyen ruidos lejanos que pueden ver los vagones forrados de planchas de acero, con ametralladoras y cañones para su defensa.

La noche cerca la fábrica de harinas y enfila sobre ella sus furias. Viance no se levanta. ¿Para qué? Defenderá, en todo caso, esta habitación en sombras, seguro de que podrá aprovechar los setenta y cinco

---

149   Gurugú: Monte situado en el norte de Marruecos junto a la Mar Chica.

cartuchos que le quedan contra quienes intenten pasar el umbral. El fuego arrecia fuera. Cuando cesa, se oyen gritos, voces injuriosas, de esas que sólo en Marruecos circulan y que los moros han aprendido de nosotros. El huracán se ha metido dentro de la casa y las puertas –puertas invisibles, porque no ha quedado una sola– golpean con ruidos secos que retumban, chocando entre sí y repeliéndose. Hay un calor denso, profundo y húmedo, como si la sucesión de los estampidos lo produjeran.

Un cabo aparece:

—¿Qué haces ahí? ¿Te han herido?

Viance se incorpora en silencio y dispara sobre unas masas que se mueven hacia el terraplén. Ahora se ve mejor. Se distinguen las sombras que van y vienen sobre esa otra sombra, mucho menos densa, de la tierra. Tira sin interrupción. El cabo se va, advirtiendo:

—¿Y el tren? ¿Oyes el tren?

A través del fuego se advierte sólo el tenaz alentar del mar contra la roca. Paz de fondo, que hace destacar el estrépito del asalto y que complica y enreda las ideas hasta asomarlas sobre un abismo difuso de locura. ¿No hay más cartuchos? Es imposible ya resistir otra noche.

Hacia el amanecer, Viance piensa que si no hubiera entrado en la fábrica de harinas estaría ya en la plaza. Buena cama en el hospital, buena agua fresca y comer hasta tocarlo con los dedos.[150] Pero cuando no salen en nuestro auxilio es que también Melilla está en poder de los moros y entonces lo mismo da haber entrado aquí que en Monte Arruit que llegar a Melilla. Del cuarto de al lado llega el guardia con la cara ensangrentada. El fuego afloja. Se sienta en el suelo, contra la pared, haciendo un gesto despreocupado:

—No me han *dao* en los sesos.

Pero escupe sangre y le cae por la nariz también sangre. Lleva la guerrera, flamante, toda manchada. ¡Qué lástima! Una guerrera nueva. El guardia se ha quitado las polainas y se ha soltado las cuerdas del calzón, porque el insomnio hincha los pies, las articulaciones.

—No es nada –repite–. Pero la medalla de sufrimientos por la patria no hay quien me la quite. Más de un mes de hospitalización sí que me apuntarán.

---

150 Comer hasta tocarlo con los dedos: Comer hasta hartarse.

Se marea, se le debilita la voz. Con cierta falsa agilidad se levanta y anda por el cuarto, evitando la enfilada de la ventana. Se enjuaga la boca con agua y la devuelve toda roja por boca y nariz. Se reanuda fuera el fuego con un griterío ensordecedor. De Nador llegan avalanchas de moros con alboroto optimista, feliz.

«Eso es lo peor –piensa Viance–; eso es lo que le pone a uno la carne de gallina. Parecen ellos los amos.»

El guardia vuelve a su puesto en el cuarto de al lado y llega el sargento «*ya ve*» con un viejo paisano.

—Aprende de ese muchacho, que ha venido de R. a pie y *ya ve*.

—¿Pero qué va a *pasa* aquí, sargento? ¿Qué va a *pasa*? A mi mujer y a mis hijos los han *degoyao* en Nador; mi hacienda, deshecha. Y ahora yo aquí. ¿Qué va a *pasa*, sargento?

—Los otros paisanos *venios* contigo se baten abajo como veteranos, *ya ve*. Y también tendrían familia, digo yo.

—¿Pero qué va a *pasa*?

—Nada, hombre. Es muy *fasi*. Dentro de cuarenta y ocho horas, o estamos en Melilla o nos hemos muerto de hambre o nos han partió el *corasón* de un *pacaso*, *ya ve*; no tiene *complicasión*.

Se va. Viance, con una seña, le dice que se siente en el suelo y le vaya cargando el fusil. Como hay dos se podrá disparar sin interrupción. ¿Cuántos cartuchos trae, ciento cincuenta? ¿Tres paquetes? El viejo llora y carga torpemente el fusil. No, hombre, cinco abajo y uno en la recámara: seis cartuchos. Viance hace buenos blancos. Otra vez le duele el hombro y la mejilla. En el cuarto de al lado se oye un grito y algo cae pesadamente. Viance ve en el suelo un pedazo de pierna. El resto lo oculta la pared. ¿El guardia? El paisano se asoma:

—Sí, *señó*; es el guardia. ¿Qué va a *pasa* aquí, muchacho? ¡Ah, Dios de mi vida! Somos como las fieras.

El fuego cede fuera. Viance dispara, sin embargo, con más rapidez.

—¿Sabes tirar?

El viejo afirma.

—Anda y haz fuego, apuntando siempre a los de la chilaba azul.

El viejo se incorpora, se asoma y da un salto. Queda patas arriba.

Viance lo ve con la frente abierta y blasfema. La guerra tiene manías
que se cumplen siempre, con rara exactitud. Elimina primero a los
miedosos como si fueran obstáculos para su propia y monstruosa belleza. Respeta a los audaces, a los temerarios.

Diez minutos de fuego graneado y los moros vuelven a sus aposta-
deros, dejando algunos muertos. Se comprende que no tienen prisa y
que van a esperar, tiroteando las ventanas desde sus posiciones más seguras, a que el hambre o la falta de cartuchos los obligue a entregarse.

Viance deja de tirar y recuenta los cartuchos. Los del viejo son una
buena ayuda. El viejo está de pie, no ha muerto. Avanza hacia él,
carga el fusil y se asoma despreocupadamente a la ventana. Tira dos,
tres veces. La sangre le escurre por las cejas y le cubre los ojos. Viance
le obliga a retroceder y le quita el fusil. Un enjambre de balas ha entrado por la ventana, se ha estrellado contra los ladrillos desnudos y
rotos de la pared. El viejo se derrumba en un rincón, la mirada
perdida, un ojo casi cerrado. No se le oye un lamento.

Horas después el viejo ha muerto, y con un lápiz alguien –¿él
mismo?– ha escrito en la pared, al lado: «Aquí ha muerto Juan García
Soler, vinatero de Alicante, después de ver asesinar *bilmente* en sus
propios ojos a toda su familia». Viance raspa con la uña el rabo de la
b y recoge los cartuchos que llevaba en el cinto. Tiene ahora la habitación, con ese cadáver a medio incorporar, mirando por el único ojo
abierto, una soledad que antes no se hacía notar. Vuelve a la ventana;
pero el ojo de Juan García Soler se le ha clavado en la nuca y no puede
sosegar. Tiene que tumbar el cadáver en tierra y volverlo de espaldas.

Los moros no intentan el asalto. De cuando en cuando se les contesta con descargas certeras.

Así transcurre el día. El hambre impide hablar, levantar el fusil,
tenerse en pie. Cinco días sin comer desde que el viejo desertor le dio
el pan de maíz. Al oscurecer llega, con el hambre, la fatiga del sueño.
El sargento, con una vitalidad extraordinaria, no habla de comer, de
dormir. Va y viene, comenta las incidencias de cada momento y habla
del tren blindado y de la columna del general N., que se retirará de
Monte Arruit y que seguramente reconquistará Nador y se hará
fuerte. Pero Viance no hace caso. El hambre le da una atonía moral

más acentuada y sabe ya a qué atenerse sobre cuanto ve y oye. Llega el sargento y le pide veinte cartuchos.

—Me quedan otros veinte –advierte Viance después de dárselos.

Recostado contra el muro, al lado de la ventana, duerme bajo tiros intermitentes, burlas y amenazas de fuera. Oye también, por entre las sombras, dentro de la casa, unos alaridos lentos y prolongados, en falsete, de alguien sin conciencia ya de sí mismo. El de las mandíbulas machacadas, quizá.

Pero el hambre, el hambre corporeizada en la sombra, que le oprime el estómago y le ciñe las sienes con torcedores de cuerda, que ha hundido tanto sus mejillas que no se sabe si la barba sale del hueso o de la piel, le impide acabar de dormirse. ¿No será antirreglamentario esto de dormir, ahora que se está otra vez en contacto con el reglamento? Pero Viance se abandona a una indiferencia blanda y laxa, que resulta cómoda como un ataúd bien acolchado. Los ojos, entreabiertos, acostumbrados a la oscuridad, miran obstinados a la puerta, animada en su frialdad de puerta, que nadie puede entornar ni abrir, por la pantorrilla del guardia civil muerto. Pierna mórbida, carnosa, blanca.

Una idea pasa como un relámpago, y aunque Viance la desecha ha dejado su estela, su simiente. Al poco rato resurge y Viance, antes de rechazarla, piensa: «Llegaría uno a ser peor que las fieras, porque ellas no comen la carne de sus semejantes». Después reflexiona: «Aunque en el fondo, bien pensado, lo primero es salvarse». Procura alejar definitivamente esa obsesión; pero cuando cae de nuevo en ella es ya para pensar: «¿Se enterarán? Puedo volver el muerto cabeza arriba y nadie irá a ver si tiene las pantorrillas intactas». Y por fin, a cuatro manos, avanza sigilosamente, con el machete en la diestra. A medida que se acerca, la voluptuosidad de comer le anima; pero ya en el umbral, a dos pasos del cadáver, contiene la respiración. En el cuarto no hay nadie. La ventana está abandonada: deben haberse ido todos abajo. Avanza de nuevo. A la otra parte del cadáver alguien se arrastra también y huye de pronto, hacia la escalera. Viance retrocede, conteniendo la respiración. Llega a la ventana y se deja caer con el rostro contra la pared. Tiran abajo; sigue gimiendo alguien en falsete, como los niños ensoñecidos. Se oyen carreras abajo y se reanuda el tiroteo. Viance va a levantarse, pero pesa demasiado y queda dormido

con la mejilla en el suelo fresco. La obsesión del reglamento llena su
sueño de pasos a compás, de voces de mando. Cincuenta voces de oficiales y jefes mandándole al mismo tiempo. Y dos o tres cornetines
que imitan el canto del gallo.

Viance dice:

—¿Y qué? ¿Qué es lo que hay que hacer?

—¿No ves que has dejado atrás más de diez mil muertos?

—Sí, señor. ¿Qué hay que hacer?

—¿Aún preguntas qué hay que hacer? ¡Marcar el paso, *rediós*! Si
tú hubieras marcado el paso a su tiempo, otro gallo nos cantaría a
todos.

De nuevo vuelve el cornetín a imitar el canto de un gallo.

—¡Firmes! ¡Marcar el paso!... ¡Mar!

Los cincuenta jefes y oficiales gritan al unísono, marcando a su vez
el paso como el coro en las operetas:

—¡Viva España!

Viance ve la llanura poblada de muertos. Diez mil y dos mil más
en Monte Arruit. Los ojos de los cincuenta jefes y oficiales pesan sobre
él, esperando que conteste al vítor. Viance se apresura, al darse cuenta:

—¡Viva!

Tumbado en tierra ve enfrente una proyección de sí mismo.
Rendido, agotado, miserable, con la cara congestionada. Las cartucheras y el fusil aumentan su traza grotesca, en la que no queda el
menor resquicio para la compasión: tal es la falta de armonía de este
dolor, de esta miseria; tan lejos de todo lo concebible, lo humanamente
presumible están ya que la compasión no los alcanzaría. Se ve a sí
mismo con sorpresa y desdén, fuera de la conciencia física de su vida.
Tarda un rato en recordar que está acostado, tumbado cara a la pared.

El despertar le da la sensación de entrar en un pozo sombrío, lleno
de rumores y de húmedas tinieblas. Durante el sueño veía su propia
imagen bajo una luz irreal, pero a veces tan viva como la del sol.
Ahora, al despertar, se hunde en las sombras de la madrugada con la
impresión de caer en una verdadera pesadilla. Alguien lo sacude.

—¿Qué haces, Ceriñola? Han llegado hasta la puerta y tres han
querido entrar por la ventana. Parece que el general N. ha *entregao*

en Monte Arruit a toda la columna, sin armas, les ha *dao* mulé. Han llegado más de diez mil moros de allá. ¿Cuántos tiros te quedan?

—Quince.

—Cuando se te acaben baja al patio.

Llega el amanecer, como tantos otros, indiferente y silencioso en su palidez mística. Luego, el sol da en la casa y proyecta sombras alargadas. Unas gaviotas navegan en el azul y hacen su pesca mañanera a ras del agua. Son palomas mal dibujadas por un colegial.

Viance reflexiona sobre las palabras del sargento. ¿Para qué bajar al patio? ¿Querrán quizá salir y atacar con el machete? No pueden ya aguantar el peso del fusil ni las piernas les sostienen. Hacia Melilla, en lo alto del Gurugú, suenan baterías. ¿Estarán bombardeando la población? Algo se derrumba en el piso de abajo. Viance, incorporado en la ventana, hace fuego sobre los moros que intentan acercarse en vano. Parten de otras ventanas seis u ocho tiros más, y aunque no hacen blanco, los contienen. Cuando Viance ha disparado el último cartucho baja al patio. Hay en un rincón un pozal de agua que mira con indiferencia, aunque hace dos días que no la ha probado.

Están ya casi todos. Los que faltan han quedado de puesto en las ventanas o se pudren sobre las baldosas. Los moros tiran con cañón, los cartuchos se van a acabar —quedan seis o siete— y hay quien lleva diez días sin comer nada. El estiércol de caballo ha sido repasado lo bastante para asegurarse de que no queda un solo grano de cebada sin digerir. Hay, sin embargo, quien quiere seguir defendiéndose a bayonetazos, a mordiscos. Otros —entre ellos Viance— querrían aguantar hasta la noche y salir, amparados por las sombras, hacia Melilla. Pero los proyectiles de cañón pasan zumbando y se van al mar. Si aciertan con dos o tres no va a quedar una rata. La única posibilidad de salvación es entregarse y esperar que estén ya hartos de las matanzas de Monte Arruit. Cada uno mantiene en el fondo cierta energía; pero al ver las caras de los demás se encoge también de hombros. «Esto es peor que la muerte», y miran con envidia a los cadáveres del corral.

—Habría que enterrarlos.

Van tres. Son muchos. Tenemos que hacer una zanja enorme y no hay con qué. En una artesa volcada alguien, con un clavo, había comenzado a escribir: «Soy de la segunda y me llamo Ramir...» No dice más.

—Ése ha venido aquí con vida –dice uno señalando el cadáver más próximo.
Como abrumado por el sueño alguien dice con voz lejana:
—Yo lo conocía. Es Ramiro Icesa González.
Se arrodilla, y con el mismo clavo acaba de escribir el nombre.
Luego se va. Esa prisa por asegurarse un poco de supervivencia, dejando escrito el nombre en algún sitio, es una de las más tristes y unánimes manías del hombre que se encuentra de pronto ante la muerte.
Están ya las puertas abiertas, quitada la impedimenta. ¿Cómo ha sido eso? Cuando consultaban abajo estaba ya puesta la bandera blanca: un pedazo de camisa de un muerto. Corre una voz: «No romper los fusiles, no ocultar los cerrojos». Es una alarma momentánea mientras los amontonan junto a la puerta. Luego, por orden de unos jinetes moros, forman a un costado. Con los que han entrado estos últimos días, serán quince o veinte.
Viance se pone el último. Los moros recogen los fusiles, los cuentan, sin hacer caso de los prisioneros. Después, un piquete con las insignias de la policía indígena pasa al corralillo, y los soldados, ya sin correaje, en esa desnudez encogida, arrugada, del uniforme, van saliendo por la abertura de una calzada que rodea el edificio –cimientos de un muro cuya construcción se interrumpió–, sometiéndose antes a un interrogatorio:
—¿Enfermo?
—No.
—¿Herido?
—Sí, en la pierna.
—¿Puedes andar?
Y el prisionero pasa y queda a la otra puerta, vigilado. Alguno miente, después de vacilar un poco, y dice balbuceando aterrado que está herido y enfermo, creyendo que esto le reportará alguna ventaja. Los que declaran hallarse imposibilitados para andar son conducidos al corralillo. Cuando hay ya en él tres o cuatro se oye una descarga.
Viance ve que los fusilan, y lo advierte como puede a los más próximos. Aún van otros dos al corralillo, y de nuevo se oye la descarga. Viance contesta diciendo que tiene simplemente hambre y que no está enfermo ni herido. Las manchas de su guerrera lo denuncian; pero ex-

plica que son de transportar heridos y muertos. Pasa la calzada. «Me reconocerán, vendrán a comprobar si estoy herido o no y moriré como los otros». Cada vez que se acerca algún indígena sus temores se acentúan. Sentado al sol en la corta fila de diez o doce, ve las lomas de enfrente, la alcazaba[151] construida para las tropas indígenas y ahora utilizada por los rebeldes como cuartel general. Una parte de Nador sale más abajo, tras la fábrica de harinas, y se extiende aplastada bajo el sol en una calma aparente no alterada por los harapos que de trecho en trecho malcubren algunos cadáveres. Hay esa tranquilidad de los alrededores de una población industrial en día de fiesta. Los rieles del tren parecen levantados por una brigada que va a repararlos o a rectificar la línea.

Sin armas, sin correaje, Viance se siente más libre de responsabilidades, como una extraña y nueva seguridad. Porque esas responsabilidades anteriores no llevaban consigo la conciencia de un deber, sino de una disciplina colectiva forzosa. El porvenir no puede prejuzgarlo pero lo adivina, renovando el recuerdo de los prisioneros que subían a Dríus arrastrando cañones. ¿Quién nos vigila a nosotros? Ese viejo de fusil engrasado y brillante que canta la triste melodía entre dientes, sentado en cuclillas; y aquel mozalbete de hocicos apuntados que intenta abrochar la correa del fusil, y que cuando observa a los prisioneros lo hace paseando sobre ellos una mirada de triunfo y desdén y preguntando, con un gesto de desenfado, qué le ocurre a quien se atreve, a su vez, a mirarle.

—¿Veníais de allá, de Annual? Pues otra vez iréis allá, y más lejos, por cabila rifeña –dice, por fin, con un corte de mangas.

—Nos van a llevar pa dentro –advierte el de al lado.

Siente Viance bajo el cráneo una oquedad densa de aire caliente que le enturbia la mirada y a veces le produce mareos. Se levanta sobresaltado temiendo perder el sentido y al ver que el viejo lo encañona con el fusil vuelve a sentarse. En seguida llega un grupo de jinetes de chilaba y albornoz azul. Hablan en árabe, sin cuidarse de los prisioneros, y parten de un salto, al galope, hacia Nador. Los centinelas se levantan y hacen levantarse a los soldados. Los llevan a la alcazaba.

«¿Será para fusilarnos?» piensa Viance indiferente.

Una vez allí, antes de encerrarlos en los calabozos dispuestos por

---

[151]   Alcazaba: Fortificación arabe similar a un castillo.

la Administración española para los indígenas rebeldes, les distribuyen pan de cebada. Ahora es cuando se dan cuenta de que están a merced de los moros, de que viven y vivían en un plano agobiadoramente miserable y sumiso, purgando culpas de alguien, porque en la corta edad de cada uno no cabe una maldad tan culpable. No se hablan los soldados, no tienen nada que decir ni que pensar. Alguno mira el edificio abandonado, después de defenderlo con tesón y de regarlo con sangre.

Viance siente aún en el pescuezo la incisión de la mirada del cadáver. Uno, el más entontecido, canta, y esa tranquilidad molesta al centinela que le tira un cascote como a un perro obstinado en aullar. Viance ha comido lentamente el pan y luego ha permanecido varias horas con la mirada en los pies, resecos y agrietados, sin pensar en nada. Hacia media tarde despierta al de al lado que duerme con los ojos abiertos y le dice en voz baja:

—Oye, ¿sabes tú si habrá luna esta noche?

—¡Habrá hostias!

—¿A cuántos estamos? ¿Será hoy lunes, martes o qué?

Un soldado dice, sin mirarle:

—Ni lunes, ni martes, ni estamos a ningún día de mes. Estos días no están en ningún calendario, y si hay luna, tampoco será como la de antes. ¿No ves que todo anda revuelto?

Alguien dice, con la mirada terriblemente inexpresiva:

—¿Eres del 42? Más de veinte del 42 han quedado allá abajo. Corrían y los ensartaban por la espalda. Y a un teniente.

—¡Deja dormir, coño!

—¿Y a un teniente?

—Venía de Monte Arruit y querían hablar del general N. y dar parte por escrito. ¿Sabes lo que yo te digo? Que hasta los moros les favorecen a los generales.

Viance bosteza:

—¡Dar parte contra un general! ¡No hay más que decirlo! Ya lo ves tú, si darán parte.

—¡Tíos mandrias! ¿Se va a poder dormir?

—Han dicho que tenemos que acarrear aquí la vía del ferrocarril y las traviesas. De una manera u otra aquí te joderás, muchacho.

Entra un moro muy decidido y con voz atiplada pero viril ordena:

—¡Marra, marra, a formar!

El cansancio, las heridas, imponen cierta lentitud, y se lía a trompadas y culatazos. El que dormía con los ojos abiertos sigue en la misma posición, roncando. El moro le da con el pie, lo zarandea y a medio despertar el soldado farfullea:

—¡Cabrones!

Al salir los prisioneros en fila se oye un golpe blando. El durmiente queda en la misma posición, con tres costillas y la clavícula hundida.

Salvación – La guerra – Licenciamiento – La paz de los muertos

Doce

Viance tiene preparada la fuga. En la seguridad de que al volver hacia Annual morirá ha encontrado los impulsos decisivos para intentar la huida hacia Melilla. Son diez kilómetros; a un lado la montaña; a otro, el mar. Aquélla poblada de rebeldes; blocaos que enfilan el camino con granadas y ametralladoras y cañones. No llegará a Melilla, pero prefiere morir a solas, cara al mar, con el ruido del agua en los oídos. Teme a la cal de las llanuras de Monte Arruit, Tistutin, Dar Dríus; teme caer en ellas y quedar momificado al sol antes de acabar de morir. Se acerca la puesta del sol. Siguen trabajando, se echará la noche encima y con las primeras sombras podrá deslizarse terraplén abajo, por el lado del mar, y correr. A treinta pasos el uniforme terroso se confundirá con las sombras, y cuando éstas se acumulen a su alrededor la fuga será más fácil.

Puede ser que llegue a Melilla. Todo consiste en que no lo envíen con la brigada que acarrea traviesas y trozos de vía, en que se quede allí, con los del terraplén, desatornillando y arrancando hierro. Trabajan unos cincuenta hombres en dos grupos, y los moros cantan sentados, con el fusil dispuesto y los ojos a un tiempo quietos, lentos y sagaces, pesquisidores. Alguien dice:

—¿Mañana marchamos otra vez hacia Annual? ¿A esto hemos venido a parar?

Viance observa las sombras, ya alargadas por el sol poniente. La luz comienza a dulcificarse y a tomar el tono de topacio de los crepúsculos. A cuarenta pasos las siluetas son ya confusas. Espera un poco más inclinado, mirando cabeza abajo al centinela mientras simula trabajar. Unos minutos más. Si aguarda un instante aún ya será imposible, porque están acabando de cargar los de la otra brigada y éste es el último viaje. Pero aún hay luz; será la luz una vez más quien dará la voz de alarma, vomitará centellas sobre su espalda flaca y magra.

Se levanta; da un último vistazo. Tomando ya el impulso para saltar, abajo se oye una voz. El centinela avisa a los otros, se alzan todos; Viance cae abajo, cabalgando en la arena caldeada y corre. Se encuentra a otro soldado, que sube presuroso.

—¡Idiota! –dice Viance–. ¿A dónde vas?

—Quería escaparme, pero tengo miedo.

—¿A qué?

—No sé. Yo me vuelvo arriba.

—¿Estás loco?

—Loco será el que vuelva a comenzar otra vez por su gusto. Allá –señala Melilla– paso hambre, frío, aguanto palos, no tengo un céntimo y estoy como en una cárcel. ¿Todo pa qué? Pa que ocurra lo que acabamos de ver. La única herida que llevo me la ha hecho un oficial, y yo veo que entre los moros se ayudan y que no hay tanta estrella y tanta casta. Todos son hombres y yo otro hombre más.

Viance corre con todas sus fuerzas; no tarda en oír tiros a su espalda; pero tan inciertos, tan a la ventura, que ni siquiera siente el paso de los proyectiles. Una alcantarilla para el desagüe de las vaguadas del Gurugú. En ellas podrá ocultarse, si hay peligro; ahora las sombras son ya más densas y apenas retienen un poco de la luminosidad del cielo. Pero el terraplén va descendiendo, las alcantarillas son más chatas y llega un momento, algo más abajo del Atalayón, en que desaparecen y la vía se extiende ya sobre el campo llano. Postes de telégrafo cortados, un blocao desmantelado con ruidos de fiesta –pandero y chirimía–, que suenan como debajo de tierra.

Los de Nador no lo alcanzan ya, por mucho que corran. Las sombras son bastante impenetrables y a quince pasos no se distinguen bien las cosas. Corre bajo la mole irregular del Gurugú que a veces parece gravitar sobre su cabeza, amenazando con aplastarle, y que corta el cielo de improviso como una nube tormentosa. La ausencia de lejanías da al aire cierta tenuidad fresca y húmeda, sin el agobio de las llanuras calcáreas.

Una hora de marcha acelerada lo deja sin fuerzas para continuar. Se detiene cerca de una caseta que junto a la vía recorta su duro perfil. Un disparo de fusil le roza las orejas. Se aplasta contra el suelo y arrastrándose va a dar la vuelta, hacia el mar, que se ha alejado de la vía más de dos kilómetros. Le siguen los disparos de los centinelas. ¿Moros? ¿O serán quizá las avanzadas de la defensa de Melilla? En cualquier caso, debe huir, seguir su camino, evitar la repetición del desastre de la fábrica de harinas. Los disparos parten de la caseta, que Viance ve ahora más claramente, fortificada con sacos terreros. Un zumbido de granadas sucede a los disparos de cañón.

Va acercándose a Melilla; éstas son las casetas del ferrocarril, fortificadas como blocaos. Sin duda están guarnecidas por los nuestros; pero es inútil pretender entrar. Sigue rodeándolas a gran distancia. Otra serie de tiros de cañón y una columna oscura de tierra y humo sobre la caseta. Han derribado todo el parapeto por un costado. Viance corre. Tiros a su espalda, hacia el mar ya lejano. Sigue corriendo fuera del camino, que a veces aparece y se oculta a la izquierda. La tierra, bajo los pies, sube, baja, oscila como el mar bajo el viento.

Una hora más y llega a las afueras de Melilla. Ve las sombras del hipódromo, tiendas de campaña agrupadas.

Líneas de alambradas y trincheras, una ráfaga de ametralladora que pasa alta. Intenta dar la vuelta hacia el Real; pero las fortificaciones aumentan y el más pequeño ruido atrae los tiros de las ametralladoras. La oscuridad es más densa hacia la carretera. La ciudad está sumida en las sombras para dificultar el fuego de la artillería.

Viance, cuerpo a tierra, con la cara en un charco, quizá del agua de las ametralladoras, contiene la respiración. Luego grita. Lejos, hundida en tierra, se oye una voz indiferente y cansada: «¡Cabo de cuarto!». Transcurren diez minutos lentos, terribles. Otra voz habla desde las sombras:

—Más abajo hay un hueco sin alambrada. Entra por allí.

Circulan una orden que se percibe apenas por el timbre repetido de las mismas palabras. Viance se arrastra hacia abajo, rechazando contactos fríos, viscosos, de piernas desnudas, de harapos, y poco después salta por un terrero y cae abajo, a la trinchera.

—¿Vas herido? –pregunta alguien.

Viance dice que sí. Pero irá al hospital. No es grave; sólo tiene hambre y cansancio.

El sargento se encoge de hombros. Lo mira con curiosidad.

—Voy a dar la novedad, espera.

Entretanto se le acercan algunos soldados:

—¿Vienes de R.?

—¿El general S. se ha *pegao* un tiro?

—¿En Monte Arruit se han *entregao*?

Preguntas tontas, sin sentido, con ese aire cuartelario que quita a los sucesos su carácter y los reduce a incidencias del servicio.

—Aquí han venido tropas de Ceuta y Tetuán. Ahora ya no entran ésos. Pero pa que el servicio se haga con *comodidá*, tienen que venir lo menos treinta batallones más. Por la noche no faltan «pacos»; ahora que tú, si lo entiendes, te hospitalizas y santas pascuas.

El sargento vuelve:

—Anda, Ceriñola; preséntate.

Viance va hacia la tienda que aparece pegada a un muro, con el triángulo de lona abierto. Le acompaña cierta satisfacción vaga, indefinible. Por primera vez se acerca serenamente a un oficial. Les ligan ya –a soldados y oficiales– demasiados secretos. Vuelve a caer en la disciplina con un criterio maduro y perspicaz sobre la obediencia militar.

—¿Da su permiso?

Un oficial, en mangas de camisa, sentado de espaldas, lee a la luz de su lámpara de bolsillo.

—¡A la orden, mi teniente!

—¿Eh?

—Que a la orden, mi teniente.

Se levanta, enfurecido.

—¡Qué teniente ni ocho cuartos! No me mires con esa cara estúpida, que te parto el alma. ¿Tú no me conoces? ¿No conoces al capitán Arnáu?

Viance ve en una manga de la guerrera, sobre el camastro, las insignias de capitán. Balbucea:

—No, señor. Soy de Ceriñola.

—No importa; al capitán Arnáu lo conocen en todas partes. Yo te juro que te he de dejar un recuerdo bien vivo como te pongas a mi alcance. ¿Qué esperas? ¡Largo de aquí!

—¡A la orden, mi capitán!

Sale Viance y le oye refunfuñar:

—¡Parecen tontos! ¿Es que no va uno a poderse quitar la guerrera?

Pero el hospital Alfonso XII[152] no está tan cerca. Hay que andar a tientas, buscar el camino que no recuerda bien. Súbitamente, una evocación surge relacionada con el capitán. Ha visto a ese hombre en un automóvil, retuvo bien su expresión huraña y desconfiada. Por fin recuerda que era de los que acompañaban al comandante que le machacó los dedos con la culata de la pistola, cerca de Dríus. Consiguieron llegar y salvarse. Viance lo piensa con airado despecho.

Anda ya entre casas habitadas y pacíficas. Este barrio es el Real y la calle de los prostíbulos elegantes. La encargada, en lugar de fumar tabaco de 0,50, tiene un cestito de labor y jaqueca. Los soldados sólo vienen aquí cuando tienen mucho dinero, porque cae lejos del centro de la población y hay que coger un «taxi». Pero ahora las avanzadas están en el Real y la coincidencia es magnífica. Junto a una puerta, unas sombras se mueven inquietas:

—Vamos, muchacha, que sólo somos tres.

—Esos paisanos, hijos de su madre, nos han *madrugao*; pero como abran no queda uno –dice alguien.

—Paisanos, ¿eh? Ayer estuve yo de vigilancia. ¡Muchachos, la que se armó! Echamos a todos los paisanos de tres cafés. ¡Hala, a ver si los cogemos vivos! Salían por las ventanas.

—Haciendo oscilar la cabeza a derecha y a izquierda, añade:

—¡Ay su tía, la hueca!

Los demás ríen. Una cabeza asoma por el balcón:

—¡Señores, no dar la pelma! Ya os he dicho a *ustés* que las niñas están de dormida.

Viance pasa. Una voz lo retiene:

—¿Qué es eso? ¿No le han enseñado a usía a saludar?

—Voy descubierto, no llevo gorro.

—¡Qué hablas! ¡Silencio! ¡Firmes!

Viance obedece. Los pies no le sostienen, la cabeza pesa y hay un zumbido en los oídos que lo marea.

—¿Es que por ir sin nada en la cabeza no se saluda?

Va a contestar; la turbación se lo impide de momento, y entretanto alguien ordena:

---

152 Hospital Alfonso XIII: Una serie de barracones que fueron preparados para albergar a la comitiva del rey Alfonso XIII en su visita a Melilla en 1911.

—¡Derecha! ¡De frente, paso li... gero!

Viance echa a correr con paso gimnástico. El otro le va mandando media vuelta cuando se aleja un poco, de modo que pasa frente al grupo y va a volver más adelante, andando unos doce pasos a cada lado. Cuando se le oye jadear, vacilar, lo dejan marcharse.

—*Er jodio* va cojo –dice alguien.

Y ríen los cinco.

Viance llega por fin al hospital. Entra en un gran patio descubierto. En el fondo, una monja desde la escalinata de un pabellón sale a su encuentro:

—¿Qué quiere? ¿Qué busca?

—Venía aquí. ¿No es el hospital?

—Sí. ¿Qué quiere?

—Estoy herido.

—¡Ah, ya! ¿No tiene botiquín su batallón?

—Sí, tenía; pero ¡échele un galgo al botiquín y al batallón!

—¿Qué dice? ¿De dónde viene?

—De Annual.

—Alabado sea el Señor. Pase. ¿Es grave? No hará falta molestar el doctor de guardia, ¿verdad?

Viance pasa a un pequeño cuarto frío y apenas amueblado que le recuerda, no sabe por qué, el del Ayuntamiento de su pueblo, donde lo reconocieron para la recluta. Cierto es que tiene una báscula con tallador y un mapa. El ayudante, joven, grueso, lo mide con los ojos.

—¿Dónde?

Viance muestra la mano izquierda tumefacta. Pasan a otro cuarto, donde hay muchos grifos de agua, jofainas, lienzos blancos y cristales por todas partes. Se desnuda el torso. En el reflejo de un cristal se ve esquelético: las costillas marcando sombras paralelas, las clavículas como dos asas enormes. El ayudante cura y va preguntando. Pero se ve que no le satisfacen las respuestas de Viance, demasiado vagas y concisas: «Hambre, sí, señor, no falta... Claro, en Annual... Monte Arruit creo que se ha *entregao*; yo no entré allí, pasé dando un rodeo y no me pude quedar a la mira... Como moscas, sí, señor... Eso pensaba yo, que no moriría de estas heridas».

El auxiliar le dice que ha tenido mucha suerte, porque la bala del hombro le ha cogido un pellizco en blando, sin entrar hondo, y la de la rodilla tampoco es profunda, aunque para curarse debe estar quince días por lo menos rebajado de todo servicio. Hechas las curas, le pone una inyección de un líquido negro en el vientre,[153] lo pulsa de nuevo. Se ve en su rostro un asombro profundo. La asepsia ha sido enérgica y Viance tiene la sensación de que le han metido bajo los vendajes brasas encendidas.

Sale de la clínica con la monja. Esta le hace una seña y se adelanta hacia la cocina. Le da un buen tazón de café con leche, lo acompaña luego al patio y lo deja.

—Y dormir, ¿dónde duermo?

—¿Trae usted el volante con la baja?

—No, señora.

La monja habla con una indiferencia correcta y persuasiva:

—Entonces no puede quedarse aquí. Tiene que ir a su regimiento.

—Es que... Llevo diez días sin dormir y casi sin comer. ¡Estoy herido! ¡Por su madre, hermanita! Aquí deben sobrar camas.

—Sí, sí. Pero, ¿cómo vamos a darle de alta sin venir la baja de su regimiento? Es imposible, imposible. No depende de mí. Han hecho bastante curándole; no están obligados a curar a todo el que llega: para eso están los botiquines del regimiento; pero somos poco ordenancistas. ¡Si fuera otro ayudante que marchó a España el mes pasado! Aquél sabía el reglamento al dedillo y no pasaba por movimiento mal hecho. Demasiado, digo yo. Y era una excelente persona, ya lo creo. No seré yo quien diga mal de él ni mucho menos.

Viance, mohíno, sin escucharla, se va. A los tres pasos se detiene.

—Y gracias por todo.

La vocecilla dulcemente nasal responde:

—A Dios sean dadas.

Ya en la calle vacila. Esto le ha desconcertado más que todos los sucesos anteriores. Delante hay una llanura, una gran explanada, y al final dos cantinas, que viven sin duda del hospital. Iría allí pero no tiene un céntimo. Se siente abandonado de todos y, lo que es peor, de sí mismo. No encuentra razones ni estímulos para protestar.

Llega del mar un viento suave y frío que cala hondo. Los piojos

---

153   probablemente se tratara de algún antibiótico.

molestan, las heridas siguen quemando. Sin embargo, el café con leche estaba dulce y espeso, con buen sabor de nata fresca. Se sienta en una pequeña calzada. El centinela sale de la garita y pasea:

—¿Qué haces ahí? ¿Esperas a alguien?

—No –dice Viance, encogiéndose de hombros, y añade por decir algo más: –¿Hace frío, eh?

—Entra al cuerpo de guardia, si quieres.

Viance se levanta y acepta, en silencio, con una honda gratitud. ¡Todo esto resulta tan desconcertante! Frío de vagabundo, gentes aferradas a un reglamento, serenidad y vigor de no haberse asomado a la gran verdad que él acaba de ver que le tenían oculta entre uniformes y desfiles, entre palabras bienolientes –patriotismo, disciplina, valor–. El centinela lleva un uniforme estupendo, de oficinista. Ya en la puerta, un cañonazo le hace volver la cara. Voces broncas salen de dentro.

—Dieciséis.

—Quince.

—No; dieciséis. Y éste ha caído cerca.

Tumbados por el suelo, en posiciones violentas, doce o quince soldados duermen vestidos. La primera impresión recuerda los cadáveres que día y noche han ido marcando la ruta hacia la ciudad. No se acuestan sobre el largo camastro de tablas porque es un hervidero de chinches. Viance se sienta en el suelo. Un cabo le ofrece vino y un cigarro y le tira de la lengua; pero Viance se limita a contarle lo que le ha ocurrido con la monja:

—Vete al cuartel –dice el cabo, creyendo que las heridas las ha recibido en el Real, y añade–: El capitán médico podía haberte dado el alta en el hospital; pero puede que no esté. Hay hasta el cuartel una hora de camino o más. Primero, cruzar toda Melilla, y después salir por el Polígono y subir cuesta arriba por el campo hasta Cabrerizas Altas.

—Cuando llegue serán las dos... si llego.

Echa un vistazo a los pabellones más próximos.

—Si pudiera enganchar un colchón....

—Porque no querrás. Ahora no hay vigilancia. Te metes en un pabellón de ésos, te acuestas, y al amanecer te vas. No se entera ni Dios.

Sale con el cabo, y éste le indica las puertas traseras de los pabellones. Dos peldaños junto al retrete. «Llegas a tientas, y en la primera
cama vacía, te metes.» Se decide, y sube con temblor de impaciencia.
La cama. Un colchón de lana sobre el somier metálico. Acostarse y no
volver a salir nunca de allí. Las almohadas, blancas y mullidas, para
recostar la cabeza. Y una percha para la ropa, porque aquí se duerme
desnudo, no es como en el campo. Acostarse y seguir durmiendo
siempre. Sobre el colchón de lana y la almohada mullida.

Se decide y entra. La sala, rectangular, está sumida en una dulce
penumbra. A la luz de una lamparilla de aceite, cuatro hombres, uniformados con los largos sayos del hospital, juegan a las cartas. Se
blasfema en voz baja, se dan puñetazos en la tabla que sostienen en la
rodilla. Han dejado las camas y se han agrupado bajo esta luz, la única
que permiten. El fámulo,[154] un viejo paisano auxiliar de sanitarios y
monjas, dormita junto a la puerta, tumbado en la primera cama.

Cuando entra Viance, los jugadores ocultan las cartas, alarmados.
En seguida se reponen e injurian al inoportuno. El viejo enfermero
despierta y se incorpora:

—No me comprometáis, carajo. Os dejo que juguéis y luego por
menos de *na* le buscáis a uno la ruina. ¿Ha *terminao* ése?

Uno vuelve la cabeza hacia la cama. Hay un soldado agonizando,
la mirada clavada en el techo con una fría obstinación y los labios más
trémulos en cada estertor. Tiene un pequeño crucifijo sobre el estómago. La lamparilla está encendida y los otros naturalmente apro-
vechan la luz para jugar. El mismo que ha tranquilizado al enfermero
insiste ahora, señalando a Viance:

—No tienes que levantarte aún a llevar al cadáver, pero siento decirte que hay una entrada.

Esto es lo verdaderamente terrible. El viejo enfermero pregunta
soñoliento: «¿Eres tú?» Viance no sabe qué contestar. El viejo gruñe:

—Si no vienes con el sanitario de guardia, como si no.

—Vamos viejo; hazle la cama al muchacho, que trae piojos de la
línea de la derecha y pulgas de la línea de la izquierda –y luego–: Las
puestas están igualadas, esto no es juego. ¿A ver? Bueno. No va más.

—No hace falta que traigan sábanas –balbucea Viance–. Así
mismo está bien.

---

154 Fámulo: Criado.

Esta amabilidad lo delata. Ríen los cuatro con el contrapunto de los estertores. El viejo se queda muy sorprendido. Pide la baja. Los cuatro atienden extrañados. Viance palidece más aún, y el anciano lo llena de denuestos, convencido de que quiere entrar de contrabando. Viance lo coge por la camisa, desencajado:

—Callas o te aplasto.

Los cuatro ríen y animan a Viance:

—¡Aplástalo, aplástalo!

Uno impone silencio:

—Callad. Me parece que eso se acabó.

Han cesado los estertores. El viejo gruñe:

—Menos mal que ya no me hará levantarme otra vez.

Va por la camilla de ruedas. El cuerpo del agonizante amarillece y se aguza su silueta. Viance es empujado hacia atrás por el viejo, y de pronto se encuentra abajo. Al salir, el cabo de la guardia, que ha estado al tanto, disimula y se escabulle. Un soldado, también de la guardia, sale del retrete del mismo pabellón y dice a Viance:

—El cabo anda buscando la manera de colarse en una cama de ésas, y te ha enviado a ti a explorar el terreno.

Sale de nuevo a la calle y reflexiona: «Claro, yo adonde debo ir es a mi regimiento». Esto le anima, y acelera el paso. Hace verdadero frío. Aunque parezca que no, las cartucheras y el correaje abrigan, porque ciñen el uniforme. La ciudad está dormida; pero se advierte pronto que no es un sueño reparador sino una pesadilla agitada, de pánico. Hay familias que marchan hacia el muelle con sus cuatro trastos, y otras se han trasladado al casco viejo de la población, que se alza en una especie de ciudadela fortificada, junto al mar. El miedo civil se ve en la prisa epiléptica de las mujeres que van y vienen por las cancelas de las casas de vecindad y el llanto dramático de algunas que gritan al oír un nuevo cañonazo, o las ametralladoras lejanas, cuyo sonido recuerda el crotorar de las cigüeñas. Viance se detiene un momento en el umbral y es rodeado por varias mujeres. En vano quiere marcharse.

—¿De Seriñola? Es de *Seriñola* el *pobresito*.

Hacen mil preguntas absurdas, que le desconciertan.

—¿Es verdad que al general S. le han cortado las partes vivo? —y sin esperar respuesta—: ¡Qué entrañas más negras! Y a ti, ¿qué te han hecho, *pobresito?*

Un viejo valenciano, que fuma su pipa apartado del grupo interviene:

—Vamos, che, dejar al muchacho.

Dos mujeres lloran, intercalando exclamaciones de piedad:

—¡No hay más que verlo al pobre que es una momia! ¡Pobres hijos, quién os ha metido en estos fregaos! ¿Llevas algún tiro?

—Tres.

A Viance le agrada esta compasión llorosa y untuosa aunque la recibe con placer culpable, como un vicio, y le produce una impresión de impaciencia inexplicable.

—*Sinco* tiros, *sinco*, lleva el hijo de *misentraña.*

El valenciano oye con deleite las ametralladoras.

—Che, cómo cantan, *Seriñola.* ¿Usted cree que con cuarenta batallones habrá bastante pa reconquistar todo eso? ¡Quiá! Más de setenta mil hombres van a tener que venir de primera intensión. Ya están en Málaga diez batallones. Todos se van a Melilla la Vieja; pero yo aquí he *tomao* tres locales más *pa* almacén. Oiga cómo cantan las ametralladoras.

Viance cuenta los desastres sucesivos de Annual, de Dríus, de Monte Arruit. Las mujeres gimotean y le interrumpen con exclamaciones. El valenciano comenta en cada caso:

—¿Y no quedaría ni uno con vida, eh? Es claro. ¡Qué digo ochenta mil! Con cien mil soldados no habrá que empezar.

Luego Viance insinúa el deseo de que le cedan un colchón donde dormir. Las mujeres lo miran con detenimiento y Viance ve que piensan en la suciedad, en los piojos.

Aclara:

—No tengo ánimo pa seguir hasta Cabrerizas. Un colchón viejo por ahí en un rincón —y miente, seguro de que no lo creen—. Piojos no llevo.

Le ha entrado la manía del colchón, de las lanas mullidas, donde descansar unas horas. Soñaba con el hospital para esta noche y no se resigna a decepcionarse del todo. Pero su petición produce extrañeza,

y se excusan. No tienen nada sobrante. Una mujer saca un vaso de vino. El valenciano añade, dando una larga succión a la pipa:
—¿No se le hace tarde? La vigilancia vendrá pronto por aquí.

Durante media hora cruza la ciudad, espeluznada bajo los disparos de la artillería española cogida por los moros. Es una artillería eficaz; no hay más que oírla ahora y ver cómo se entierran los proyectiles en los desmontes, junto al Docker, junto al Alfonso XII. La eficacia de la artillería española la percibe ahora Viance menor que nunca.

Va andando con una mirada turbia, inánime. Cuando detrás de los ojos no hay una aspiración del panorama ideal que corresponde a cada paisaje, la mirada aparece vacía. Así miran siempre los idiotas. Los locos sólo ven lo imaginado, y tienen una mirada demasiado lejana, demasiado expresiva de lo inmaterial. Viance mira de ambas maneras. La idiotez y la locura se dan la mano sobre una realidad muerta.

En la explanada donde comienza el barranco de los tiradores, de los deportistas de la guerra, que tienen sus pabellones y sus blancos matemáticos, se detiene. Aquí hay que salir de nuevo al campo, subir un repecho rocoso de más de tres kilómetros para llegar al cuartel, construido entre el feroz acantilado del mar y las primeras barrancadas del Gurugú. En la explanada, a mano izquierda, hay una gran fuente monumental de azulejos árabes hechos con moldes alemanes. Viance se acerca y bebe el agua insípida de Melilla. Un hebreo asoma su sotana en el grifo de al lado.

—¿Usted cree –le pregunta Viance– que se puede subir a Cabrerizas?

—Yo no creo nada –responde extrañado y precavido–; pero no es razonable salir por ahí. Tres barrancos hay a cada lado del camino. Moro cortar *cabesa* y español valiente reclamar después a maestro armero de *Seriñola*.

Se va, un poco receloso. Viance comienza a subir, luego retrocede y se acerca a las casetas del Polígono. Se tumba entre dos de ellas y se duerme cara a las estrellas. Un cuarto creciente de luna asoma por encima de la crestería que da al mar, lleno otras veces de sol y gaviotas.

Hay un poco de «levante», el viento del Este, que trae los aromas de Argelia y las arenas del desierto.

Del Polígono llegan rumores de marinería, de alcohol y prostitutas. Un organillo se ahoga soterrado en un patio bajo rumor de gallinero. Se cogen frases sueltas de una discusión en la puerta del «Buen Tono». La flamenquería colonial recauda detrás de las cortinas de alcoba. «¿Cuánto devenga un señor capitán en campaña?» La frase se pierde en risas, el organillo va diluyéndose en sombras. Sus notas han callado pero son sustituidas por juegos de colores, por bengalas. Tres marineros huyen de las parejas de vigilancia, gritando la voz de alarma a los demás:

—¡Arría..., arría..., arría!

Cuando despierta Viance hay niebla baja que el «levante» desgarra y arrastra. Está dolorido, las articulaciones no le obedecen y los músculos se le han anudado en el pecho, en el vientre. Tarda en poder incorporarse. Cuando el sol le da de lleno, reacciona, se levanta y emprende con desgana la ascensión hacia el cuartel.

El camino, tan familiar, le renueva viejas impresiones. Roca monda, pelada; unas chozas al lado de la carretera, luego el paisaje muerto, gris plomo, sobre el cual emerge el alto rosetón del primer molino mecánico, cuyas maderillas giran lentamente con chirriar de goznes. Es para subir el agua al cuartel; pero como los tubos de conducción están rotos y a trozos han sido arrancados, el agua no sube. Más arriba, otro molino sobre el alto trípode metálico. Los dos chirridos se confunden y glosan el instante con un dramatismo grotesco. A Viance le crispan los nervios como el ruido del cuchillo arrastrado lentamente sobre el cristal.

Tiene el cuartel más bien aspecto de campamento, con sus barracones de madera alineados en torno a una extensa planicie y circundado todo por un muro de almenas. Hay un silencio que hace la soledad honda y agobiadora. Los centinelas se aburren recostados en los quicios. Va al barracón de su compañía y lo encuentra vacío, con tablas y banquillos superpuestos en un orden de ausencia que le hace pensar de nuevo en sus compañeros aniquilados en R. Sale y se dirige al cuerpo de guardia. El sargento lo envía al barracón de transeúntes y le aconseja que se apunte para reconocimiento médico. Se sienta sobre un camastro, con la mirada fija en el suelo, y espera. Hay cuarenta o cincuenta más, destrozadas las ropas, con expresiones taciturnas y ojos que miran siempre mucho más lejos de lo que ven. Un aire incoherente en los gestos y en las pocas palabras que se oyen. Porque apenas habla nadie. Dos cornetas —muchachos de diecisiete años— se persiguen con el cinto en la mano, y cuando molestan a alguien huyen del puntapié o de las amenazas riendo. Junto a Viance, un hombre esquelético mantiene medio pan a la altura del hombro, y come lentamente. Las mandíbulas en cada movimiento amenazan romper la piel, recién afeitada. Mira a Viance con una frialdad de estatua.

—¿Y tu chusco? ¿No tienes el chusco?

—Agua —responde—. Agua es lo que yo querría.

En la gamella,[155] sobre un camastro, hay un poco de agua. Viance espanta las moscas que cubren los lados como un forro de terciopelo y quedan dos nadando. Bebe. El otro habla sin dejar de mascar; pero come mecánicamente, sin hambre, como si le pareciera muy elegante eso de comer.

—Las pobres moscas también tienen que beber. Ellas no tienen mili y no se acostumbran a pasar sed, como uno. Porque, ¿tú les has visto el 42 en el cuello?

—¡Las moscas no tienen cuello!

—Pero tienen sed. Porque no sean personas sino bestias ¿no han de tener sed?

—La cantimplora mía llevaba un tiro. No se notaban los agujeros tapaos con el peluche del forro, y he *dao* el cambiazo. Hasta que quieran poner algo en ella no se enterarán.

Casi todos, a excepción de ocho o diez oficinistas que han salido de mayoría y que están fuertes y van bien uniformados, tienen un aspecto lamentable. Vagabundos, mendigos con las huellas del hambre, los uniformes destrozados, un aire general de miseria. A uno que debió llegar en cueros le han dado un traje nuevo de talla muy superior a la suya y se pasea con las manos en los bolsillos, afectando molestias y sencillez. Cuando tocan a reconocimiento Viance sale corriendo. El cabo que hace de sargento de semana dice a gritos:

---

155 Gamella: Recipiente utilizado para dar de beber a los animales.

—Los del reconocimiento que vuelvan inmediatamente desde el botiquín.

Alguien explica que hay revista de armamento y de municiones. Viance dice:

—Si han de pasar revista a mi fusil tendrán que ir a buscarlo a R.

—¿Y si te empapelan?

—¡Mala suerte!

El médico practica el reconocimiento con prejuicios, advertido por el coronel. Pone «Hospital» a uno solo. A Viance le pone «servicio» y no pudiendo el soldado ya reprimirse, le pregunta:

—Según usted, ¿estoy sano?

Pero el médico llama:

—A ver, otro.

Viance insiste con la voz temblorosa de cólera:

—Tendrá que oírme antes, mi teniente. Yo no puedo tenerme en pie, estoy herido...

—¿Qué dices, idiota? ¿Qué palabras son éstas?

Viance, ya en la pendiente, se deja arrastrar:

—Soy un *soldao* y *usté* un capitán; pero antes que nada yo represento un hombre y *usté* un médico. Falta *usté* a su obligación si...

—¡Vamos, vamos! ¡No sabes lo que dices! ¡Largo de aquí!

—Digo sólo lo que quiero decir, y usted no cumple con su deber. Sabe bien que yo no estoy para hacer servicio.

El médico alza la mano, se contiene rojo de ira. Viance ha retrocedido y le ha tirado un frasco a la cabeza, rugiendo:

—No me toque, que le parto el alma. Usted es como los demás, como todos, como el cobarde del...

Lo arrastran, le tapan la boca. El capitán lo envía a la prevención y da cuenta en un parte escrito al coronel. Viance, dominada ya su excitación en el cuerpo de guardia con otros dos soldados, siente, con la satisfacción de haber dicho la verdad y de haber alzado un grito de justicia, cierta responsabilidad confusa que no le importa en el fondo. El médico no le ha pegado porque se ha compadecido de él, enfermo y herido. Eso le da la razón. Mira por la ventana sin cristales hacia el patio. Unos cien hombres se alinean torpemente con la mano en la cadera. A la luz cruda los rostros tienen una increíble palidez, largas sombras cárdenas. Las manos son flacas y amarillas, de muerto. Allí están todos los del barracón de transeúntes, los que han ido a reconocimiento con Viance y han sido declarados también aptos para hacer servicio.

—Van a Yazanen[156] –dice un arrestado.

Acuerdan los tres que es preferible el arresto con todas sus consecuencias, y que por nada del mundo saldrían de nuevo a buscar la muerte. «Para encontrarla a treinta kilómetros, es preferible morir aquí contra una tapia.» Yazanen es una posición del sector occidental que ha enviado anoche su último telefonema a Comandancia. Los tres piensan lo mismo: «Van como borregos, y no volverá ni uno».

Precipitadamente llega un suboficial con el sargento de guardia.

—A ver, los tres a transeúntes; coger los equipos, y a formar.

Hay una duda. El suboficial lo comprende, y se lleva la mano a la culata de la pistola. Viance es el primero que obedece y los otros le siguen cabizbajos, blasfemando. El miedo a morir los ha salvado en la desbandada de Annual y el mismo miedo los vuelve a proyectar sobre igual peligro. Poco después han formado y se oyen sus voces en la soledad llena de huecas resonancias, cantando el número de orden. Cuando salen despliegan en vanguardia algunos soldados, entre ellos los tres arrestados. El cuartel donde antes se alojaban 5.000 hombres ha quedado ya desierto. El suboficial que va con la vanguardia dice a Viance en un tono afectuoso:

—¿Qué has hecho? Te van a formar expediente, y eso puede perder a un hombre para siempre.

—¡Bah, suboficial, yo me he perdido ya!

Y ríe su risa inexpresiva que hace al suboficial retirar su mirada de Viance, aturdido.

---

156   Yazanen: Campamento situado cerca del río Kert al este de Melilla.

Trece

Otra vez el campamento. Un salto atrás. Viance y yo,[157] sentados ante un cajón de embalaje, apuramos la tercera botella. Entre las maderas dislocadas del techo, de las paredes, entran rayos de sol concentrado, vivo. Esto es un horno; gracias a la cerveza no acabamos de cocernos. Por la espalda, por el pecho, ruedan gotas de sudor bajo la guerrera.

—¿Qué resultó del expediente?

—Me recargaron dos años. Debía licenciarme aquel invierno, seis meses después de la retirada de Annual.

—Entonces...

—Cumplo ahora, para febrero próximo.

—Ya te queda poco.

Hace un gesto descoyuntado, chasca la lengua.

—¡Es igual! ¿Qué voy a hacer cuando vuelva? ¿Qué más da que vuelva o no? Ya le digo a usted que es igual. Nadie me espera allá; aunque me esperaran no me conocerían, y aunque me conocieran no me entenderían, ni yo a ellos.

Después deja vagar su mirada por el techo.

—Fuerzas no me quedan para manejarme en mi oficio; si he de coger otro tengo que comenzar a aprender. Podía haber *alcanzao* los galones de sargento; pero tengo la cabeza muy tonta, y luego la mala suerte.

Está uno desmoralizado, con una opinión distinta de las cosas que sólo sirve para inquietarnos, para dificultar ya la marcha. No hay que detenerse mucho a reflexionar. Soy un sargento, he de ascender pronto a suboficial; no hay que recoger impresiones negativas de este jaez. Además, salimos de madrugada, muy temprano, cara a la muerte, y hay que mantener el ánimo templado y ágil.

Los rumores han fallado una vez más. Lo mismo que todos los días han tocado diana a las cinco, y por lo tanto hoy no sale la columna.

---

157   Aquí reaparece el narrador personificado como compañero de campaña de Viance. Se entiende que todo el relato ha sido narrado por Viance a su compañero, pero Sender optó por narrar toda la acción en presente eliminando el estilo indirecto que hubiera restado dramatismo al relato.

Pero algo se prepara. A la protección de carreteras han ido dobles fuerzas que ayer. Se sabe que la columna tercera no está completa y que hoy mismo relevarán a un batallón destacado en los blocaos para que se nos incorpore. Se confirma, pues, que salimos aunque no se sabe cuándo. Revistas de armamento, de municiones.

La mañana, blanca y fresca en las primeras horas comienza a arder hacia las ocho y dos horas después el sol esplende y penetra en todas partes. Las moscas forman nubes entre las tiendas y se revuelven en el aire caldeado y sucio de emanaciones. Dentro de las tiendas la luz, cernida en oro, trae un resol agobiador, de horno. Sin guerrera y sin camisa podría aguantarse, si no fuera por las moscas que llegan y se pegan por todas partes. Habría que aprender a mover la piel como los mulos para evitar esa gimnasia agotadora de los manotazos.

Pronto será la hora de salir al parapeto para ver llegar el convoy y recibir al nuevo suboficial. Dicen que vienen también dos grupos de regulares para completar la columna. Los traen en camiones. Hay entre los sargentos una gran curiosidad por conocer al nuevo suboficial bisoño. La mañana resiste a duras penas el cargamento de cobre derretido del sol. El suelo, la lona de las tiendas, lo devuelve en reflejos y el aire se densifica en oro fluido. Las ratas duermen y las moscas vuelan con lentitud, apelotonándose sobre las puertas de las cocinas cada ocho o diez tiendas. Este mes estoy encargado de la comida de la pequeña república de sargentos y como viene el suboficial hay que hacer comida extraordinaria. Me voy a comprar algo al pequeño zoco que todos los días se establece junto a la alambrada, hacia el río. Dos docenas de moros llegan de sus aduares con mercancías miserables. Son todos viejos. Los jóvenes están en la guerra con nosotros –regulares, mejala– o con los rebeldes. Traen huevos, higos chumbos, una gallina, un par de perdices. Han andado diez o doce kilómetros para llegar hasta aquí. Algunos indígenas, cuando ven aparecer al cabo del fisco, recogen su mercancía y se van. El valor de lo que venden no llega casi nunca a cinco o seis reales, y se les impone un impuesto de un real. Con el pretexto de que son padres o hermanos de moros rebeldes los cocineros de los oficiales o de los sargentos los desvalijan a veces. Algunas viejas con ropaje bíblico, el antifaz de la doncellez convertido ya en una sucia brida sin objeto, traen desde su lejana *jaima* paquetes de

té, hierbabuena y algunos cántaros y pucheros, alfarería pobre. Dos áscaris han salido al zoco y discuten en *selha*[158] con un viejo sobre el valor
de un paquete de té. El mercader mantiene el precio y los áscaris re-
gatean. Poco a poco se alzan las voces sobre el murmullo del zoco. Una
vez más, se aprecia la diferencia entre el moro insumiso, rebelde y el
«civilizado». Éste se ha contagiado de la seguridad en sí mismo y del
desenfado del soldado español. Al discutir acaloradamente en su
idioma intercalan exclamaciones en español –¡coño!, ¡puñeta!, ¡hijo
de puta!– y siguen en su misterioso idioma. Esa es una manera fácil y
segura de identificarlos a primera vista. El zoco se anima. Bajo el sol,
domina en los ropajes de los indígenas el color blanco. Algunas chilabas pardas y el color caqui de los soldados dan un poco de diversidad
al cuadro. Aparece el cabo de los impuestos. Un viejo quiere en vano
convencerle de que no ha vendido nada. Le muestra en el suelo cinco
huevos de gallina, reunidos en un pequeño nido.

—¡Sobre la marcha! –insiste el cabo tendiendo la mano–. ¡Afloja
o lárgate!

El moro se consterna, haciéndole el saludo militar, la mano sar-
mentosa en el turbante:

—Mi cabo, esperar. Si vender yo, pagar marra marra. Jamsa[159]
perra chica, jamsa.

Insiste el cabo. El moro, desesperado, arrastra la mirada por el
zoco. Más allá, un centinela en cuya bayoneta flamea el sol. El moro
le explica decepcionado al cabo que creía que sería benévolo con él:

—Yo pensar que tú estarlo por persona mío. ¡A la orden de usted!

Vuelve a hacer el saludo militar y se incorpora recogiendo los
huevos.

Por el lado de la alambrada llega una niña de hasta once o doce
años. Grandes ojos infantiles en un rostro sereno y dulce. Vestiduras
que fueron blancas bajan hasta cubrirle los pies. Al ver que la miramos,
recoge del hombro un trapo y se oculta media cara, sujetándolo con los
dientes. Su cuerpo no denuncia relieves de pubertad. Es fino, asexuado,
de tal modo que esa precaución desagrada porque revela una preocupación extemporánea. Al avanzar hacia el zoco cae de pronto sentada
sobre su pie y protege el otro con las dos manos. Su llanto es ruidoso y

---

158   Selha: Dialecto bereber hablado en la zona del suroeste de Marruecos.
159   Jamsa: El viejo recuerda al cabo que uno de los cinco preceptos del Koran (conocidos
      como jamsa) es la limosna a los pobres.

despreocupado. Me acerco y a través de las lágrimas me mira con asombro y temor. Entre sus dedos sale la sangre escandalosamente roja. Va descalza y ha pisado un casco de botella. La herida le cruza la planta del pie. El centinela llevará seguramente un paquete individual de curación. Me lo presta y la curo lo mejor posible. Sin decirme una palabra, con el pie envuelto en gasa, se va, cojeando. Al volver al zoco, otro sargento me da con el codo y dice, guiñándome un ojo:

—Ten *cuidao*, porque esta chica tiene chancros sifilíticos, purgaciones, *to* el repertorio.

Pasada la primera sorpresa me extraño yo mismo de haberme sorprendido. Es natural. Sus padres, sus hermanos han huido a la guerra. El hambre ronda por los aduares y atenaza a los niños, a los viejos. Estos en vano intentan ganar la vida para los que quedan llevando miserables mercancías a los zocos. Y en ellas la misma inocencia, si la hay, es un peligro más. La soldadesca lo aprovecha todo. Puede que un día se haga la paz y que el padre, los hermanos vuelvan a su aduar a labrar las tierras. Pero el odio seguirá en los corazones y se transmitirá de padres a hijos.

Voy hacia la avenida principal que divide el campamento en dos partes iguales. Allí están el cuartel general y la barraca de Currito, los dos poderes máximos del campamento: el militar y el civil. Esta cantina es una sucursal de los grandes almacenes de víveres que Currito tiene en la plaza. Aún no hace cuatro años iba con un borriquillo y dos garrafas de agua detrás de las columnas. El desastre de Annual lo habrá sido para otros; pero no para Currito, que hoy tiene diez camiones propios, abastece de víveres a varios regimientos y ha instalado en cada campamento una barraca donde hay todo lo que los señores jefes y oficiales puedan apetecer: tabaco, licores, conservas finas, cerveza en botellas y periódicos. Éstos con bastante retraso, es natural. El representante de Currito es un sobrino suyo con aire de tenor de ópera, el cabello escarolado.[160] Alterna con los jefes y desdeña a los soldados tan profundamente que muchos se sienten cohibidos en su presencia y rehusan ir a comprar allí. A Viance no le quiso vender «veinte de vino» por no levantarse de un taburete.

Viance le advirtió:

---
[160]   Escarolado: Rizado.

—*Usté* tiene derecho de darme el vino siempre y cuando que yo venga aquí con los cuartos en la mano.

Currito –se le llama igual que a su tío, por extensión– lo miró de pies a cabeza con aire verdaderamente señoril y silabeó:

—¡Piojoso!

Viance se marchó anonadado, amarillo de bilis. Por él supe que ese Currito era soldado, aunque vestía de paisano y no hacía servicio de ningún género. Ojeo la tabla de la prensa. Los periódicos son muy viejos; pero luego llegará el convoy y con él dos camiones de Currito con novedades. Viance anda con otros soldados por ahí cerca.

—¿Qué haces?

—Nos han *mandao* venir aquí pa descargar los camiones de Currito.

Yo ignoraba esta costumbre y Viance, ante mi sorpresa, añade:

—¿Qué se va hacer? Lo manda la superioridad.

Animado por mi silencio, añade:

—¡No sé qué coño pasa aquí con Currito! Es decir, sí que lo sé. Los asistentes de los jefes que tienen la familia en la plaza y un paisano mío que está de dependiente en casa de Curro me lo han *contao*. *To* los jefes hacen la compra en casa de Currito, y a cobrar *pa* la siega.[161] Tanta cuenta le trae este *fiao* que no lo reclama nunca. Luego nos meten a los soldaos los garbanzos llenos de gusanos, el arroz hecho una pasta, que no hay quien lo trague. Pero no es sólo eso. En sus almacenes tiene Currito más de quince dependientes y *criaos sacaos* del regimiento, que trabajan como negros por la comida... y ¡qué comida! Mi paisano siente cariños del rancho del cuartel. Un día que se había *descargao* tres camiones él solo tuvo unas palabras con la mujer de Currito. Le amenazó con enviarlo a la compañía, ni más ni menos que si fuera el coronel, y como era de la tercera y estaba destacada por ahí arriba, se calló. Cuando la compañía está en la plaza y los echa de su casa por alguna falta, van al calabozo. Si están en el campo, ¡hale, a aguantar pacos y a pelar parapetos! Eso es lo que pasa con Currito, y más que me callo, porque la mili es la mili.

Viance dice que se han llevado los muertos por la mañana y que no se ha enterado nadie del robo de las botas.

---

161 A cobrar *pa* la siega: Dejan a deber lo que compran para más adelante, aunque no lo pagan nunca porque Currito ya obtiene beneficios vendiendo alimentos de mala calidad al ejercito.

—A Díaz Ureña lo han puesto en lo alto –añade riendo–. Ya olían, y con este sol habrá que ver a los cuervos perder el culo[102] detrás.

Una polvareda remota anuncia el convoy. No; será el batallón relevado que regresa para unirse a la columna porque esta carretera no es la de la plaza y el convoy ha de venir por la otra. Con el convoy vendrán dos tanques de agua y hace media hora que los soldados se alinean con barricas y cantimploras para llenarlas en cuanto lleguen los tanques. Sale el oficial de guardia:

— ¿Qué hacéis ahí?

Nadie contesta. Demasiado se ve. El oficial grita fuera de sí:

—No quiero ver uno hasta que toquen agua.

La angustia del agua pesa en la vida del campamento y la llena como el sol de agosto, como el cansancio muscular o el tedio. Los primerizos sienten la obsesión del agua y se pasan la vida imaginando dónde podrán llenar las cantimploras y una vez llena dónde la esconderán para que nadie se entere. Los veteranos no beben ya. Como los camellos, tienen bastante con un buen trago en la cantina cada cinco días, cuando les dan las sobras. A diario con el café de la mañana les basta.

— ¿Tienes agua? –preguntan a veces a los quintos.

—Sí.

—Pues échale tierra.

Y se ríen muy a gusto como si esto tuviera verdadera gracia. Durante las marchas con un par de enjuagues –sin beber, porque entonces se tiene más sed– hay bastante. La angustia de los primeros meses regocija a los veteranos: «Bebes más que una esponja». O bien: «Vas a criar ranas». A la constante sed insatisfecha –el agua es «blanda», insípida y huele mal– se unen los dolores de vientre. Se dice del que yace en el suelo, sudoroso, con las manos en la tripa, que «está de parto». Hay un sopor fino y traslúcido, de cementerio. Alguien se queja del calor en un grupo que se ha ocultado detrás de una tienda, sin alejarse mucho:

—Yo, no –dice otro–. Yo soy más bien friático.

—Veranisco, querrás decir –corrige otro.

—Es igual. El caso es que en España no se entera uno del frío ni del calor, salvo en la siega.

---

102   Perder el culo: Apresurarse.

Cuando se ve el convoy está ya encima porque la carretera hace un recodo y aparece de repente. Los regulares –dos compañías– van en tres camiones delante, y al ver el campamento arman una gran gritería. Por las bandas, sentados, con las piernas fuera, y dentro, de pie, con la mancha escarlata del fez y el airoso fleco negro. Los camiones se detienen y el vocerío aumenta. ¿Qué interrupción es ésa? Jadean los motores, desembragados; el chófer habla y manotea. Es el cadáver del indígena que desenterraron días pasados, y que han cruzado en el camino, convertido ya en una pasta reseca y disforme.

Avanzan, por fin, despacio. El primer camión se ladea un poco; pero sin duda ha cogido los pies de la momia sobre el releje hueco y el cuerpo bascula hacia arriba, se alza, vuelve a caer y de repente se levanta y da de bruces contra los regulares de una de las bandas. En el cráneo sólo se advierte la huella humana de las barbas. Los gritos aumentan voluntariamente atiplados, imitando el espanto de las mujeres. Siguen pasando los camiones ya sin desviarse y el cadáver se alza, se incorpora, vuelve a caer rebotando con movimientos como de sorpresa y protesta. Viance, embotada la sensibilidad, ríe también desde el parapeto. Pero algunos protestan:

—Luego nos quejamos de lo que hacen los moros con nosotros y los llamamos salvajes.

—Desengáñate –añade otro–. El peor salvajismo es matarse. Después de eso lo mismo da que te pongan en una urna como que te pase el convoy por encima. ¿Por qué se ha de tener compasión de un cadáver y no de un hombre vivo? Si ese *desgraciao* se levantara con vida serías tú el primero en atizarle.

La compasión es siempre inoportuna en estos barrios. Es mucho más razonable la conducta de los regulares, divirtiéndose con ese juego macabro e inocente. Entran los camiones a toda marcha, bamboleando su cargamento humano. Viance vuelve a unirse corriendo a la brigada de Currito. Yo voy hacia el centro, a esperar la prensa. Los regulares bajan y estiran las piernas, los brazos, mientras forman en dos largas filas. El sargento indígena Blacksen, cuidadoso y limpio, con su perfil barbado de comisionista francés, alinea una sección de indígenas. «¡Firmes!» Después, exagerando mucho su marcialidad, junta los talones y lleva la mano al fez: «Sin novedad».

Retrocede de espaldas, gira sobre los talones, con su calzón am-
plísimo como una falda, la bragueta en las rodillas que tanto regocija
a los peninsulares. «¡Rompan filas... ar!»

Hay una choza silenciosa, apartada del bullicio, en cuyo fondo un
viejo atiza unos carbones encendidos entre dos piedras y arrima una
gran tetera mugrienta y requemada. Por veinte céntimos saca, por
encima de unos cajones que quieren ser mostrador, un brazo harapiento y del rincón oscuro, caldeado, sucio, con calor de fiebre, de sol
y de carbón, sale un vaso doradillo de té, transparente, con su hojita
de hierbabuena nadando encima y un perfume agridulce. La estera
de esparto tendida en el suelo contra el muro va recibiendo a los recién
llegados que entran con algazara ya más comedida. Desde su puesto,
grave y solemne como un patriarca, el viejo va dando, sin prisa, un
vaso tras otro. Saluda a algunos. Les alarga la mano; los dedos se rozan
sin oprimirse y cada cual lleva su mano al corazón y a los labios. Poco
después el viejo saca una flauta de dos cañas, unidas por un extremo
y ligeramente separadas por el otro, como la clásica flauta de los
faunos. Comienza a tocar. El sonido es, a un tiempo débil y profundo,
fino y penetrante. Las flautas no suenan al unísono y la calidad extraordinaria del sonido llena de vibraciones el aire y unida a la diso-
nancia hiere y acaricia la médula. Se cree en la posibilidad de hallar
un sonido mortal. Las conversaciones languidecen.

La flauta sigue repitiendo una melodía corta y dulce con insis-
tencia, y algunos, bajo el influjo de la música, se levantan silenciosos
y pasan a un departamento contiguo, dejando las babuchas en la
puerta. En ese departamento sólo puede estar Dios o una hermosa
mujer. El moro irá a la oración o al amor. Pero van, efectivamente, a
rezar a su Dios, el mismo de los rebeldes, el mismo de los cristianos.
Se explica que el sonido de la flauta despierte las potencias del misti-
cismo después de haber pasado estos hombres en el camión por
encima del cadáver desenterrado.

Un mozo hercúleo, no arrebatado por el deseo sexual ni el religioso, se acerca al anciano, descuelga de lo alto un pandero enorme y
acerca la piel al fuego. De vez en cuando lo golpea en el centro, junto
al aro, hasta que está templado y suena y vibra de acuerdo con el

timbre de la flauta. Lo lanza al aire y lo recoge otro moro que comienza a tañerlo con las dos manos. El mozo baila con cierta solem-
nidad, dando cortos pasos de costado, alzando y bajando los hombros
a compás, cabeceando con el fleco del fez sobre los ojos mientras los
demás lo animan con sus voces. Estos soldados ya desligados de su
raza por algo tan vivo y perdurable en la conciencia como la traición,
conservan vínculos demasiado firmes con sus compatriotas: «Sidi Mo-
hamed Parbi», a quien rezan en los crepúsculos, el té dorado y la
danza. El primero y el último podrían confundirse en un mismo sentimiento religioso y añadir en cambio otro rasgo distintivo: ese aire
concentrado, un poco severo, revelador de una imaginación fer-
mentada. Disconformidad con su propio destino por causas que comienzan y terminan en sí mismos. Hay algún rostro donde el ma-
lestar ha dado a la expresión ya embrutecida una dureza de talla en
madera que recuerda las cabezas de los puños de los bastones.

Llega un «regular» español. Se ha dejado la barba árabe, afeitada
por el cuello hasta la mandíbula y tiene un repertorio de frases en
selha. También él baila y un moro advierte:

—Estar como rifeño.

—Abuelos míos –dice Blacksen que acaba de llegar– estar *espa-
nioles* de *Corduba*.

—¡Tus abuelos! –comenta el español, y de pronto–: ¿Cuántos años
tienes?

—Veinte años o treinta.

Tienen la edad que aparentan y la vejez llegará sin necesidad de
recordar la fecha del nacimiento ni llevar cuentas enojosas. Blacksen
entra a rezar y el español le gasta una broma a propósito de sus oraciones. El sargento se encoge de hombros.

—Estar igual. Tú a Jesucristo, yo a Mahomed. Jesucristo fue buen
profeta, muy bueno; pero mejor Mahomed –y señalándose la frente–,
más *cabesa*. Dios es el mismo, el tuyo y el mío.

El español, sin saber por qué, se ríe muy a gusto. Le gasta una
broma a propósito de la prohibición de comer «jaluf»,[163] y al oír fuera
un toque de corneta sale corriendo. Detrás queda la música, más acentuada por el contrapunto sensual del pandero.

---

163   Jaluf: Carne de cerdo.

Con el convoy ha venido efectivamente el nuevo suboficial, hombre cincuentón, de pelo gris, menudo, anguloso y ágil como una ardilla. Al apearse mira en todas direcciones.

—A la orden, suboficial. Bien venido.

—Hola, sargento, ¿de la tercera? Me alegro. Vaya un laberinto de tiendas. Pero aquí no se debe estar muy mal. Ustedes serán buenas personas. Se les da en la cara. ¿Y los otros? Yo no soy mal compañero, pero caramba, uno no es ya ningún chiquillo como ustedes. Tengo seis hijos y mujer allá. ¿El viaje, dice? Bueno, hombre. El culo un poco machucado de esos indecentes asientos. Pero un viaje distraído. He visto por allí huellas de bombardeos, casas hechas cisco y al salir de Nador... ¡qué barbaridad! ¿Pues y en Monte Arruit? He *pasao* por allí tocando hierro. Cruces y sepulturas. Y luego ya en el campamento antes de entrar, el cadáver de la carretera como un tío del «Pim-pam-pum»,[164] alzándose y dándole a los soldados con el pie. No es que me haga mucha mella pero me revuelve el estómago. Soy un poco bilioso; los médicos dicen que es el hígado, pero vaya usté a saber. Ahí traigo bicarbonato. ¿Y el ordenanza? ¡Ah, bien muchacho! Baja la mano. Pareces un poco pillo, pero es mejor para estos destinos un pillo que un tonto. ¿De dónde eres? ¿De Almería? El genio pronto y un poco cegato. Abre los ojos que asan carne. ¿De qué quinta? Cuidado, que en esa caja van los gemelos. ¿Y el capitán? Me han dicho que no se mete en nada y eso puede ser bueno o malo, según. Hay que bene-ficiar ochenta o cien raciones al mes entre enfermos rebajados, bajas al hospital, altas y agregados. Ni una menos. Si llega el caso...

La aviación bombardea. Llega lento, arrastrado, desigual, un po-deroso trueno. El suboficial escudriña con sus ojillos grises.

—¿Artillería gruesa?

—No, aviones.

—Ah, caramba. Y esto es cerca. ¿El capitán no alborota mucho? No hay que fiarse del agua mansa. Mira muchacho cómo sube el humo. ¡Qué barbaridad! Parece un incendio. A ver los gemelos. Más vivo, hombre. No se te conoce que seas de Albacete.

—De Almería, suboficial.

—¿De Almería? ¿No me has dicho antes de Albacete?

---

164   Pim-pam-pum: Atracción de feria en la que se lanza pelotas de goma a una figura de madera que se vence cada vez que es alcanzada de lleno.

Otro estallido más fuerte. El suboficial finge una especie de alegre sorpresa.

—*Pa* el comandante Ansuago. Creo que es una bestia negra.

El soldado ríe disimulando. «Vaya un suboficial simpático.» A mí me habla cogiéndome del brazo zarandeándome, deteniéndome a cada momento.

—Vengo de gorro y el sol pica. Tenía que hacer el vale para un sombrero, pero no tuve tiempo. Todo eran prisas. Ya me tienen aquí. Parece mentira que habiendo millares y millares de soldaos lleven tanta cuenta de uno. No se debe vivir mal aquí. Aunque en el campo como en el campo. ¿Habrás ya *pensao* dónde voy a dormir, muchacho?

—Tengo un buen piquete de alambra y un palo. Luego iré por dos largueros y una cuerda.

—¿Tú quieres ahorcarme, coño?

Llegamos a la tienda. Presentaciones, curiosidad, finezas un poco violentas en medio de cierta burda camaradería. La vida del campo acaba con los hábitos corteses. Habla de lavarse y el ordenanza dice:

—Agua no tenemos. Luego traerán un barril, pero ésa es pa guisar.

El suboficial se tienta la cara, el pelo gris. Lleva los ojos irritados. La fina arenilla invisible lo cubre y le produce contactos ásperos en el cuello, irritación en los ojos. ¡Bah, las mantas de los camastros están también llenas de arenilla! Es inútil quitarla, porque dentro de media hora estarán lo mismo.

—Cuando hay levante se encuentra usted arena de ésta en el ombligo, entre las muelas, en las hojas de los libros de la compañía.

Durante la comida siguió el bombardeo con cortos intervalos y a cada explosión se rebullía en su asiento –una caja de municiones puesta de pie–; nos miraba esperando algún comentario y en vista de que no lo hacíamos decía él:

—Ha debido de ser cerca –y seguía comiendo.

Terminada la comida toma bicarbonato, tiene eructos. Se sienta de nuevo y se dispone a escribir a la familia. Antes, declara satisfecho:

—Se come bien. Si la cama y los servicios van por el respectivo, ya pueden venir meses.

El sargento Lucas, grueso, picado de viruelas, dilata los labios increíblemente y ríe su sorda risa con el vientre.

—¿No sabe *usté*, suboficial, que vamos a meter el convoy en T.?

El suboficial, profundamente sorprendido, deja la pluma y pregunta cuantos datos pueden confirmarlo o desmentirlo.

—Pues no lo esperaba yo así, tan pronto...

Luego no escribe ya a su casa. Lucas nos busca para contárnoslo riendo su sorda risa que sin salir de los dientes se denuncia por las palpitaciones del vientre y por cierto ruidillo gutural.

Los regulares tienen dinero fresco y pueblan las cantinas. Viance me sale al paso y me ofrece un cigarrillo.

Suelo dárselos yo siempre y aclara, ante mi sorpresa:

—Currito, en el fondo, no es mala persona. Nos ha *dao* un paquete de pitillos por descargarle los camiones.

Esos paquetes valen quince céntimos. Las palabras, los ojos de Viance rezuman gratitud. Le advierto que es una locura pudiendo dormir un poco por ahí a la sombra, seguir de pie. No concibo, en realidad, cómo resiste.

—¿Pa qué? Luego hay revista de armamento, de municiones, y además el suboficial quiere que formemos *pa* revisar las medallas de identidad a ver si cada cual tiene la suya. Yo la perdí. Tendrán que darme otra si quieren saber quién soy antes de enviarme al hoyo.

Vuelve a reír. Dos pasos más allá me encuentro al sargento Delgrás que ha venido con el batallón relevado. Estaba de jefe de posición en un blocao y llevamos tres meses sin vernos. Comienza a hablar atropelladamente queriendo contarlo todo a la vez.

—Me he *salvao* de milagro. Menudo lío. El saliente me coló los partes del relevo con seis mil cartuchos menos en las cajas de reserva. Vaya follón. Allí pringa todo Dios; es una posición que tiene la negra. Menos mal que el comandante de armamento me ha dicho que ya lo arreglará. Se ha hecho cargo de que yo no tenía la culpa y de que se me venía encima una montaña de papel *sellao*.[165]

Luego cuenta cosas pintorescas y, finalmente, guiñándome un ojo:

—¡Canalla! ¡Cómo te has *usufructuao* a Rosita!

Reímos los dos de buena gana. Somos verdaderos amigos, coinci-

---

165   Papel *sellao*: papeleo.

dimos en las cosas fundamentales y si discutimos las accesorias es casi siempre por aburrimiento. Tiene un criterio claro y maduro sobre las cosas. Es culto y la «mili» la lleva como un accidente pesado, pero transitorio. Desde hace tres meses su batallón y el nuestro se relevan cada treinta días en el servicio de posiciones y blocaos de este sector, de modo que cuando el nuestro descansa en el campamento el suyo está destacado, y al contrario. Una amable pupila que hay en la barraca del amor nos ha hecho el honor de distinguirnos a Delgrás y a mí entre todos. Es una chica fuerte y no fea, de treinta o treinta y cinco años y aspecto matronil. En mi ausencia su amado es Delgrás, y en la de él, soy yo. Ella dice muy satisfecha que somos «muchachos de buena familia».

—¿Y ahora? ¿Cómo vamos a arreglárnoslas?

Los dos cabemos muy bien en su corazón. Volvemos a reír y vamos a la cantina de la Blanca a tomar cerveza con caracoles. Ya allí se nos ocurre una iniciativa pintoresca: vamos a hacerle una escena de celos a Rosita. La pobre, anticipándose en la miseria de este campamento a la muerte de su juventud y su belleza, vive una vida vil, sin alegría, sin gracia, atrozmente sombría. Nuestro altercado de celos –somos «muchachos de buena familia»– le ha de producir una impresión tonificadora. De repente se sentirá unida a una remota juventud con olor de doncellez y de claveles. Seguramente en mucho tiempo no volverá a emborracharse. Hay que procurar por todos los medios que nunca se llegue a enterar Rosita, porque para ella sería de extrema crueldad.

En la cantina está el cabo de intendencia, buen muchacho, «novio» de la morita que está con nuestra Rosa. Esa morita es de Beniurriaguel y le acompaña toda la estampa de terror que esa cabila sugiere: fea, denegrida, sin ser negra, ferozmente seria. El cabo da la impresión de que se deja querer, hastiado y condescendiente; pero la verdad es que todo el dinero que le envían de casa y el de sus haberes se lo gasta en regalos y que la llena de sedas y alhajas. Le ocultamos nuestro plan y pronto encontramos tres compañeros de confianza que nos pueden ayudar como coro pacificador. Hay aguardiente por medio. Delgrás trae un mes de sueldo ahorrado y convida. Uno lleva correaje y fusil porque está de vigilancia. Se van con Delgrás y yo doy una vuelta por

las cantinas, recojo en la de Currito unos periódicos y cuando calculo
que están todos con Rosita caigo por allá. Al verme, alzan copas y
vasos. Rehuso sin agradecer. Con seriedad recelosa me dirijo a Rosita
y le pregunto:

—¿Qué es eso? ¿Qué hace ése aquí?

Se altera levemente.

—Hombre, ¿qué ha de hacer? Delgrás es un buen amigo, viene
de un blocao y se quiere divertir como cada cual. No creo yo que...
–vacila–, porque, la verdad, si va una a ver...

—De mí no se burla nadie –interrumpo, con torpe indignación–.
No tienes por qué disculparte porque eres lo que todos sabemos y de
ti por lo tanto no se puede esperar más que putadas. Pero por éstas te
juro que...

Avanzo y los otros intervienen...

—Parece mentira, Antonio.

—Hombre, no seas así.

Delgrás, reservado y altanero, piensa en un rincón lo que debe
contestar. Yo sigo hablando fingiendo una indignación de despecho.
Cuando me ven vacilar intervienen con voces y protestas y me salvan
la situación. Además, mis dudas de cómico que no oye al apuntador
parecen fruto natural de mi exasperación. Rosita nos mira a los dos
con ojos dilatados por la sorpresa.

—Pero, niños, hacer favor. ¿Va en serio?

Delgrás habla, por fin:

—Déjalo. Es un idiota.

—Eso lo veremos.

—¿Qué vamos a ver contigo? Un idiota y un cobarde. Si no lo
fueras ya lo hubieras demostrado. Esta mujer está por mí y si tú traes
cuartos ella no los necesita mientras esté yo en el campamento –y se-
ñalándome la puerta–: ¡Largo!

Interviene Rosita desmelenada:

—Eso no. Que ya sabéis que salvo la consumación yo nunca os he
aceptao más que algún *orsequio*: ni él ni tú...

Empujo a Rosita con el brazo, no tan suavemente que no dé contra
la pared de tablas. Llorosa de satisfacción, dice:

—¡Pero, Antoñito; *párese* mentira, hijo!

La disputa se agria más. Los compañeros evitan que nos demos de puñetazos; pero Delgrás, para dar más energía a las palabras que no acaban de adquirir la violencia necesaria, da un puntapié al cajón y ruedan botellas y copas por el suelo. Rosita, mirándonos alternativamente, no sabe si reír o llorar, intenta hablar y el vocerío apaga sus palabras; va a intervenir y ahogamos sus voces de nuevo con nuestros dicterios. La morita y Manuela se asoman a la puerta diciendo chulescamente:

—Bronca en el siete.

La Manuela comenta:

—Lo dije siempre. La Rosa es muy puta y *tié* que acabar mal.

Por fin nos separan y salimos cada uno por su lado. Llego al sector de nuestro batallón y entro en la tienda sin darme cuenta de las cosas. El suboficial revisa los libros, se hace cargo de unos sacos de alpargatas. Lucas le ha contado, con la peor intención, el fracaso de los convoyes de ayer y anteayer. Relaciona hechos. Los muertos y los heridos de ayer los han evacuado esta mañana y Lucas le da unas cifras casi astronómicas. Me habla y yo digo que sí a todo. Tengo que suspirar dos veces muy hondo para evitar cierta angustia inexplicable. Diez meses en el campo sin ver otras mujeres que las viejas cantineras o las tres chicas del campamento. Pienso en las efusiones de Rosita. Al suboficial, que sigue hablando, lo oigo como si su voz viniera de otro mundo. Llega uno de los sargentos riendo a carcajadas.

—Ha *estao* estupendo. Parecía que os ibais a matar. ¿No sabe usted, suboficial?

Y comienza a contarle. No puedo escucharlo.

Cada palabra me repercute en el corazón, lo hace vibrar con un eco molesto. Al mismo tiempo me indigna esa debilidad, esa súbita esclavitud, no a un sentimiento ni a una pasión sino a un vicio torpemente idealizado, sublimizado contra mi propia razón y mi propia voluntad.

Me levanto y me voy. Los pies me llevan mecánicamente hacia la barraca de Rosita. Cuando me doy cuenta disimulo, voy por un camino menos directo y con cierta sequedad en la garganta atisbo los alrededores a ver si Delgrás, que había salido detrás de mí, vuelve a entrar.[166]

---

[166] Este episodio pone fin a la autoridad moral que el lector supone al narrador. Sender no busca crear un narrador no fidedigno que recuerde los hechos de manera incompleta sino acortar la distancia entre el narrador y la brutalidad de Viance.

Catorce

Poco después, en la revista de armamento, al encontrar a Viance en la fila aniquilado bajo el correaje con un sombrero demasiado grande que le oculta la mitad de las orejas, siento cierta inexplicable inquietud. Apenas miro su fusil y sigo adelante, sin decirle nada. Me molesta pensar que lo que siento por Viance es un gran respeto; pero un respeto unido al desprecio que su falta de carácter, su aspecto físico, aniquilado por cinco años de atonía de espíritu, suscitan.

A partir de la revista la agitación en el campamento es incesante. Tocarán diana a las dos de la madrugada y tiene que estar todo listo. Toques de corneta aquí y allá; otra revista.

El cuartel general de la línea de la derecha ha señalado objetivos, y en las tiendas de los sargentos se habla y se discute. Algunos conocen bien el terreno donde se va a operar; hablan de dificultades y de ventajas. La noche llega bajo un rumor equívoco de fiesta. Movimiento en la barraca de los teléfonos. Y apenas ha caído el sueño sobre los ojos irritados por el sol y la sequedad, las cornetas tocan diana. Hay que salir. La guerrera sobre la piel, sin camisa; las botas anchas de clavos. Y el correaje, con la dotación completa; el fusil, la cantimplora, que he olvidado llenar. Cuando salgo, hay largas hileras formadas en la oscuridad; voces de mando, toses, empujones, protestas. Poco después, todo ya en regla. Más de una hora de formación desesperante, aniquiladora, con el equipo a cuestas. La lentitud, en medio de este menudo tráfago de las formaciones, pesa y duele en la nuca. Como los camellos, nos apoyamos en un pie y luego en otro, con vaivén casi regular. En las sombras, la columna se forma, se sitúan las baterías enganchadas, los tractores que arrastrarán los grandes cañones de los grupos de instrucción y los carros de asalto. El gran monstruo va recogiendo sus miembros, poniendo en tensión sus músculos bajo la noche. Las lámparas de bolsillo son mil ojos parpadeantes, nerviosos.

Antes éramos otros: vino, cantina, miedo nocturno a los moros y diurno a la disciplina. Pero, al fin, soldados; hombres que piensan y hablan. Ahora, cada cual es un pelo, una uña, un diente de este monstruo que acaba ya de desperezarse y asoma su hocico de acero sobre las alambradas con zumbido de motores y entrechocar de blindajes. En la oscuridad, todo esto parece de una grandeza dramática. Se llega a creer en la belleza de la guerra. Un aire épico nos mueve el ala del sombrero y un andaluz, siempre risueño, jactancioso sin vanidad, dice:

—En cuanto que despleguemos, voy a *casá* los moros como en mi pueblo los *sigarrones*: a *sombrerasos*.

Ahora, resulta que dan el café. Los rancheros pasan con el furriel arrastrando la cocina mecánica. Dan también ranchos en frío. Unos se llenan la cantimplora con el café; otros lo beben mojando pan dificultosamente. El teniente ayudante va con el cuaderno y un lápiz de aquí para allá. Otros oficiales le hablan y se aleja manoteando en el aire:

—¡No vengáis con más pegas!

Cuenta los camiones, toma notas, habla con grupos de sombras indefinibles, y de vez en cuando se le oye gritar:

—¡Le impondré un correctivo!

Tiene una voz débil y atiplada, a la que imprime toda la energía que puede. El sargento Iriarte me da con el codo y comenta:

—A todo trance quiere dar la impresión de que es un hombre.

Me extraña oír hablar así a Iriarte porque es uno de los más comedidos de todo el batallón. Por fin, evolucionamos para coger el orden establecido y se oye al capitán repetir el toque de cornetín:

—¡De frente, en columna de viaje!...

Hacia la izquierda, el cielo tiene unas estrías horizontales color de rosa. Va a amanecer. Se han establecido los servicios de protección: vanguardia, flancos. La retaguardia se formará cuando acabemos de salir. Circula una orden: «Cuidado con los incendios». Pero es inútil. Acaba de amanecer, los soldados fuman y algunos tiran cerillas encendidas a los lados del camino. Casi todas se apagan antes de llegar al suelo; pero basta que quede una sola ardiendo para que se incendie toda la mata baja en un sector de muchos kilómetros. Lo prohiben porque se han dado casos de no poder continuar el resto de la columna entre el fuego de ambos lados del camino. Este deseo de incendiar sube de punto al pasar junto a algún sembrado sin segar, a algo útil, donde el daño es evidente y seguro. La fuerza, la vitalidad de cada uno al agruparse en la columna lo primero que recaba es la irresponsabilidad para el mal. Esto no nace del carácter del soldado sino que lo trae aparejado el orden militar, la facultad de dominio, la identificación con el objetivo de destrucción. Le gusta al soldado comprobarlo.

Vienen con la columna algunos perros del campamento que corretean por el centro y que en cuanto ven a un indígena pacífico, de los que la vanguardia ha dejado pasar por llevar «pápela» en regla, se ponen a ladrarle furiosamente aunque sin rebasar las líneas de los costados.

Comienza la primera prueba, el cansancio de los primeros kilómetros, que se inicia en cuanto se han andado cuatro o cinco y termina al rebasar los diez. Yo me he ido rezagando y estoy casi a la cabeza de la compañía siguiente. Viance está de los últimos y camina con la boca cerrada, la cabeza caída hacia la espalda, lejano y tenaz. Le encoleriza el hecho de que el de delante lleva un paso irregular, porque al acortarlo se da de narices contra su mochila. A su lado habla uno con el camillero que le acompaña:

—Aún no hace tres días que te nombraron camillero. Con un palitroque a cuestas, ya está. Vengan kilómetros. Pero luego, en la guerrilla, tienes que cargar con uno, no te vale. Y si te toco yo son más de setenta kilos.

—¡A ver si crees que te voy a llevar a ti más de quince o veinte pasos! Para eso están las ambulancias.

—¿Y si la carretera cae lejos? Los camiones no son carros de asalto. Necesitan buenas carreteras *pa* circular.

—Si no hay camiones hay acémilas con artolas.[167]

—Peor, porque entonces vosotros sois como los animales de carga. Siempre le releva a uno su igual y quienes os relevan a vosotros son las acémilas.

La columna sigue marchando bajo la neblina calcárea del polvo. El soldado de al lado se calla, pensando con satisfacción en la posibilidad de que el otro tenga que llevarlo a cuestas. «A mí me dieron un tiro una vez...», comienza a contar; pero nadie le hace caso.

Una hora después de salir comienza a oírse el tronar de la arti-

---

167   Artolas: Silla doble para que puedan ser transportadas dos personas por una misma mula.

llería. A poco pasan altísimos dos grupos de aviones en formación.
Pronto nos dejan atrás. Atendiendo al cañonazo, alguien dice:

—Esos son los canecos[168] de los barcos de guerra.

Luego, el cañoneo es más lento y espaciado; pero el ruido viene
trompicando en creciente, más claro y distinto. En el aire quieto de
la mañana ya caldeado y denso hay una amenaza terrible:

—Se van a asar los pájaros.

Seguimos bajo el polvo. Conducir las columnas a pie es una buena
medida. En cuanto se llevan quince kilómetros a cuestas ya se ha
perdido el instinto de conservación o, por lo menos, esa prudencia ele-
mental que haría a muchos vacilar antes de alzarse del suelo para
seguir avanzando en la guerrilla. Con los veinte kilómetros que nos
esperan llegaremos allí como peleles; obedeceremos ciegamente y el
cansancio y esa fiebre especial del camino, la sed, el calor, harán que
nadie se entere de que mueren hasta que se vea en el otro barrio. Me-
recen compasión los que van en camiones hasta el lugar de desplegar
y llegan frescos y con sus energías morales intactas. Puede que el
mando nos haga marchar a pie simplemente por ahorrar transportes;
pero esa observación es cierta.

El camino trepa ahora por laderas montañosas, baja, rodea colinas.
El paisaje se embravece. Vamos en ruta convergente hacia el mar, que
no se ve, que queda a la derecha, invisible tras cincuenta kilómetros
montañosos.

Al escuchar el nombre de una posición los soldados aguzan el oído.
No sabe nadie concretamente a dónde vamos ni qué es lo que nos está
encomendado. Después de la versión del convoy han circulado otras.
Seguimos andando mecánicamente. El fusil choca con el plato de cinc
a través de la tela del zurrón una vez y otra. Aquí y allá escupen barro
gris, y sobre el polvo el sudor marca en el rostro sus huellas. Andar,
andar en la infinita soledad del campo hosco, infecundo, bajo el tronar
lejano de la artillería, una hora, otra. Son cerca de las nueve cuando,
sin dejar de subir, vemos ya humo de explosiones.

Humo negruzco, plomizo, que se deshace lentamente en el aire
quieto. Los ayudantes corren a caballo, entre las filas, por el centro
de la carretera; dan órdenes. Hay que seguir subiendo; pero la gue-

---

168   Canecos: Cañones.

rrilla de vanguardia y de los flancos ha aumentado, se ha dilatado, cubre un altozano interminable. ¿O no son nuestros? Secciones de ametralladoras pasan al trote, se adelantan fuera del camino y se pierden de vista momentáneamente. Seguimos andando, volvemos a encontrarlos. Media hora más de marcha tranquila, indiferente. La columna es demasiado larga y compleja para intentar comprender lo que pasa, porque la actividad súbita, las órdenes aquí y allá siguen cruzándonos por delante sin afectarnos a nosotros. Seguimos andando igual que cuando salimos del campamento. Pero ya no habla nadie. Viance, la cabeza más caída hacia atrás, se ha cambiado el fusil de hombro y sigue con la vista clavada en el cogote del de enfrente.

Los aviones vuelan sobre nosotros y luego, al salvar el repecho de la derecha y afrontar el valle, suben de pronto casi verticales, evolucionan a unos tres kilómetros y dejan caer sus granadas u orientan los tiros de los barcos de guerra. Algunos proyectiles se ven un instante en el aire y casi se sigue su órbita acelerada, lenta y otra vez acelerada. Nadie habla. Cada vez que el de delante se detiene un instante nos detenemos creyendo que ya hemos llegado. Pero es una ilusión falsa. Otra vez a andar, otra vez cara al valle que afrontamos ya francamente. Hemos salvado antes una eminencia y ahora nos detenemos, por fin, ante otra más pequeña, asomadas ya arriba las primeras compañías. Siguen las órdenes. Pero el estruendo aumenta de tal forma que es ya imposible oír esas palabras sueltas, que son los resquicios por donde cazar el secreto.

Nadie habla, nadie mira ya al otro. Los ojos se prenden en los aviones, en las explosiones, que pueblan el aire de formidables resonancias contrarias y opuestas. Los regulares se pierden desplegados en muchas filas desiguales tras una leve comba, delante de nosotros. Avanzamos ahora de pronto a paso ligero. El valle aparece coronado de explosiones. Se oyen ya las ametralladoras. Seguimos trotando. Ha desplegado la compañía de delante y sigue avanzando sin precauciones. Nosotros corremos en diagonal, formados aún, acelerando el paso. Ya se ve dónde vamos. Vuelven detrás de la loma con los mulos de una sección de ametralladoras, descargados. La orden de desplegar la repiten los oficiales, los sargentos, con un gesto reiterado. Estamos sobre la loma. Parece imposible que nos hayamos disgregado de esta manera. No veo más que un soldado a la derecha y otro a la izquierda, cuerpo a tierra. Viance advierte al de al lado:

—No busques las matas, que sólo te resguardarán del sol. Vale más una piedra aunque sea como el puño.

Por encima de nosotros pasan las granadas del grupo de instrucción, que disparan detrás, un poco desviadas. Sus explosiones nos sirven de referencia. El valle se quiebra en restallidos enormes, se puebla de fumarolas y ruedan en el aire las series de disparos de la armada. Se trata de un convoy; pero no se ve por ningún sitio. Quizá estos diez kilómetros, hasta el mar, están poblados de cañones, de tropas, de ametralladoras. También vuelan los aviones más hacia abajo. Por allí debe ir, sin duda, el convoy. La posición de T. no se ve. ¿Y nosotros? ¿Qué hacemos nosotros? Después de media hora de bombardeo en unas vertientes que dominan este sector del valle, avanzan las guerrillas de regulares. En el campo ocre y blanco se confunden, pequeños y débiles, los soldados, un kilómetro delante de nosotros. Ametralladoras que no habíamos visto comienzan a disparar, batiendo los espacios entre las explosiones. Otras se instalan a nuestro lado precipitadamente. ¿Y nosotros? Las ametralladoras quedan también a la espera, aguardando órdenes. Viance mira la que le ha correspondido al lado y advierte al cabo:

—¡Haz favor de no dar la lata con los casquillos!

—¡Coño, vete más allá!

Viance se aleja un poco más, refunfuñando:

«Las ametralladoras deben situarse –piensa con una lógica pintoresca– donde no molesten a nadie.»

—Se debe procurar, antes que ofender y dañar al enemigo, no molestar al compañero –aclara, precipitadamente.

Discuten un momento con gestos, sin palabras, bajo la baraúnda de las granadas de aviación, de las baterías que se han situado detrás. Ahora se ven picar las balas entre los regulares. Arrecia el fuego; las ametralladoras nuestras, descubiertos ya los objetivos, proyectan sus ráfagas por la base de una colina, a mil metros escasos. Los regulares intentan en vano continuar avanzando. Desde la colina disparan a su vez con tenaz precisión, y la guerrilla al avanzar de nuevo deja algunos soldados en tierra. El fuego de los barcos de guerra, de los aeroplanos, es incesante y ahoga los ecos bajo la agrupación de estampidos secos o blandos. Los regulares, de nuevo en tierra, no avanzan más a pesar de las órdenes recibidas. Algunos vacilan, titubean y se dejan caer un poco más adelante.

Otra ola humana, decidida y ágil, surge a paso vivo y corre hacia la de regulares. El Tercio. Viance fija la atención, con la mano en la mejilla. Entre éstos y los regulares hay competencia, y puede que los más decididos sean los legionarios. Aunque –piensa Viance– esto de la valentía tiene sus quiebras, y si el valiente las ve se «desinfla» irremisiblemente. Quienes las han visto ahora son los regulares, al parecer. Chaquetean. Algunos soldados indígenas retroceden. Los legionarios, despliegan y avanzan en la lejanía, mientras una pequeña columna de intendencia se abre paso entre la bruma de las explosiones hacia la montaña. El convoy. Es el convoy. Los legionarios avanzan, saltan, armados los machetes. Los regulares titubean, y un ayudante llega a caballo y grita a las ametralladoras:

—¡Hagan fuego sobre los regulares!

Las máquinas disparan sobre la guerrilla. Llegan balas; altas, las primeras de la jornada, instintivamente prepara Viance el fusil. Una voz circula: «Alza, siete». ¿Sobre dónde tiramos? Alza, siete. Ya está. Las balas enemigas pasan más bajas. Otra vez el ayudante, a pie:

—¿No saben tirar esas ametralladoras?

Los cabos, los sargentos que manejan las máquinas y que tiran mal voluntariamente, hacen bajar la puntería y las ráfagas cogen de lleno a la guerrilla. Quince o veinte que salen indemnes corren, avanzan, se incorporan a los legionarios.

Pero la primera trinchera ha sido evacuada. Los moros no han esperado al Tercio y se desplazan discretamente hacia la izquierda. Sin huir, cambian de posiciones. Nuestro fuego los enfila y se ve a muchos caer, no se sabe si muertos o voluntariamente, por precaución. Al pie de la extensa colina que ocupamos se extiende una planicie cerrada a la izquierda por tres escalones montañosos. Desde aquí al mar –diez kilómetros– se combate sin cesar hace tres días. Allá abajo aniquilaron al 35 ayer. Pero hoy entrará el convoy. Si no entrara podría esto convertirse en un nuevo Annual. Tiene que «meterse» el convoy en T.

Un designio oculto, pero palpitante en cada mano trémula, en cada mirada sombría, lo dice. Debe entrar el convoy con agua, con cartuchos abundantes, con pan y carne y azúcar para que no se repita en T. la tragedia de R.

Dispara Viance sobre objetivos ya visibles. Manchas blancas, grises, fugaces entre los terrenos de las trincheras, breves y tenaces neblinas de la fusilería, de las ametralladoras enemigas que se oyen de pronto con su ronco y lejano traqueteo y que resucitan entre la metralla de los aeroplanos, de los barcos de guerra. Los legionarios han desaparecido en las brechas, en los desniveles. Por la izquierda, repuestos los moros, lanzan su granizo mortífero. A nosotros no nos llegan bien. Pero hay ya un herido. La artillería de nuestra columna bate estas nuevas posiciones. Nos han traído más paquetes de cartuchos. Varias explosiones se suceden en las trincheras asaltadas por los legionarios. ¿Tira sobre ellas nuestra artillería? Son minas que habían dejado en ellas los moros. Salen grupos de legionarios que corren hacia adelante, enardecidos por el mismo pánico. Algunos llevan el fusil en bandolera y un gran cuchillo en la mano. Caen aquí, allá. Una nueva guerrilla de regulares los rebasa. El fuego de la artillería se ha corrido atrás, y el convoy ya no negrea en los confines de la llanura.

Hasta ahora todo ha sido un estupendo espectáculo. Viance sabe perfectamente que esto no ha comenzado aún, que es un preludio suave y casi armonioso. Por el costado izquierdo, la colina de enfrente sigue batida por el enemigo. Surge ahora otra columna, una hilera larga de mulos cargados de tablas, de cajas, de carretes de alambre espinoso, de grandes pilas de sacos. Los acemileros van delante, tirando del ronzal, siguiendo cada uno el trote del que le precede. Y súbitamente, una orden. Iriarte llega y la repite: «Arriba, arriba». La guerrilla se alza y va descolgándose hacia el llano. Diluvia plomo sobre esta vertiente. Iriarte lleva en el cinturón, sobre el estómago, una granada Laffitte, como siempre que atacamos. Bastará que suelte la cuerda negra que la rodea para que estalle y quede partido en dos pedazos. Todo antes de caer prisionero. Silban, rugen las balas alrededor. Un soldado da tres vueltas, tieso, en el aire y cae como un saco. Viance dice, entre dientes:

—En el corazón; le han acertado bien.

Cuando queremos darnos cuenta estamos ya abajo, y nos queda la impresión de algo blanco, seco y calcáreo –la tierra– en los ojos enrojecidos.

La columna de zapadores sube detrás, precipitadamente. Van a construir un blocao. La artillería tiende una cortina de metralla detrás de la loma. Nosotros subimos, renqueando, resbalando por las vaguadas, sombríos y jadeantes. En una de ellas hay una hendedura estrecha, rectangular. Lucas se lanza allá con varios soldados. Entra con uno y los otros quedan fuera. La vaguada abre un camino estrecho y sombrío que tuerce en ángulo recto y se pierde en una espaciosa cueva capaz para cincuenta o sesenta hombres. Defensas contra los aviones. Pueden caer en la misma hendedura diez o doce bombas de aviación sin hacer el menor daño a los de dentro y sin obstruirles la salida. Los zapadores siguen subiendo. Dentro de la cueva había dos heridos moros y un muerto. Había también una guerrera de paño azul, de gala, con el 42 en el cuello, ya vieja y podrida. Al llegar arriba nos reciben una serie de descargas que atraviesan, indiferentes, el muro de humo y metralla de la artillería. El soldado que en la carretera discutía con el camillero cae, herido en un pie. Iriarte grita:

—¿Puedes andar?

—¡Pché!...

—Vete al puesto de sanidad.

—Ya me recogerán.

—Vete, hombre, o por lo menos resguárdate.

—Esperaré a los camilleros.

Iriarte se encoge de hombros, y el soldado, sujetándose el pie con ambas manos, se acomoda detrás de un desnivel, luego se arrastra, desciende más y cae en una hoya circular de las granadas de aviación. Espera pensando en la licencia trimestral y en que el camillero tiene que llevarlo a cuestas.

Los zapadores dejan caer la carga. Nosotros, estacionados en lo alto, recibimos orden de seguir avanzando. Nuestra misión, ¿no es proteger la construcción del blocao? Pero detrás hay más guerrillas. En la loma sólo quedan las ametralladoras nuestras. Nosotros hemos de seguir hacia la barrera de metralla.

Hilos de teléfono aquí y allá. Los zapadores descargan y trabajan

en un desorden previsto y organizado, con prisa, pero sin aturdimiento. Llevan el fusil en bandolera y con palancas, martillos, picos,
van trazando el blocao, mientras otros con palas llenan sacos de tierra.
De pie, sin hurtar el cuerpo, van y vienen, rigen a los mulos con esas
voces agrícolas que la costumbre modula en la garganta, mientras nosotros cuerpo a tierra metemos nuestros tiros a través de las granadas
sobre tenaces sombras. Algunas explosiones nos cruzan la cara con latigazos de aire. Al cabo que se acerca le han florecido de pronto en el
pecho cuatro condecoraciones rojas. Viance se lo advierte, y al con-
testarle el cabo le cae sangre por la boca. Son cuatro tiros de ametralladora simétricamente colocados. Va a retirarse, pero cae de narices
y allí queda. Viance aprieta el pecho contra el suelo y sigue haciendo
fuego. Llegan las ametralladoras y quedan a flor de tierra, las bocas
calientes de impaciencia. Uno de los mulos, con seis cajas de municiones, ha rebasado la curva de protección; recibe varios tiros, salta
sobre nosotros sin pisarnos y corre a la ventura. El ayudante asoma
tras los sacos, ya llenos, y grita a Viance.

—¡Ese mulo!

El animal corre hacia las trincheras moras por entre un diluvio
de balas, que rapan la mata baja y zumban entre los romeros. Viance
sigue inmóvil y el oficial insiste:

—¿Eres ciego? ¿No ves a ese mulo?

—¿Qué?

—¡Que vayas a cogerlo!

Viance, mecánicamente, va a levantarse; pero un enjambre le
zumba en los oídos. Desiste y sin oír al oficial apunta al mulo y lo
tumba de un tiro en el brazuelo.[169] Gruñe la voz conocida:

—Le impondré un correctivo.

Los zapadores trabajan sin cesar, bajo el fuego. Los heridos, los
muertos, son relevados. Uno ha caído de lo alto del parapeto adonde
acababa de subir para alcanzar un larguero. ¿Quién se quedará a la
noche en ese blocao, después de la retirada? Esos no lo contarán. El
bombardeo se atenúa y las ametralladoras miden el terreno en silencio
y aguardan. Dos guerrillas aparecen al paso por la falda de la colina.
De las trincheras, de los grandes surcos irregulares, desmenuzados
por las explosiones que lanzaban la tierra al aire como grandes surti-

---

169   Brazuelo: Articulación de las patas delanteras del mulo.

dores, se hace fuego graneado. ¿Y la artillería? ¿Para qué ha servido tanto ruido? La guerrilla se deshace en largas zancadas, y unos caen, otros alzan los brazos con granadas, cuyo ruido sordo y blando le sacude a uno el corazón. Pero son rechazados. Se sostienen, cuerpo a tierra, menos de la mitad. Uno, sentado, sin sombrero, dispara tranquilamente, hasta que alguien lo derriba de una patada.

Vuelve el bombardeo. Zumban las granadas y caen a trescientos, cuatrocientos metros, mutilando bárbaramente el paisaje. Nuestros fusiles callan. Llega una orden. El fuego de cañón arrecia. Otra vez los aviones. Las ráfagas de ametralladora van cosiéndonos a la colina. Media hora, una hora. Y detrás, hacia el mar, más adelante, hacia la montaña, brinca también la tierra, la roca despedazada. Cuando los estallidos son próximos, les suceden diversos gruñidos metálicos descendentes; balines, esquirlas. Se repite la orden. Junto al blocao en construcción funcionan ya los teléfonos. Viene el ayudante a caballo, protegido por la curva de la colina, y hace señas con los brazos. Ha callado la artillería. Tierra molida y derramada arbitrariamente. En algún sitio, un poco de humo entre escombros. No hay nadie, es imposible que quede un ser viviente.

Esta es nuestra hora, la de la infantería. En nuestro sector –una pequeña parte del frente– el silencio devuelve a la tierra su ferocidad amenazadora. Un minuto, el miedo paraliza los corazones contra el suelo.

Avanzamos con los machetes puestos. Detrás, a la derecha, sigue el cañoneo. Entre los resquicios del fuego se oyen los choques de planchas dislocadas de los carros de asalto, que están no se sabe dónde. La tierra que pisamos está caliente, no del sol, sino del hierro ardiente de las granadas. No nos hacen fuego; pero estamos enfilados por los fusiles, las ametralladoras, que de pronto nos acribillarán. Vamos «en posición» a toda marcha. Hay orden de no detenerse en la trinchera, si está abandonada. Como autómatas, congestionados por el sol y el cansancio de la marcha, excitados por el estruendo y por el sueño atrasado –Viance lleva tres noches sin dormir apenas–, avanzamos en larga fila desigual. Las trincheras están a un tiro de piedra y siguen hacia atrás en largo zigzag ascendente que permite a los moros retirarse sin salir a campo descubierto y sin dejar de enfilarnos con su fuego. Pero ahora nadie tira.

Hay una sequedad caliginosa en los ojos. Y de pronto el aire se
quiebra en descargas como si fuera de vidrio. Vuelve el cierzo raso. Un
avión desciende y mete varias ráfagas de metralla en las trincheras de
atrás. Caen varias granadas de mano dentro del ramal primero, algunos
soldados llegan y alzan el fusil sobre la cabeza. Ya dentro vemos a un
soldado que pugna por sacar de la tierra un alambre. ¿Minas? Viance
mira, indiferente, hacia atrás. ¿Y la retirada? Va a ser difícil retirarse.
Al pie de la colina que acabamos de evacuar pasa un convoy de bajas.
Los regulares que cayeron bajo nuestras propias ametralladoras.

El comandante Ansuago caracolea, al lado, con su caballo, y se
lanza al galope tras de la colina que está ocupada ahora por un batallón expedicionario. ¿Y nosotros? ¿Todavía hay que salir? Cuando
Viance se ve solo en la trinchera gatea hacia afuera. Han caído
muchos. Varios ramales nos enfilan en diagonal. El terreno está
hendido aquí y ; allá por las explosiones. Un grupo de quince o veinte,
abierto en ala irregular, vacila, se arrodilla, vuelve a alzarse y a
avanzar. El oficialillo P. —¿dieciocho años?— se lanza delante al asalto
con la pistola en la mano, y le siguen todos. No tarda en caer. Es imposible dar un paso, no hay órdenes nuevas y vamos a ocupar el ramal
perpendicular que conduce a las trincheras más altas. Ya dentro
vemos que ha sido arrastrado el cadáver del oficial. El banderín que
viene con nosotros extiende la sábana de señales a un lado de la trinchera, para que la aviación no tire.

Sentimos una impresión de seguridad. Nadie habla. Bajo el sudor,
el barro de los ojos enrojecidos, las comisuras y las «patas de gallo»
del polvo, no nos conocemos, jadeantes. Un poco más arriba la zanja
tuerce en zigzag. Ese ramal está, sin duda, ocupado por los moros.
Instintivamente, un «primera» vigila hacia esta parte, el fusil en
tierra, una granada en cada mano. La trinchera está rota por las explosiones pero ahondada a trechos. Viance, bajo la artillería que de
nuevo dispara, ve llegar dos aviones. Las granadas nos envían desde
fuera verdaderas olas de tierra, a veces húmeda. Todos bajan la cabeza
y alzan los hombros. «Esos artilleros no acaban de enterarse». A poco,
un boquete de cueva protectora contra aeroplanos. Las paredes
tiemblan. Hay dentro un viejo con la garganta atravesada que no
puede hablar, pero que hace señas amistosas y ríe.

Después saca del cinto un puñal árabe y me lo ofrece. Hay tras de su falsa serenidad un pánico atroz. A su lado yace otro moro, también en silencio. El viejo hace señas indicando que el otro va herido; lo zarandea, lo vuelve boca arriba. Está inmóvil. El viejo hace un gesto de sorpresa indiferente, y cerrando los ojos e inclinándose a un lado da a entender que su compañero ha muerto. Luego cruza por sus ojos negros y quietos una nube lejana. Arriba, sobre nuestras cabezas, las explosiones se suceden. El viejo, cuando son mayores, indica el techo con el dedo y sonríe. Está desangrándose. Cada vez que sonríe le sale un hilo de sangre nueva sobre la mancha reseca del cuello. Pero no se le ha oído lamentarse. De pronto, el «primera» aguza el oído.

—Los carros.

Efectivamente; se oyen arriba entrechocar los blindajes bajo el fuego de sus propios cañones y ametralladoras. Salimos. Desde la trinchera se ve, a treinta pasos, uno de los carros que anda a trompicones y trepida bajo su propio fuego. Pero se han encaramado por los blindajes quince o veinte moros, que disparan metiendo la pistola o el fusil por las aspilleras, recorriéndolo voraces, como fieras sobre el cuerpo herido de un monstruo. Hacemos fuego certero. Recorro la pequeña guerrilla con la mirada antes de intentar salir. Falta uno. Falta el cabo banderín, muchacho tosco, disciplinado y ordenancista que siempre demostró un admirable espíritu militar. Del carro nos envían un par de ramalazos de ametralladora. Blasfemias, amenazas. ¿Así nos pagan? ¿No han visto que los hemos salvado? ¿Y el banderín? Asomando el banderín verán que somos del 42. Bajo por la trinchera, entro en la cueva. El cabo, de espaldas, está curando con su paquete individual al viejo árabe. Después de verterle el yodo en las dos heridas le envuelve cuidadosamente la garganta con gasa. Luego le da una palmada en el hombro y le dice gritando epilépticamente:

—¡Vosotros tenéis razón!

Advierte, por la mirada del moro, mi presencia. Recoge el fusil y se cuadra lo mismo que en unas maniobras. Sale delante de mí. Ya fuera, me dice:

—¡Me ha *dao* lástima!

Y queriendo justificar algo terrible, añade:

—Un hombre que va a morir tiene derecho a que le den la razón.

¿No es verdad? Y lo ha agradecido. ¿Ha visto usted cómo lloraba, sargento?

Yo quería abrazar al cabo, pero sus mismas disculpas me lo impiden.

—No lloraba de gratitud –le digo sin la menor sequedad–, sino del escozor del yodo en la garganta.

El carro de asalto trepa achatado, con su torrecilla circular, como un gran cangrejo. Esperamos que suba, que alcance las últimas trincheras para salir. Redoblan las balas en su caparazón con ruido de lata. Su cañón bate las últimas zanjas. Hay mezclados con los nuestros muertos moros, chilabas y zancas desnudas. Estamos resguardados, desenfilados; pero a veces se estremecen las ramillas de un arbusto y un proyectil gruñe dentro, queriendo en vano hender la tierra. Tarda el cangrejo su buena media hora en escalar las últimas trincheras. Suenan las granadas más lejos.

Salimos, y vemos hacia un costado la guerrilla del batallón expedicionario avanzar velozmente. Subimos. Tras del fuerte azul de mediodía las fumarolas de las granadas van plantando árboles fugaces, de color plomizo. El carro baja por la otra vertiente. Está allí el resto del batallón ocupando las jaimas miserables de un poblado. Algunas arden. Soldados encaramados en la techumbre hacen fuego. A nuestras espaldas el cañoneo de las baterías de grueso calibre aumenta y puebla el aire con un trueno profundo, desigual, permanente. El olor del humo de las *jaimas* recuerda el de la leña en las chimeneas del invierno. En seguida otro olor cáustico, agrio, y el boticario que aparece con sus barbas y sus gafas de concha, tapada la boca con un pañuelo mugriento:

—Hiperita, coño, hiperita. Han *tirao* más abajo con gases.

Expectación. ¿Seguimos? Un legionario –el fusil en bandolera, la muñeca izquierda vendada– retrocede, arrastrando con una cuerda una vaca y un ternerillo. Su botín. Toma posiciones para la retirada y para salvar de los gases el tesoro.

—He *llegao* a tiempo –dice guiñando un ojo–. Los que quieran encontrar algo se van a ver negros. Todas las funas están ya de patas arriba, con las tripas hinchadas.

Hay una orden difusa, que circula y que yo transmito a los míos. El blocao está ya en pie y la loma bien provista de ametralladoras. En el último zigzag de las trincheras se recoge el teléfono. Cuatro granadas caen doscientos pasos delante. Un rumor: acaba de entrar el convoy en T. Lejos de nuestro sector el cañoneo aumenta. Han cuajado en los horizontes todas las tormentas del trópico.

El blocao está ya guarnecido. Correr, correr, orientados por nuestras propias huellas. Otra vez en las trincheras tomadas. El tanque ha bajado y retrocede hacia el lugar donde desplegamos esta mañana. Viance se siente momentáneamente aterrado por el recuerdo de Annual. Huir, huir. Pero se huye con orden, sin la fiebre desmoralizadora. Nadie ataca aún. ¿Quién puede atacarnos si en los diez kilómetros siguientes todo lo inundan los gases y la metralla? Bajamos. El herido a quien intentó curar el banderín está fuera de la covacha, muerto. Corremos, sin orden. La colina del blocao no hay que escalarla. La guerrilla toma, en desfilada, el camino más fácil y rodeamos la loma para enfrentar ya la llanura. Las ametralladoras empiezan a disparar desde el blocao y sus balas pasan sobre nuestras cabezas. «Ya está ahí.» El fuego de contención es bien elocuente. Suena un cornetín ignorado tocando llamada con la contraseña del 42. Viance gruñe:

—No fiarse, que a lo mejor es de otro batallón. Esos jodidos cornetas son así.

Pero todos se orientan por la dirección del cornetín. Alto. Ahora hay que hacer alto. Nos cimbrean las balas picando delante. Cuerpo a tierra otra vez. Arriba, las ametralladoras hacen lo suyo. Los moros llegan en largas olas, hacen un fuego bajo y espeso. Se les busca el bulto con las bocas de las ametralladoras, y algunas granadas caen entre ellos y alzan ropas y pingajos. Hacia la izquierda, junto a un zorrabo[170] que no habíamos visto, un grupo de jinetes moros que venían al galope es dispersado por la artillería ligera. El capitán nuestro –no vemos a los oficiales– mantiene bien la moral de la compañía con cierta audacia falsamente tranquila, demasiado serena para ser natural.

Los moros abandonan el campo, sembrado de muertos; se corren hacia el morabo, [171]perseguidos por nuestro fuego.

Sigue la retirada. Hemos rebasado el blocao. «Ahí quedáis, muchachos. Si os aburrís ya os traeremos en el primer convoy un gra-

---

170 Zorrabo: Animal de leyenda también conocido como zorralbo mitad zorra y mitad lobo considerados como los causantes de la mayoría de las desgracias en zonas rurales.
171 Morabo: Hermita musulmana también conocida como morabito.

mófono y una mona.» Es increíble la indiferencia con que se ve a los
de arriba sepultarse vivos entre aquellos sacos de tierra. La falta de
sentido de todo esto hace a los soldados escépticos y crueles.

La retirada es muy laboriosa. Todo el frente arde en estruendo. En
el nuestro domina el fuego de ametralladora. Las de regulares se em-
plazan constantemente y resisten con una temeridad extraordinaria,
teniendo a veces a los moros a quince pasos. Correr, correr. Pero las
balas corren más. ¿De dónde sale tanto moro? Otra vez alto. Pasa
entre nosotros otra guerrilla diezmada que huye. Es de nuestra columna. El cornetín suena lejos, precedido ahora del toque de atención
general. Debe estar ya toda la columna concentrada de nuevo. Y aquí
una hora, más de una hora, mientras las ametralladoras y el Tercio
hacen de las suyas. El legionario de la vaca pasa verdaderas angustias
para retenerla. Luego funcionan nuestras ametralladoras, y el Tercio
retrocede ya definitivamente. Estamos en medio del valle, de la
llanura que luego asciende hacia el lugar donde desplegamos; la artillería enfila bien ahora sus tiros. Le han debido hablar desde el
blocao. Protegidos por ella vamos a retirarnos cuando repentinamente, por un flanco, llega un fuego vivísimo. Se rehace el frente
como se puede, arrastrándonos. Viance se oculta, queda al lado de dos
cadáveres del 42. Uno, el del «arranque», mi paisano que había criado
una gata en Kandussi. Está aislado del resto de la guerrilla, no ve a
nadie; pero la compañía de los dos cadáveres le hace olvidar que ha
perdido el contacto. Se le acaban los cartuchos; el fusil quema. Lo
releva con los de los muertos y va disparando también sus cartuchos.
A veces cree hacer blanco, pero la mayor parte de los tiros van a bulto,
a nubecillas equívocas. Mata dos mulos que «se pasaban a los moros»
con cargamento. Cansado, luego, se deja caer en la pequeña hondonada. Transcurre más de una hora. Los dos muertos tienen ese aire
tranquilizador de los muertos de guerra. A través del polvo y de la
sangre casi se presiente el buen color. La idea de la «cacería» se repite.
Sangre fresca en cuerpos no aniquilados por una enfermedad.

El fuego raso es tan denso, que no puede Viance asomarse fuera, y
deja transcurrir el tiempo con una indiferencia animal, sin reflexionar.
Luego silban las granadas y estallan con estrépito soterrado o claro,
según entren en tierra o lo hagan en el aire, a veces tan cerca, que los

cascos pasan zumbando. El del «arranque» ha movido la cabeza. Una
gruesa esquirla se le ha clavado en la frente. Viance se protege la cabeza
con los brazos y se acurruca en el fondo. Diez minutos más de intenso
bombardeo, y luego las granadas van alejándose en la dirección del
enemigo. Hay un silencio inmediato bajo el estruendo, ya lejano. Un
silencio mortal. Se asoma; no hay nadie en la llanura. La columna ha
debido alcanzar ya la altura donde llegó esta mañana, y en la cual –¿tres
kilómetros?, ¿cuatro?– disparan aún dos baterías, cuyos proyectiles
pasan por encima, muy largos. Vuelve al hoyo, coge dos fusiles, se los
cuelga y sale corriendo. Hay algunos muertos agrupados, como sor-
prendidos en confidencia. Voces humanas se arrastran por la llanura;
pero ¿serán heridos o chacales? Más muertos. Un caballo despanzurrado, y allí mismo, caído en tierra, la mejilla sobre un charco de sangre,
el comandante Ansuago. Viance se inclina, lo levanta; es flaco y pequeño,
no pesa mucho. ¿Habrá muerto ya? De pronto le inspira un gran
respeto. Ve a un Ansuago distinto, ennoblecido por la muerte. Aquel
comandante impertinente, siempre armándola con todo cristo, no tiene
nada que ver con éste. Los rasgos nobles del rostro revelan al verdadero
Ansuago, que la costumbre militar y las exigencias de la disciplina ocul-
taban. Se lo echa a la espalda, lo asegura bien y sigue corriendo. A mitad
del camino se detiene, algún proyectil llega lejano y pasa adelante. Ve
arriba las baterías ya en silencio, grupos de jinetes que van y vienen, deteniéndose a mirar la llanura. Aún truenan cañones hacia el mar. Un
convoy de heridos, el último, sube un repecho hacia los camiones de sanidad. Viance vuelve a detenerse; las rodillas le sangran por la parte de
fuera. ¿Le habrán herido? Sigue corriendo. Pronto averigua que las heridas se las producen las espuelas de Ansuago en el movimiento de
péndulo de las piernas. Anda más despacio; pero el choque con las espuelas es inevitable. Un *espolazo* le produce un dolor tan hondo, que casi
cae en tierra. Blasfema; arroja el cadáver y sigue corriendo. «Es natural
–piensa, cambiando de opinión–, él fue siempre igual para mí.»

Cuando llega arriba se presenta al sargento Lucas. Comienza a
anochecer. La columna, ya formada, regresa a paso vivo. Baterías, escuadrones, tren de combate. Largo convoy de heridos, que al llegar a
la carretera son instalados en camiones, y muertos que se apilan arriba
en la baca. La tarde cae y la columna aviva el paso. Nuevas órdenes.

Caballos que pasan por el centro y nos obligan a echarnos a un lado, con los ayudantes, los jefes. De pronto, dejamos la carretera, oscurece. Nos dirigimos a una eminencia amplia, bien orientada. No hay tiempo para llegar a ningún campamento. Vamos a vivaquear[172] arriba. Se marcha a paso ligero. Voces de heridos claman desde el fondo de las sombras en un barranco, gritando, amenazando, gimiendo, suplicando que nos detengamos a auxiliarles. Pero las órdenes son terminantes.

Establecido ya el vivac –la mitad de la columna de servicio–, Viance va al sargento Lucas, que está con el capitán. Entrega sus dos fusiles, satisfecho. El sargento apunta los números: 72340 y 8211. Después busca la lista de armamento, la ojea y pregunta:

—¿Y el tuyo? ¿Dónde está tu fusil?

Se quedó allí, con los cadáveres. Ha perdido su fusil, nada menos que su fusil. Si ha traído dos o doscientos, es igual; eso no tiene nada que ver con el hecho delictivo de haber perdido el fusil propio. El capitán pregunta:

—Siquiera, ¿son de la compañía?

Niega el sargento. El capitán, con gesto abrumador, dice a Viance, sin mirarle:

—Bueno, anda. Ya veremos.

Y cuando se va, vuelve a llamarlo:

—¿Eres tú el que ha recogido al comandante?

—Sí, señor.

—¿Y cómo no lo has traído?

Pero no le deja contestar. Añade, sombrío, con buen sentido alarmante, haciendo seña de que se largue.

—Me parece que la has hecho buena.

En el vivac se habla, comiendo, bebiendo la poca agua de los carricubas. «Hemos metido el convoy», repiten por todas partes. Entre los desaparecidos figura aquel chico que discutía con el camillero y que pudiendo haberse retirado por su pie prefirió aguardar a que su amigo le llevara en la camilla.

—¡Me cago en...! –dice Viance en un corro, contando lo ocurrido–. Si me recargan, me pego un tiro.

Luego viene el cabo del botiquín, le venda las rodillas y le pone una inyección negra en la tripa.

---

172   Vivaquear: Acampar.

Quince

El barracón de transeúntes está limpio, casi confortable. Hay muy pocos soldados. Los «alumnos» de la banda de cornetas están de instrucción en la explanada de Cabrerizas. Llegan en el aire soleado de septiembre sus acordes lejanos. Ellos son los que suelen animar el barracón, los que lo habitan más tiempo. Desde mediodía el cuartel está casi desierto: se han marchado a la ciudad los oficinistas, los jefes, los contados oficiales que hay en mayoría. La guardia cae demasiado apartada. Tiende sobre el cuartel su ala de oro un silencio levantino, húmedo, ardoroso y brillante. El patio alinea largas sombras triangulares de los barracones, con sus escalinatas de cemento. Puntiagudas caperuzas de fraile color terroso oscuro, las enormes bocas negras siempre abiertas.

Subo a transeúntes de nuevo, porque la mortal quietud de fuera enerva. Camastros deshechos, superpuestos, cubiertos con mantas, rigurosamente alineados. Un soldado escribe de pie, otro más allá se cose la guerrera. Dos duermen en el fondo con una toalla por la cara. Ahí, a la izquierda, sentado en las tablas altas de un camastro, el soldado alucinado de siempre. Volvió con otros prisioneros hace ocho o diez días, y le han dado una puesta completa: guerrera y pantalones nuevos –aquélla de paño–, gorro, botas de color crudo. El gorro, tieso y colorado, acentúa la mortal blancura, abotargada e hinchada del rostro sin expresión. La guerrera enorme, con pliegues rígidos sobre el pecho hundido, como el de un pelele. El pantalón sin polainas es un tubo verdoso que se alza sobre los tobillos hinchados y las botas abiertas, sin cordones, que muestran el empeine también inflamado. Está así, sentado, con el plato de lata en el regazo y dentro del plato medio pan. Mira a un punto indefinible del aire y muy a menudo, cada dos o tres minutos, tose sin abrir los labios, de dientes adentro. Al principio le hablaban los otros; pero en vista de que contesta con monosílabos, sin acabar de prender en la mirada ni el gesto el hilo de la palabra, lo han ido dejando. Así está horas y horas. Dicen que aguarda el pasaporte para ir con permiso a España.

Sólo hay un momento en que se anima: el del rancho. Apenas co-

mienza a tocar el corneta corre a ponerse el primero, y si hay tumulto
no forcejea ni protesta: se queda en el puesto que le dejan y hace llenar
su plato nuevo, otro viejo, y los restos de una lata para no comer más
que dos cucharadas con aire indiferente. Dieciocho meses prisionero
–dicen por ahí– y, «según le ha *hablao* al sargento, aún piensa ponerse
bueno en el pueblo».

Del fondo llega un ser raquítico, pero vivaz. Le siguen seis perros feos,
sin raza conocida, que no se avienen a estar lejos de él un instante. Se
disparó un tiro en la palma de la mano derecha y está esperando las re-
sultas del expediente, a ver si lo castigan o lo licencian, según se descubra
o no la superchería. La cura de la mano ha sido relativa, porque «se han
quedao los dedos *anudaos* y no puedo abrirla». Hablamos. Entretanto los
seis perros se sientan en semicírculo y esperan mirándole a la cara.

—Véalos usted –me dice con complacencia untuosa–: salvo el
habla, igual que personicas.

Es un truhán, a ratos gracioso y a ratos repulsivo. Dice a los oficiales que reza «el Santo Rosario» todos los sábados en el Docker con
una prima monja, y con ese pretexto le dejan que salga. Pero lo cierto
es que se va en busca de los cuotas de los batallones expedicionarios y
se les lleva los cuartos con barajas «floreadas».

—Dios –dice con un gesto de dulzura hipócrita a quienes le conocemos las mañas– es muy justo y así como a otros les ha dado fuerza
y corpulencia a mí me ha dado esta tonta habilidad de las manos para
que busque mi conquílibus.[173]

A nuestro lado, de espaldas, hay un soldado que se inclina sobre
el camastro y cose, ajeno a todo. Sin volverse, solicita al pícaro un poco
de hilo caqui. Yo conozco la voz:

—¿Qué es eso, Viance?

Está demacrado, muy pálido, con esa falta de consistencia que
borra los contornos, la fisonomía. Lleva una guerrera que algún día
fue de oficial; pero que se ha desteñido mil veces al sol, bajo el jabón
reiterado y el agua ardiente del despiojamiento. Tiene, sin embargo,
cierta forma de haber sido hecho a la medida; su elegancia almibarada
desentona y da a Viance un aire afeminado muy grotesco. Se cree elegante. Ríe sin hablar, sin sorpresa. Yo repito la pregunta:

---

173 Conquílibus: Barbarismo de *cumquibus*, término en latín que significa dinero o fortuna.

—¿Qué haces aquí?

—Ya ve: me licencio.

Palidece más. Le tiemblan las manos.

—¿Cuándo?

—Nos vamos esta tarde cerca de treinta.

Desde que ha comenzado a hablar lo veo aturdido; pero con una turbación interior, no de timidez. Si le pusiera la mano en la espalda y le dijera unas palabras de estímulo y aliento echaría a llorar quizás. ¿Qué le pasa a este mozo? Habla lo justo y no desbarra. Además, conmigo ha tenido siempre confianza.

—No sabía adonde ir, la *verdá*. El sargento me dijo que tenía que dar la residencia *pa* ponerlo en el pasaporte. ¿A dónde? ¡Qué sé yo! ¿Y a *usté* qué le parece, a dónde podría ir? Yo le dije que al pueblo, y me han *dao* ya los papeles y siete pesetas. ¡Al pueblo, pues!

—¿Estás contento?

Nada de lo que dejó le espera... ¡Todo ha cambiado tanto! Le aguardan una serie de cosas desenlazadas ya de su vida y va a ellas con una sensación inconcreta.

—Contento estoy como si me licenciara.

—Pero, ¿en qué quedamos?

—No se licencia ninguno de los que vienen acá. Ni yo. El que viene se queda aquí, y luego echan *pa* España un pelele, un tío ya exprimido, sin jugo.

El de los perros da una patada en las tablas del suelo, ladran los seis animales y dice, no se sabe si en serio o en broma:

—¡Coño, eso ya lo pensaba yo!

—¿Tiene hilo caqui? –insiste Viance.

Luego cuenta que lo recargaron por lo de los fusiles y por haberse sacudido el fiambre de la espalda. Se empeñaban en que aún estaba vivo.

—Si tan vivo estaba, ¿por qué no lo recogieron ellos?

Enhebra la aguja. El ex prisionero tose en su rincón, inmóvil, con un gorgojeo de asma. Viance coge del camastro un pedacito de trapo verde y vuelve a coser.

Desde aquellas confidencias ha pasado un año. Moral y físicamente, Viance es una ruina, aunque todavía coordina y está de pie.

—¿Qué coses?

Ha encontrado en los vertederos del cuartel una medalla de cobre, buscando un botón. Arrastrada, pisoteada –es una condecoración sin ningún valor, que se da a todo el que la pide–, estaba, sin embargo, bastante limpia y con un poco de saliva y unas cuantas fricciones ha quedado bien. Ahora prende al asa un trapito verde:

—Si se va sin nada parece que uno ha sido para poco.

Un silencio, mientras cose con torpe agilidad. La tarde es dulce. Llega de abajo, de la ciudad, el silbido de una sirena insistente.

Viance alza la cabeza y escucha, más pálido aún:

—Es el tren de Dríus.

—No. Son los trenes de San Juan de las Minas, que llevan el mineral al muelle.

Habla sin oír sus propias palabras. La medalla está ya. Se la pone en el pecho.

—¡No, hombre! Al otro lado.

Luego sale al patio. Antes lo abrazo y le doy mi dirección de «paisano», «por si algún día le puedo ayudar». Me meto en el cuarto del suboficial, quiero leer; pero los pies me llevan a la ventana que da al patio. Viance baja; se vuelve a mirarme, seguro de que estoy en la ventana. Unos soldados forman alegremente en el centro, dando voces. Un «primera» los alinea. El cuartel tiene un silencio más denso y cierta grata intimidad, a pesar de todo. Los amplios espacios que dejan los barracones entre sí azulean en el cielo lejano y el mar. Un centinela los ve ya formados y monologa impaciente:

—¡Huy, Dios! ¡Que se larguen de una vez!

Se incorpora a la fila. Sale un sargento apresuradamente, abrochándose la guerrera. Antes de llegar, manda:

—¡Firmes!... ¡De a cuatro, derecha!... ¡De frente, en columna de viaje!...

Gritos, vítores, adioses estrepitosos. Un soldado cae; rueda otro con él, riendo:

—¡Eso no lo hace el agua!

¿Han bebido? Acude el sargento. Uno de los soldados queda en tierra; se alza luego. Vuelve a oírse la sirena de los trenes de mineral y el oficial de guardia se asoma, aburrido.

Dieciséis

Cuatro días y tres noches de viaje. El paisaje frío, concreto e inexpresivo, y por la noche una negra y abstracta España irresponsable en la sombra de la ventanilla.

Viance entró por Málaga, blanca y azul. Su único equipaje, dos cajetillas de tabaco, se lo quitaron en la aduana. Hasta coger la línea general, los trenes eran viejos y míseros y los vagones hervían en un resol de podredumbre. Los viajeros se daban con las rodillas, estaban demasiado próximos y mirarse a la nariz horas y horas era demasiado estúpido. Uno le preguntó si la condecoración era pensionada. Viance mintió: dijo que sí, y un catalán se puso a explicar que al contribuyente le salían caras esas quincallas. En la línea general, los coches atestados. Al cambiar, en Madrid, el viaje se hizo ya insufrible. Sólo la costumbre de la disciplina podía dulcificarlo un poco.

Por fin, a solas en el vagón de un tren secundario que le conducía a la estación de término, mirando la estepa seca y oscura, recobró la conciencia de sí mismo. «Nadie me espera, esta tierra no es la que yo recordaba, la que yo dejé. Todo es extraño. Y, sin embargo, tengo prisa por llegar y me conmueve la idea de que estoy cerca.» Tiene deseos de verse ya en la carretera, andando los veinte kilómetros de comarca áspera y estéril para buscar, tras un repliegue, su pueblo, Urbiés, en el que no sabe aún lo que hará, cómo reanudará la vida. Es igual. Ha recorrido España de punta a cabo. Ha visto llanuras, montañas, como en África, y labradores altivos y taciturnos, como los moros. Igual, igual que allá. Pero, ¿por qué los de aquí son tan sumisos? ¿Basta el estrecho de Gibraltar, una «manga de agua», para hacerlos cambiar de esta manera? Sus intuiciones son muy vagas. Lucha histórica del godo contra el africano. La aristocracia del Norte, confabulada con los judíos en un amasijo de catolicismo, contra el hermano de África, gemelo del español primitivo y hermano mayor del auténtico español moderno. El caso de España es el mismo que el de Marruecos. La aristocracia goda «corre los moros» y busca títulos de grandeza, y en

España corre a los españoles y busca títulos de la Deuda de acuerdo con los auténticos bárbaros del Norte. Por ignorarlo, se pierde su razón en laberintos. Lo cierto es –concluye– que todo, en este regreso a España, tiene un aspecto absolutamente nuevo y sombrío.

Cuando marchó a Marruecos fue bien distinto. Había un impulso juvenil, una conciencia optimista. Eran regocijadas las viejas que lloraban en las estaciones al despedir a sus hijos, a sus nietos. El tren militar, desordenado y alegre. Robó vasos y botellas en las estaciones para lanzarlos después contra los guardabarreras. El humo de las chimeneas aldeanas hablaba de salud, de vida hogareña confortable y segura. Había una fuerza nueva en el traqueteo del tren, en los puentes metálicos que quedaban atrás prendidos de rumores, en la canción y en la bota de vino. Iba a la guerra. Con palabras que sonaban al «mío Cid», algunos viejos taciturnos comentaban desde el andén, haciendo apenas perceptible su ironía:

—¡Al moro, muchachos, al moro!

En una cantina robó una silla y tuvo un gran éxito en el vagón. Otro robó un orinal y lo traía puesto en la cabeza como un yelmo grotesco. Todo era alegría, confianza, seguridad en sí mismo y en el mañana. Hoy...

El tren para. Es una estación muy pequeña. Gallinas, por el andén, tiestos de albahaca en un ventanuco. Un labrador se despide de su mujer subiendo con garbo aventurero. Del carricoche desvencijado que hay junto al camino se acerca un jornalero arrastrando el cabo de un látigo.

—¡Que vuelva pronto y con *salú*! Eso es lo que hace falta.

Ella tiene en los ojos un arrobo erótico. Se le va el macho. Viance los contempla. Arranca el tren. La mujer grita adioses casi epilépticos.

—¡Estas mujeres...! –dice el labrador sentándose satisfecho.

Viance prevé a la esposa entregándose al jornalero del látigo con el mismo arrobo en los ojos. El labrador le parece un bendito de Dios. No ve en las mujeres sino el vicio y la maldad; en los hombres una cobardía o una estupidez dañinas. Sin embargo, ellas y ellos, al mismo tiempo –y eso es lo terrible–, viven y se desenvuelven en un plano superior, firme, ascendente, seguro.

El labrador desenvuelve un papel, saca una tortilla dentro de un pan, corta la mitad y se la ofrece en silencio. Viance duda, aturdido. Los ojos firmes del labrador pesan sobre los suyos reposadamente:

—Coma usted en paz, que luego le dará un sobo a la bota.

Viance acepta sin gratitud, con cierto receloso despego. El otro pregunta.

—¿Cuánto tiempo lleva en el moro?

—Vengo *licenciao*.

—¿Eh?

Viance se esfuerza en alzar la voz:

—¡Vengo *licenciao*!

—¿Tres años?

Dice que sí. No se atreve a confesar los recargos sufridos, porque son patente de mala conducta.

—Dos hijos tengo yo.

—¿Dos hijos? Si tiene usted dos hijos, procure que no vayan a la guerra.

—¿Qué puede hacer uno contra eso? –replica con aire escéptico.

—¡Matarlos!

El labrador se queda muy sorprendido y Viance rectifica, poniéndose colorado:

—O enviarlos a las Américas.

El campo sigue girando a ambos lados del tren dentro del marco de las ventanillas. Dos enormes discos de gramófono. En el uno hay una jota y en el otro un largo y lento mugido. El labrador estira el pescuezo hacia afuera:

—Mire usted el canal de las Bárdenas.

—¿Ya han *llegao* aquí las obras?

—¡Y si sigue *usté p'alante*, verá mucho más! Algunos cientos de millones van *gastaos*. Desde marzo, contando lo de todas las obras, se sale a millón diario.

Viance bebe en la bota. Vino fluido, áspero y fuerte, que parece pasar a las venas hirviendo. Un zumbido remoto y agudo. Ganas de hablar. Torpedad de la lengua y un no saber dónde poner los ojos. Una mosca resbala por el cristal aleteando. Viance la aplasta con el dedo, suelta a reír y se limpia en el pantalón. El labrador mira a otro lado, aprieta los dientes. La bota no se ha aflojado apenas; sigue tersa y henchida. Pero Viance está borracho.

Baja. Ya en el andén, se detiene un momento. El cristal de una puerta refleja su guerrera entallada, su guerrera de oficial lavada, remendada y encogida sobre los sucios pantalones. La criada de la estación lo mira un momento extrañada, llama a otra y ambas sueltan a reír. Viance se aturde: quiere decir un cumplimiento y dice una obscenidad. El instinto de venganza predomina sobre el deseo de cortesía. Se molestan, y Viance oye sus dicterios cuando ya ha cogido el camino, a la espalda de la estación.

El campo, el paisaje, no son lo que se figuraba en Marruecos. No hay tanta diferencia entre aquel campo y éste. Matas, tomillo, tierra parda, blanca y alguna vez rojiza. Cuervos, lo mismo que allá. Esperaba que esta tierra le hablara al corazón. En su sorpresa desconcertante hay un punto de gravedad. Sabe a dónde va, por primera vez, después de tanto tiempo. Lleva un rumbo, una dirección. Va al pueblo. Los rincones donde transcurrió su infancia, la vieja casa, los campos que cultivó con su padre, el mismo cementerio, pequeño; un corralillo no mayor que los otros con el portalón de madera resquebrajada y la crucecilla encima. El camino no es nada, hay que andarlo sin reconocerlo, sin querer comprender tampoco su dulzura ni su aspereza. Andar, andar hacia el pueblo. Allí le bastará con oír los gorriones en las retejeras[174] y ver el aire especial que recorta y encuadra cada calle.

Vuelve a tender la mirada en torno. Allá arriba está el castillo. Tiene un aspecto desolado y frío. En sus ruinas Viance acechaba a las aves de rapiña otros tiempos. Un poco más abajo, en el muladar de Bicar –el pueblo inmediato al suyo–, acostumbraba a esperarlas oculto junto a la carnaza, provisto de una esquila y un collar de cuero. Cuando algún buitre se le acercaba lo suficiente, se lanzaba sobre él. Necesitan correr unos diez metros antes de alzar el vuelo y entretanto lo atrapaba, luchaba a brazo partido y cuando conseguía colgarle la esquila al cuello lo soltaba. Después, en la plaza del pueblo, veían navegar sobre el azul un pájaro sonando una esquila y Viance recogía la gloria en el entusiasmo de los otros muchachos y en la aprobación regocijada de los hombres.

---

174 Retejeras: Tejas utilizadas para cubrir el ángulo superior del tejado de una casa. Estas tejas se asientan sobre las dos vertientes del tejado también cubiertas con tejas.

Estos recuerdos se producen ya fuera de sí mismo, como si se refirieran a otra persona muy diferente. Acelera el paso. «Parece mentira —piensa—: espera uno que se va a volver loco cuando llegue el momento y luego todo se sucede tontamente y las cosas más importantes no son nada.» Acelera más el paso. Insensiblemente, le da una regularidad militar, y en sus oídos hay un eco de trompetas.

Se sienta, fastidiado, en la cuneta, y mira con rencor a ambos lados. El monte, el valle, el cielo, los árboles, los pájaros, todos van a lo suyo con una frialdad irritante. Es natural, en medio de todo. También él iría a lo suyo; pero ya no sabe qué es lo suyo, qué interés primordial tienen para él las cosas. Ese hombre que llega con aire decidido e indiferente es, sin duda, un pobre diablo. Pasa hambre entre los hambrientos, frío y calor a la intemperie mudable; su mujer lo desprecia, sus amos lo tratan como a un pobre animalejo; un día, con cualquier pretexto, lo abrirán en canal y lo clavarán en un poste del telégrafo, como hacían en Marruecos. Está gordo. Los cuervos hallarían en sus entrañas más condumio que en las de aquellos desdichados que estaban a la entrada de un blocao cerca de Dríus. Y, sin embargo, se afana y lucha, trabaja.

—¡Vaya con Dios! ¿Tiene un cigarro? —pide con una insospechable costumbre de mendigo.

El desconocido lo mide con los ojos y sigue adelante, dejando caer unas palabras:

—No lo gasto.

...Y hasta tiene cierta vanidad social, cierta satisfacción de hombre serio. En el fondo, se considera persona importante. «Persona importante», repite riendo. Se levanta y echa a andar de nuevo. Un kilómetro, otro, mecánicamente. De pronto se para:

«¿Quién soy yo? ¿Dónde estoy yo? Porque nada de esto es mi tierra. ¿Yo soy un forastero?

Un automóvil llega velozmente y se detiene a su lado. Lo llaman, saluda militarmente. El chófer le pregunta si lleva buen camino para Azuara:

—¡Sí, señor! A la vuelta, aparecerá Bicar: luego, tuerce por un camino antes de llegar a Urbiés, que es mi pueblo, y sigue hasta Azuara, que es el tercero.

—¿Vas tú allí?

—Sí, señor; a Urbiés.

Uno de los viajeros le dice que puede subir e ir indicándole al conductor el camino.

El chófer advierte:

—¿Estás con licencia?

—No, señor. Vengo de Marruecos.

—Entonces debes ir cosido de piojos.

Viance quiere explicar:

—¡Hombre, yo...!

Pero el chófer no le oye. Dice a los de dentro:

—Sé ya por dónde, señor; no hace falta –y arranca.

Al anochecer llega al cruce de dos caminos vecinales, después de haberse desviado de la carretera. Cien pasos más y aparecerá abajo la rinconada del valle, el campanario. He ahí el montón de piedras bajo el cual dicen que fue enterrado un salteador de caminos. La costumbre romana se mantiene, y todo el que pasa arroja su piedra. Viance corre, salva en dos saltos el último trecho y se asoma, por fin, al valle con impaciencia. Abajo hay una laguna quieta, sucia, que espejea bajo la última luz. ¿Y el pueblo? Vuelve a mirar en torno. La impresión es tan honda que se resuelve en una estúpida indiferencia. El pueblo está ahí, debajo de esas aguas quietas. Al oír arriba un chirrido de vagonetas comprueba la infamia. Han expropiado el pueblo para hacerlo desaparecer en uno de los embalses del plan de riegos. Urbiés está debajo.

Su casa, el suelo que pisaron sus padres, todo es ahora limo, barro, algas. Le han robado su pueblo. Aquellos recuerdos vivos que flotaban en las esquinas, en el pozo de la plaza, en la abadía, y que eran el punto de partida de toda su vida han desaparecido para siempre.

Un impulso oscuro le hace descender hacia el agua, se detiene de pronto junto a un torrente de argamasa que baja no se sabe por dónde, y una voz grita desde arriba:

—¡Eh, *pasmao*!

Asoman vagonetas. Viance sube lleno de una curiosidad desesperada. Arriba, la curiosidad insolente de los obreros le contiene:

—¿A dónde iba usted? —pregunta uno, mascando la colilla.

—¡Ahí, a mi pueblo!

—¿A su pueblo?

—Sí. A Urbiés.

—¿Sabe usted nadar?

Los demás ríen.

—Lo menos tiene quince metros de agua encima. ¿Es que se dejó olvidado algo?

Vuelven a reír. Ahora ríe también Viance; pero su risa conmueve al que lleva el freno del convoy.

—El pantano de Urbiés —explica éste— coge toda la hondonada y sigue hacia abajo más de diez kilómetros. Allá está la presa principal. Como han *cegao* algunos barrancos y han abierto vaguadas el agua se ha ido acumulando ahí; pero eso no es nada *pa* lo que ha de ser. Los del pueblo se fueron a trabajar a Barcelona. Alguno queda en las obras, *¿verdá?*

—Sí, pero están en Tormos. Dos familias creo que andan en la Violada. Si quieres venir ahí, a Urbiés, puedes montar en las vagonetas.

—¿Urbiés? —insiste Viance desconcertado.

—Los papeles del Ayuntamiento y todo lo demás ha *pasao* al *poblao* obrero de esta zona, que es como si fuera el mismo Urbiés, o mejor aún, porque éste tiene café cantante y puedes tomar *vermú* y todo el copón.

Grandes barracas de madera, de ladrillo, donde se hacinan los obreros igual que los soldados en los cuarteles. De vez en cuando, pequeños pabellones con escaleras voladas de hierro. Todo provisional, frío, sin carácter.

—¿Esto es Urbiés? —pregunta Viance con risa abobada.

Un grupo de obreros jóvenes se acerca. Viance, más lamentable en su indumento, la guerrera corta con talle casi femenino, se detiene. Cantan aquí y allá. Los jovenzuelos traen ganas de camorra. Uno grita:

—¡Viva el ejército!

Y otro, atiplando la voz, rectifica:

—¡El ejército, no! ¡La *melicia*, la señora *melicia*!

Viance se yergue:

—¿Quién ha sido el hijo de...?

Uno, avanza:

—¡Yo! ¿Qué pasa?

Tiene un gran éxito. Todos están pendientes de la reacción de
Viance. En cuanto lo ven dudar, lo clasifican con fallo inapelable.
Viance quiere protestar; pero su voz apenas sale de la garganta, y es
lo primero que denuncia su mezquindad física, su inferioridad. Al
lado de esos mozalbetes, es un viejo enfermo, inútil. «¿Para qué?»,
piensa. Todo es tan lejano e indiferente que sería una estupidez liarse
a golpes. «¿Para qué?» Duda, vacila aún. Alguien dice torpemente:

—¡No llores, hombre! ¡Vamos a tomar una copa!

Ríen los demás. Viance se deja arrastrar a la cantina. Uno le ladea
el gorro de un manotazo, otro le arranca la condecoración y Viance,
creyendo que se le había caído, se pone a buscarla; enciende una cerilla, se quema los dedos, palpa la tierra a oscuras con las manos. Se
arma un alboroto enorme. Empujones, risas, insultos.

Cuando se da cuenta Viance, está en el café. Los obreros llenan la
barraca por completo. En un extremo se alza un tabladillo de madera
al nivel de las mesas. En el fondo hay una colcha rameada de amarillo
y verde. De vez en cuando sale una mujer —camisa rosa, nariz pelada
de herpes— y ondula torpemente, acompañada por un viejo que manotea el piano. Lleva la clientela cal en las ropas, barro en las manos,
en la cara.

Viance pasa sin mirar a nadie. Se siente vértice de la curiosidad del
cafetín, objeto de ironías mordaces. ¿Por qué? Cuando se ve solo en
una mesa lejana, respira tranquilo. Junto al tabladillo han quedado
los jovenzuelos, con ojos salaces. Apenas puede reflexionar sobre los
últimos sucesos. Entre retazos de música y gañidos de la cupletista, va
hilvanando su desconcierto: «El pueblo, Urbiés, muerto bajo el
pantano; las sepulturas de sus padres, sepultadas a su vez bajo el agua
sucia: todo borrado, todo desvanecido en el aire para siempre». Antes,
hasta en los momentos peores de la campaña, tenía una base moral
firme: su niñez, su pueblo, los campos familiares, las calles, los niños
de entonces, hechos ya hombres. Ahora cree pisar sobre la niebla,

sobre el aire. Su vida comienza en el infinito, sin base, sin donde poner los pies para tomar impulso.

Tiene setenta céntimos. ¿Y trabajo? ¿Será fácil aquí encontrar trabajo? En la mesa de al lado le contesta casualmente la afirmación de un labriego:

—Peones no quieren ni uno. Sobra personal en todas partes y sólo admiten a los que vienen con una mula y un carro por lo menos.

Viance prende una mirada de perro en las tres bombillas que lucen envueltas en gasa azul. Se siente suspendido en el aire, como un ahorcado. La cuerda es el secreto que guarda en lo hondo de los ojos, un secreto que lo eleva sobre los demás; pero lo eleva –¡ay!– por la garganta. ¿Vivir, amar, triunfar? Ese secreto ha roto ya la raíz de todos los impulsos, le ha asomado a la gran indiferencia fatalista que rige la vida de los planetas deshabitados, de los planetas muertos.

La cancionista sale ahora entonando «La cruz del Mérito», cuplé patriótico muy popular que habla del soldado ciego acogido por los brazos de su novia. La cupletista lleva sobre la teta izquierda, prendida en la camisa, la medalla de Viance. Cuando marca el paso con exagerados meneos la medalla oscila a compás. El estribillo dice:

> El corazón de las mujeres
> y las trompetas de la Fama
> al ver pasar a los soldados,
> repiten siempre: ¡Viva España!

E insiste tres veces en ese «Viva España!», con modulaciones flamencas, moviendo las caderas.

FIN

Thank you for acquiring

Imán

from the
Stockcero collection of Spanish and Latin American significant books of the past and present.

This book is one of a large and ever-expanding list of titles Stockcero regards as classics of Spanish and Latin American literature, history, economics, and cultural studies. A series of important books are being brought back into print with modern readers and students in mind, and thus including updated footnotes, prefaces, and bibliographies.

We invite you to look for more complete information on our website, **www.stockcero.com**, where you can view a list of titles currently available, as well as those in preparation. On this website, you may register to receive desk copies, view additional information about the books, and suggest titles you would like to see brought back into print. We are most eager to receive these suggestions, and if possible, to discuss them with you. Any comments you wish to make about Stockcero books would be most helpful.

The Stockcero website will also provide access to an increasing number of links to critical articles, libraries, databanks, bibliographies and other materials relating to the texts we are publishing.

By registering on our website, you will allow us to inform you of services and connections that will enhance your reading and teaching of an expanding list of important books.

You may additionally help us improve the way we serve your needs by registering your purchase at:
http://www.stockcero.com/bookregister.htm

Lightning Source UK Ltd.
Milton Keynes UK
UKOW03f1037060417
298490UK00001B/117/P